私たちはなぜ税金を納めるのか

租税の経済思想史

諸富 徹

新潮選書

目次

私たちはなぜ税金を納めるのか

――租税の経済思想史

第一章　近代は租税から始まった——市民革命期のイギリス

税金。皆さんはこの言葉から何を連想されるだろうか。

何を買うにつけ毎日のように支払っている消費税、毎月の給与から天引きされたり年度末に収支を申告したりして納めなければならない所得税、あるいは頭の痛い相続税など、いうまでもなく税金には様々な種類がある。しかし、どんな税金であれ、現代の日本人にとって、それは「仕方なく応じるもの」「できるなら負担を減らしてほしいもの」「何に使われるのか知らないが、でもとにかく納めなければならないもの」といったイメージが強いのではないだろうか。「支払う」というよりも、むしろ「取られる」という受け身の感じ、古い言葉を使うなら「権力者による苛《か》斂誅求《れんちゅうきゅう》」のイメージである。

税や税金という言葉には、このように消極的・否定的・強制的なニュアンスがつきまとう。ところが、近代ヨーロッパの草創期に目を転じると、様子はすこし違ってくる。たしかに庶民の間には「取られる」という感覚はあった。たとえばイギリスでは十七世紀から十八世紀にかけて、消費税増税に対する国民の反発は根強かった。しかし、税金を納めるという行為は、ある意味でもっと積極的・肯定的・自発的なものとして捉えられていたのである。とりわけ市民革命期がそうだった。国家は王のものではなく、市民によって担われるべきものだという認識が一般化してゆく時代にあって、ホッブズやロックといった思想家たちは懸命に「税」の問題を考えた。市民みずからがおたがいに税を負担し合わない限り、近代国家は立ち行かないからである。

昨今の日本の消費税増税論議は、私たちの生活に直結する大きな問題をはらんでいる。その導入時期やパーセンテージがどうなるかに一喜一憂せざるを得ない。しかし、ここでは、一納税者としての日々の生活感覚からいったん離れて、十七世紀のイギリスから二十一世紀のグローバル化社会までという比較的長い時間軸に沿って、税の問題をじっくり考えてみたい。と同時に、税の問題をとおして、国家・経済・市民という三者関係の変動も描き出してみたい。一見迂遠な道のりに見えるかもしれないけれど、現代日本の消極的な「納税」感覚や、政府・官僚による恣意的な「課税」政策について考えるうえでも、「租税」の経済思想の流れをつかんでおくことは、かならず役に立つはずである。

そこでまず、辞書を引いてみよう。『広辞苑』には「租税」についてこう記されている。「①みつぎもの。年貢。②国家または地方公共団体が、その必要な経費を支弁するために、法律に基づき国民・住民から強制的に徴収する収入」。これから考えていくのは、もっぱら近・現代における「租税」のあり方なので、該当する定義は①ではなく、②である。この定義からも予測されるように、租税を論じることは、一面で、国家を論じることにほかならない。なぜなら、租税は国家の経済活動を支える財源を提供し、それが途絶えれば国家も死滅してしまうから。また、租税の規模やそのあり様が異なれば、国家のあり方も異なってくるから。

「国」というものは「税」なしには生きていけないのである。しかしながら、国家は自ら税収を生み出すことができない。となると、外から調達しなければならない。つまり、権力によって個人の私有財産に介入し、強制的に課税し徴収せざるを得ない。当たり前といえば当たり前のことだが、これは租税を考えるうえで根本的な問題でもある。実際、ここから近代の様々な歴史が織りなされてきた。国家による課税は往々にして市民社会の側での抵抗を生み、課税は困難に陥った。暴力や武力によって、強制的に税を徴収することもないわけではなかったが、少なくとも近代国家においてそれは長続きしない。結局、税金は市民社会の同意にもとづいて国家が徴収するほかない。国家がこれに反した場合、市民社会の側で反乱や反対運動が起き、極端な場合は政権転覆や、国家転覆＝革命にまで至ってしまう。

租税の問題は、私たちにもおなじみの歴史上の大変動とふかく係わっている。たとえば一七八九〜九九年のフランス革命。この革命は、戦費の膨張と王室による浪費で財政危機に陥ったルイ王朝が、堪えかねて三つの身分代表からなる「三部会」を招集し、課税に対する同意をえようとしたところ、第三身分の反乱が起きたことが契機となった。あるいは、一七七五年に始まったアメリカ独立戦争。この戦争のきっかけとなったのは、その二年前のボストン茶会事件だった。そもそもこの茶会事件は、イギリス本国政府が植民地における茶の独占販売権を東インド会社に与えようとしたことに対するボストン市民の不満とともに、イギリスが北米大陸の植民地獲得をめぐってフランスと争った七年戦争の戦費を、アメリカ市民にも負担させるべく導入した茶税をはじめとする諸税への反発として始まったものである。

租税問題は市民革命や独立戦争の導火線となり、近代国家を成立させる触媒の役割を果たしたのである。さらに革命の結果として、市民社会は国家に対して自分たちの同意なしに課税しないという「租税協賛権」を認めさせたばかりか、それまでは王が課税を行いたいと考えたときに一方的かつ臨時的に議会を招集していたのに対し、恒久的かつ定期的な議会開催をも認めさせた。近代的な議会制度が成立するきっかけを提供したのもまた、租税問題だったのである。

このように、「租税」という視点から振り返ると、欧米の近代史のありようが従来とは違った姿で鮮明に浮かび上がってくる。それはまた、現代日本の社会のあり方にも直結しているとさえ言えると思うのだが、ここでいったん時代を四〇〇年ほど遡って、租税と近代国家の成り立ちの関係を具体的に見ていこう。最初の舞台となるのは、三十年戦争（一六一八〜四八）からピューリタン革命（一六四二〜四九）をへて名誉革命（一六八八〜八九）にいたる時期の、イギリスである。

戦争と税金

十七世紀の財政危機

どんな時代であれ、戦争には金がかかる。十七世紀のスチュアート絶対王政下で、国王は財政危機に悩んでいたが、その一番の原因は、三十年戦争の一環として戦われた対スペイン戦争だった。この時代には三十年戦争を通じて、軍艦建造技術の進歩をはじめとして戦争技術が著しく進展し、そのために戦争遂行の費用が飛躍的に増大した。平時の国家財政こそ王室財産によって賄うことができたが、戦争による臨時的な経費増加は、臨時税の導入によって賄うほかない。だが当時のイギリスでは、臨時税の徴収にあたってはその都度、議会の同意を必要とした。

そんななか、一六二五年に即位したイギリス国王チャールズ一世は、対スペイン戦争の経費を賄う特別税の承認が、即位の年に開かれた最初の議会で得られるものと期待していた。しかし、議会は少額の特別税十四万ポンドしか承認しない。しかも、通常は即位した王の生涯にわたって承認されるはずのトン税・ポンド税を、わずか一年間に限ってしか認めなかった。王は怒って議会を解散するとともに、議会承認なしにトン税・ポンド税の徴収を継続する。さらには強制借上げ金や船舶税を導入し、また地方の民家に対しては軍隊の無料宿泊を強要するなど、市民の経済的負担を増していった。

一六二八年に王が再び議会を招集した時、このような同意なき課税に対する議会側の不満はたかまっており、議会は「権利請願」を起草し、議会決議として王に提出する。その第一項目こそ、まさに「議会の同意なき課税の禁止」だった。これをチャールズ一世はやむなく裁可したものの、王の議会に対する不信感は高まり、翌年にはまた議会を解散し、以降十一年間は親政を敷くことになる。だが財政危機は慢性化していたから、チャールズ一世はトン税・ポンド税、船舶税を継続し、さらには騎士強制に応じない者への罰金や、貴族の領地が御料林を不法に侵害していると いう理由で彼らに対する罰金まで導入して、増収政策をつぎつぎと打ち出してゆく。それにつれ、次第に人心は離反していった。

そして一六四〇年、王はまた議会を招集せざるをえなくなる。今度はスコットランドとの「主教戦争」の経費を賄うためである。しかし、この年の議会でも上記課税に対する不満が噴出し、議会側はそれらの禁止、もしくは廃止法案を次々と可決していった。

一六四三年の新税

このように、当時のイギリスにおいては、国家財政が逼迫して臨時税に頼る度合いが高まれば高まるほど、議会開催の頻度は増し、議会側の発言力も増大していった。租税問題は、国王権力に対する議会権力の地位を結果として高めることになったのである。実際、一六四一年には、議会側が「大抗議文」を出したことにより、王と議会の対立は抜き差しならないところにまで激化する。この抗議文は、二〇四カ条にもわたって王即位以来の悪政への批判を綿々と書き連ねたほか、議会による改革の成果を誇り、そして今後の改革目標を掲げたものだった。大抗議文の採択は可決されたものの、十一票という僅差だった。大抗議文の内容が国王大権の制限にまで踏み込んでいたため、そこまで強硬な路線にはついていけなくなった穏健派が、採択反対にまわったからである。これをきっかけに、議会勢力も「議会派」と「国王派」に分裂する。両派は、アイルランド反乱鎮圧のための軍事指揮権をめぐって相争う中で、それぞれ別個に軍編成を進め、やがて武力衝突は避けられない情勢となっていった。

戦争が国家の財政危機を引き起こし、国王の増税路線が議会の権力を強め、勢力を増した議会の内部分裂がまたあらたな戦争を引き起こすという、まるでイタチごっこのような展開である。

しかも、このたびの戦争は内戦の様相を呈した。議会軍と国王軍は、一六四二年十月にエッジヒルでついに衝突する。この戦いでは決着がつかなかったが、その後はもっぱら議会軍が劣勢に回る展開となった。その原因のひとつは、議会軍が軍費を調達するための財政的基盤を欠いていたことだった。

そこでまた、税金である。議会は一六四三年に資金調達委員会を設け、財産に対する直接課税である「査定課税（Assessed Tax）」を導入する。これは一定の財源調達額を各地域に割り振り、財産の査定（評価）額に応じた課税を、各戸に対して課すというものだった。この直接税は、当初は「週割査定税（Weekly Assessment）」、のちには「月割査定税（Monthly Assessment）」として定着し、後年のイギリス所得税の前駆形態となっていく点で重要である。しかし、「査定課税」は徴税機構の不備もあって、とても公平課税を実現したとはいえないものだった。また、地域的にはロンドン市に負担が集中したこともあって、その不満をかわすため、年内には早くも間接税の導入が試みられた。激しい反対を押し切って導入された「内国消費税（Exercise Duty）」がそれである。

査定課税が財産保有者への課税だったのに対し、内国消費税は生活必需品課税の色彩が濃く、庶民もまた税負担を負うことになった。内国消費税は、なるほど当初こそ戦費調達のための臨時課税であって、内乱終結後には廃止されるという説明がなされたが、現実には内乱終結後の共和国財政の窮乏を救うため、むしろ課税対象を拡大しつつ恒久化されることになった。こうして議会は、すでに導入されていた関税（Customs Duty）に加え、その後のイギリス財政を支える基幹税に育っていく査定課税と内国消費税を導入できたことで、短期的にはともかく、長期的にはイギリス財政の基盤を確立することに寄与した。

もちろん、四〇〇年前のイギリスと現代の日本では、社会のあり方も異なれば財政危機の原因も異なる。しかし、為政者にとって、財政危機を回避するための手っ取り早い、そして極めて有力な手段が増税や新税の導入であることには、変わりがないと言えるだろう。国家はやはり、税なしには生きていけないのである。

名誉革命へ

さて、財政基盤が整えば、次は軍備である。査定課税と内国消費税を導入した二年後の一六四五年二月、イギリス議会は、議会軍の再編強化を図って「ニュー・モデル条例」を可決する。ニュー・モデル軍の総司令官にはフェアファクス、副司令官にはクロムウェルが就任した。そのクロムウェル指揮による鉄騎兵の活躍もあり、議会軍は四六年六月に国王軍を降伏させて第一次内乱を終結させ、四七年には国王を捕虜とし、四八年の第二次内乱も終結に導いた。そして一六四九年一月、国家に対する反逆の罪で有罪となった国王チャールズ一世は、王宮のホワイトホールで処刑された。ピューリタン革命である。

こうして成立した共和政はその後、議会内部における独立派と平等派の対立が表面化し、クロムウェルによる護国卿政権の成立、その軍事独裁政権への変質と崩壊をへて、一六六〇年にはチャールズ二世による王政復古に舞い戻ってしまう。とはいえ、ピューリタン革命によって獲得された成果が失われたわけではなかった。チャールズ二世治下であっても、議会は国王の独立的な課税権を否認し、自ら国家の財政権を掌握していたのである。さらに、国王の封建的課税を廃止した。もっとも、その代償として、内国消費税の一部とトン税・ポンド税、そして関税収入を国王に終身供与することは承認されたのだけれど。

念のため、その後の十七世紀イギリス史も辿っておこう。チャールズ二世による復古体制は当初、順調に滑り出したようにみえた。しかし、やがて宗教問題がその展望に影を落とすようになる。一六八五年にチャールズ二世を継いで即位したジェームズ二世は、自身が熱心なカトリック教徒であり、カトリック寛容政策を進めたため、国教会を奉じる議会側との対立が深刻化していった。国王が反乱鎮圧を口実として二万の兵力を常備軍化したこともまた、議会側の懸念を高めた。この懸念を議会が表明すると、国王は議会を解散してしまう。やがて彼が一六八七年と八八年に「信仰自由宣言」を出してイギリスのカトリック化政策を全面的に推し進める意思を顕わにし、抵抗する者の逮捕監禁に及ぶと、人々の間で一挙に、カトリックと結びついた専制政治や非カトリック教徒への弾圧の恐怖が高まった。議会側の唯一の望みは、ジェームズ二世の王位を継承すると目されていた長女のメアリが、プロテスタントだったことである。しかしそれも、ジェームズ二世の王妃が男子を出産したことで潰えた。これを機に拡がった国内における反カトリック感情の高まりを受けて、イギリス貴族から、メアリの夫でありプロテスタント国オランダの総督でもあるオレンジ公ウィリアム三世に対し、イギリスへの介入を促す招請状が発送された。これを受けてウィリアムは慎重に進軍の準備を進めていたが、一六八八年十一月、ついに軍を率いてイングランドに上陸する。国王が差し向けた軍隊は戦意を喪失し、将兵はほとんど抵抗することなく逃亡してしまったため、国王もまた失意のうちにフランスに逃亡せざるをえなくなった。

そして一六八九年二月、ウィリアムとメアリが、議会の提出した「権利宣言」に署名し、共同で王位に就いた。名誉革命である。この権利宣言は、後に正式な法律となる「権利章典」の原型となったが、そこには国王の守るべき規範が十三項目にわたって列記されていた。たとえば、国王が議会の同意なしに法律の適用免除・執行停止権を行使することや、平時に常備軍を維持することは違法だとされ、また、議会選挙は自由であるべきであり、議会内の討論発言の自由も保障されるべきだとされた。数十年にわたる絶対王政と議会の抗争は終わりを迎え、イギリスでは議会主導の下で国王権力を制約する「制限君主制」が成立することになったのである。

もちろん、この権利宣言に「国王は議会の同意なしに課税しない」という一項が含まれていたことは言うまでもない。租税に関する議会側の権利が最終的に確定され、議会による「租税協賛権」を確固たるものにしたという点でも、権利宣言は大きな意義をもっていた。現代社会にまでつながる「税」のあり方の原型が、こうして十七世紀末のイギリスで整い始めたのである。

「家産国家」から「租税国家」へ

イギリス市民革命史の流れを辿ると、租税問題の重要性がよくわかる。しかし、そもそも十七世紀になってなぜ、租税問題が国家を揺るがし、体制変革を引き起こしたのだろうか。

この問題に対する解答の鍵は、この時期に生じた国家形態の変動、つまり「家産国家」から

「租税国家」への移行に見出すことができるだろう。家産国家とは、基本的には国家財政を、国家が保有する財産（＝「家産」）収入でもって賄うことのできる国家のことである。これに対して租税国家とは、もはや国家の保有財産だけではその支出を賄うことができず、主として租税財源に依存して国家財政を運営する国家を指す。

十七世紀から十九世紀にかけて、多くの欧州諸国で、この家産国家から租税国家への移行が生じた。当時の絶対王政は、軍事費の膨張と官僚機構の維持のために、もはや王室財産収入だけでは支出を賄えなくなり、財源獲得のために租税財源に訴えざるをえなくなった。当初こそ、彼らは保有財産の売却でしのごうとしたが、それも枯渇して収入不足に陥り、やがて租税徴収が不可避となって租税は恒久財源に転化する。しかし、課税は個人の私有財産に対する介入を意味するので、財産保有者による同意、具体的には議会の承認が必要になる。ここに、絶対王政を維持するためにこそ議会制民主主義を導入し、その承認手続きを経なければならないという、絶対王政にとっての根本的矛盾が発生する。この矛盾は、先にイギリスの例で見たように、やがて議会と王政との闘争となって顕在化し、絶対王政は各国で、議会が主導する制限王政や共和制にとって代わられていく。それ以降、議会は恒常的に開催されるようになり、国家財政のコントロール権限は国王から議会に移っていった。

こうした家産国家から租税国家への移行過程については、オーストリア出身で後にアメリカのハーバード大学で教鞭をとった経済学者、ヨーゼフ・アーロイス・シュンペーター（一八八三〜一九五〇）が、その古典的名著『租税国家の危機』のなかで明快に描き出している（Schumpeter

1918、邦訳版十四〜二十八頁)。

シュンペーターは、神聖ローマ帝国下のオーストリアを事例に取りながら、近世領邦国家の領国経営のあり様を詳細に記述していく。それによると、当時の領邦国家にとっての最大の収入源は、自分の領地の農民からあがってくる貢納であった。当初は現物で納められたようだが、十三世紀以降は、貨幣地代の形をとるようになったという。したがって、領地の農業生産力をいかに効率的に引き上げるかという点に、領国経営の核心がみられた。当時の収入にはこれに加えて諸種の権利、つまり造幣特権や市場特権、関税特権や鉱山特権、そしてユダヤ人保護特権にともなう収入があり、またそれとは別に裁判収入、都市収入、代官収入などの雑収入もあった。しかし十七世紀に至るまで、租税の一般的請求権はまったく存在せず、基本的にはこれらの諸収入で経常経費は賄われていたことになる。

そんな領国経営に、十四世紀から十五世紀にかけて危機が発生する。その原因としてシュンペーターは、次の三つをあげている。第一は領国経営の管理手法そのものの拙劣さであり、第二は宮廷の浪費であり、第三の、そしてもっとも重要な原因は、戦費の増大であった。たとえば神聖ローマ帝国の皇帝位を世襲していたハプスブルク家は、それまでの都市国家や領邦国家をはるかに上回る三十万グルデンの収入を自らの世襲領だけから取得していたにもかかわらず、これで雇うことができたのは年にたった六〇〇〇人の歩兵、もしくは二五〇〇騎の武装騎兵だったという。一方、当時のトルコ(オスマン帝国)が戦場に派遣できたのは、二十五万人の歩兵だったというから、これではまったく勝負にならない。財政上必要とされる収入額と、現実に調達可能な収入額との間に、圧倒的な乖離が発生していた。ハプスブルク家にしてそうであるから、他の領主の場合は推して知るべしである。

収入によって支出を満たせない場合、領主が訴えた手段は何か。これは今も昔も変わらない。そう、借金である。しかし、その返済にも事欠くようになると、領主は領内の最上級貴族家門を構成する「等族」に資金の供出を頼み込む。その際に彼は、本来自分にはそのような要求を行う何の権利もないこと、仮に要求が承諾されたとしても、それは決して等族固有の権利に対する侵害を意味しないこと、を明らかにしなければならなかった。さらに領主は、二度とこのような懇願を繰り返さないことを約したうえ、最後には自己の無力を告げた。借金と保身、赤字国債法案と総選挙を天秤にかけるような政治家たちとは大違い。なんと謙遜した態度であろうか。

しかし、オスマン帝国からの圧迫を、神聖ローマ帝国およびそれを構成する領邦にとっての「共同の困難」であると認め、臨時的な負担に等族が同意した瞬間、「租税の請求はしない」という保証が反故にされる可能性も生まれる。たしかにこの租税の承諾は当初、決して恒常的で一般的な租税義務を基礎づけるものではなかった。しかし、後世から振り返ってみれば、それは近代的な租税国家へ向けての第一歩であったことが明らかになる。租税は、最初こそ領主が懇願した目的（右の事例では臨時の軍事費）のために徴収されたが、時代が下るにつれて、それ以外の目的にも用いられるようになり、国家の一般的な歳出を賄う財源として定着していく。ここからシュンペーターは、「国家は、『共同の困難』が生み出す財政需要から創成された」と結論づけている。

官房学の興隆と衰退

こうして国家は、古代・中世にみられた都市国家や領邦国家のような「家産国家」から、近代的な「租税国家」へと移行する。そして、「租税」こそ、国家運営にとって最大の問題となる。と同時に、国家の財政運営を支える知識体系にも大きな変動が生じた。「官房学（Kameralwissenschaft）」から「財政学（Finanzwissenschaft）」への移行である。

官房学とは、とりわけドイツ・オーストリアにおいて十六世紀半ばから十八世紀後半にかけて発達した技術的知識体系であり、王室財政の安定性を確保するために税源の涵養に大きな関心を注いだ。そして、その限りにおいて官房学は、王室財産の適切な管理や、租税の源泉である領国経済の発展を図るための政策体系を構築しようとした（池田・大川一九八二）。つまり、これは「学」とはいえ、現代の学問とは異なっており、領国経営の現実から得られた実際的知識を整理し、体系化した一種の統治術だったといえよう。実際のところ官房学の関心はもっぱら王室財政の安定性と、王室が保有する財産の適切な管理・経営に向けられていた。これが可能だったのも、家産国家の収入のほとんどが王室財産からの収入で賄われ、租税財源に訴える必要がなかったからである。したがって、王室財産と領国経済全体の関係や、王室財政の運営が領国経済全体に及ぼす影響の分析は、副次的重要性しか持たなかった。領国経済全体の分析や国民全体の福祉は、あくまで王室財政の安定に資するという観点から論じられたにすぎない。

官房学においては、領国経済を科学的知識に基づいて分析する必要はなく、経済学的知識はほとんど必要とされなかった。しかし、家産国家から租税国家への移行が生じると、国家経営を担う者の関心は王室財政の内部だけに留まっているわけにはいかず、必然的にその外部へと向かっていく。なぜなら、主たる財源はもはや、王室の外部に存在するからである。そこでは、私有財産制度が確立し、貨幣経済や市場経済の原理が支配している。したがって、たとえ国家財政の安定性のために税源涵養に最大の関心を払う場合であっても、税収を生み出す源泉としての領国経済全体の分析や、国家財政と領国経済の関係の分析に注意を注ぐことは、不可欠な知的作業となっていく。ここから、官房学への経済学の侵食が始まる。やがて、国民経済を分析する学問としての経済学が成立し、そこから、国家財政の分析だけでなく国家財政と国民経済の関係を分析する学問としての財政学が誕生してくる。それにつれ、官房学の存立根拠は失われていった。経済学に立脚しない官房学が提供する知識体系の陳腐化が進行し、それはもはや、有用な政策提言を生み出せなくなったからである。こうして官房学は衰退し、十九世紀には財政学に取って代わられていくのである。

ホッブズとロックの租税論

租税とは何か

私たちはなぜ、国家に対して税を負担するのだろうか。

この根源的な問いに対する有力な答は、イギリス市民革命期のふたりの哲学者、すなわちトマス・ホッブズ（一五八八～一六七九）とジョン・ロック（一六三二～一七〇四）によって与えられた。――租税とは、国家が私たち市民に提供する生命と財産の保護、このふたつの便益への対価である。

これは、現代に生きる私たちにとっては当然で、いささか教科書的で、あまり目新しい論理とは思えないかもしれない。しかも、市民の生命と財産の保護ならば、絶対王政や封建時代の領邦国家ですら、提供していたといえるかもしれない。だとすれば、「対価としての租税」という考え方は近代国家特有のものではなく、時代を超えてそもそも租税とはそういうものだ、という考え方さえできるのではないか。

しかし、ホッブズとロックの思想の革命的意義は、「国家」像、あるいは「国家の担い手」像の転換にあった。国家の担い手（ホッブズの言葉をかりるなら「製作者」）とは神ではなく、神によって権限を授与された王（いわゆる「王権神授説」）でもない。それは市民なのだ。市民はもはや国家の従属的な存在ではなく、自ら国家を製作する主体になったと彼らは考えた。「生命と財産の保護」は、上から恩恵として与えられるのではなく、自ら勝ち取ったものなのである。お互いが生存を求めて血で血を洗う闘争を行うのを停止し、契約によって国家を設立し、その下で平和を樹立する。その国家に、生命と財産の保護という機能を担わせるために、それに必要な経費を市民は自発的に拠出するのだ。ここに、租税を国家権力による「苛斂誅求」とみる受け身の納税倫理から、市民がその必要性を自覚して租税を負担する「自主的納税倫理」への転換が生じた（島一九三八、第二編）。市民が税を納めるのは、あくまでも国家がこの機能を果たしている限りにおいてであり、もし国家が逆に、市民の生命と財産を脅かす存在になったならば、市民は納税を停止するだけでなく国家を転覆させ、新しい政府でもってそれに代える「革命権」を保持するとされた。租税は、議会を通じた市民社会の同意のもとに徴収され、その使途も予算審議を通じて、市民社会がコントロールする権限を獲得した。これらすべての点において、近代国家の租税観念は、絶対王政や封建時代の領邦国家における租税観念と根本的に異なっている。

こうしてホッブズとロックは、社会契約論にもとづく国家論を樹立したことで、同時に、近代国家における租税に正当性を付与することに成功した。イギリス市民革命の動乱の中で、国家を一からつくり直さなければならなかったからこそ、彼らは、国家のあり方について根源的な問い直しを行うことができた。革命的状況の中で理論を鍛え上げたことで、彼らの租税根拠論は現在に至るまで風雪に耐え、近代国家を支える租税理論の支柱であり続けている。ここに彼らの偉大さがあり、私たちが「租税とは何か」という問いを発して、その本質について考えるとき、つねに立ち返らなければならない拠りどころがある。

ホッブズの国家論

ホッブズの描く国家のイメージは独特のものである。たとえば、主著『リヴァイアサン』の冒頭には、きわめて印象的な言葉が見られる。

生命は四肢の運動にほかならず、その運動のはじまりが内部の或る主要な部分にあるということをみれば、すべての自動機械 *Automata*（時計がそうするように発条《ばね》と車で自ら動く機関《エンジン》）が人工の生命をもっているとわれわれが言ってはいけないわけがあろうか。（中略）すなわち、技術によって、**コモン - ウェルス**あるいは**国家**《ステート》（ラテン語では**キウィタス**）とよばれるあの偉大なリヴァイアサンが創造されるのであり、それは人工的人間にほかならない。

（Hobbes 1651　邦訳版第一分冊三十七頁。訳語は一部改めた。このほかの文献についても、邦訳がある場合はそれを利用したが、特に断らずに言葉づかいや語句を変更した箇所がある）

ここにはホッブズの機械論的・力学的世界観があらわれているとともに、国家は何か神聖で不可侵なものではなく、人間自身によって製作される人工物であることが強調されている。そのうえでホッブズは、国家すなわちコモンウェルスの出発点を自然人たる人間に見定め、人間とは何かを経験論的に解明し始める。人間は外部との接触を通じて、最初は視覚、聴覚、嗅覚のような感覚をもち、その感覚が今度は心の中に像を結び、それがやがて人々の心の働きに作用していくと言うのだ。こうした人間は、自然によって肉体的にも精神的にも平等につくられており、それゆえ平等に自らの目的を達成する希望をもつことができる。しかし、万人の目的が同時に達成されないことを知っている人々は、自らの生存目的のために互いに敵となり、相手を滅ぼすか、屈服させようと努力する。そうした相互不信から、戦争が生じる。これが「自然状態」であり、

「戦争状態」である。この状況下では、自らの生命を保存するためならどんな方法をとってもよいという自由も、万人に認められる。結果としてこの場合、正邪の観念は、その存立の余地がなくなってしまう。

ホッブズによれば、たしかに人々は「自然権」をもっており、その下で自らの生命を維持するために最適な手段をとる自由をもっている。また、「自然法」によって、人々は次のことを禁じられている。自らの生命にとって破壊的なことを為すこと、生命を維持する手段を除去すること、さらには生命をもっともよく維持しうる手段を回避することである。ここから第二の自然法が引き出される。つまり、人が自分の生命の保全は必要だと思い、他の人々もまたそう思う場合には、自身の生命保存のためなら他者を滅ぼしてもよいという自然権に基づく権利の行使を、自ら進んで捨てるべきだとホッブズは言う。「あなたに対してなされるのを欲しないことを、他人に対してしてはならない」のである。

ところで、先に述べたように自然状態で正邪の区別が立てられないのは、人々が合意する「信約」が存在しないからである。信約があれば、それを守らないことは不正義だと指摘できる。ただし、信約がたんに存在するだけでは、正邪の区別を立てることはできても、それを実現することはできない。その実現のためには強制権力を樹立しなければならない。というのも、このような権力が樹立されれば、個人が信約を守らないことによって得られるであろうと期待する利点や利益よりも大きな、何らかの処罰を強制的に科すことが可能になるから、人々は信約を履行せざるを得なくなると、ホッブズは考えたのである。ひとりの人間、もしくは人々の合議体が任命され、それに対して各個人の権利を委ねることによって、強制権力は成立する。

これがあの偉大なリヴァイアサン、あるいはもっと敬虔にいうなら可死の神 *Mortall God* の生成であり、われわれは、不死の *Immortall* 神のもとで、われわれの平和と防衛についてはこの可死の神のおかげをこうむっているのである。(中略) 各個人が与えたこの権威によって、リヴァイアサンは (中略) 非常に大きな権力と強さを利用しうるのであり、この権力は (中略)、人々すべての意志を、国内における平和と彼らの外敵に対抗する相互援助へと、形成することができるほど大きいのである。
(邦訳版第二分冊三十三〜三十四頁)

こうして、リヴァイアサンと呼ばれる国家、すなわちコモンウェルスがいったん設立されると、それはきわめて強力な強制権力となる。ホッブズによれば、臣民たちは主権者権力を剝奪することはおろか、統治形態を変更することさえできない。多数派によって宣告された主権設立に対して、臣民が抗議することは不正義となるほか、主権者の諸行為が臣民によって正当に非難されることはありえない。もちろん、臣民が主権者を処罰することなどできない。まさにこれは絶対権力である。

このような主張を聞くと、たしかに「ホッブズは絶対王政を正当化した」という評価が出てくるのも頷ける。しかし、彼がこのような絶対権力の樹立を正当化したのは、平和が脆いことを身に沁みて知っていたからであろう。『リヴァイアサン』が刊行されたのは一六五一年、すなわちイギリス市民革命の動乱のさなかだった。当時王党派と目されていたホッブズは、危難を避けるために亡命しており、滞在先のパリでこの大作を執筆した。『リヴァイアサン』は単なる理論的著作ではない。動乱の渦中にあっていわば生死を賭して闘争している本国の人々が、どうしたら戦争状態を終わらせ、共通権力の樹立によって平和状態に移行できるのか、というアクチュアルな問題を徹底して考え抜くなかで生み出された作品なのである。本書を執筆するための思索は、まさにピューリタン革命と同時進行で行われ、そのことが彼に、人間と国家のあり方についてより深い洞察を加えることを可能にさせた。せっかく設立されたコモンウェルスが弱体であれば、再び人々はばらばらになり、食うか食われるかの「自然状態」に復してしまう。ホッブズは、平和を恒久的なものにするためにも、コモンウェルスに絶対権力を付与しなければならなかった、すくなくともそのような一面があった、そのことを見落としてはならないだろう。

しかしながら、国家の絶対権力を強調する以上、必然的に、ホッブズの議論からは、市民の革命権や抵抗権といった考え方は出てこない。とはいえ、ホッブズの議論のなかにも、市民が主権者の命令に従わない権利をもつ場合はある。それは、生命の保存に反する場合である。もし主権者がある人に対して、その人自身を殺したり傷つけたりせよと命じたり、あるいは彼の命を狙う他人に対して抵抗するなと命じたり、さらには食物、空気、薬など、それなしには生活が成り立たない物の使用を止めろと命じるならば、その人は主権者の命令に従わない自由をもつ、とホッブズは明言している。このような命令への服従を認めてしまえば、そもそも、人々が生命の保全と平和のためにコモンウェルスを設立した、その根本目的が覆ってしまうからである。

ロックの国家論

では一方、ロックは、名誉革命の直後に出版されたその主著『市民政府論』(一六九〇)において、どのような論理構成によって国家を根拠づけていくだろうか。実のところ彼は、ホッブズとほぼ同じ道をたどって社会契約による政府樹立を導き出す。

ロックはまず、平等かつ独立した個人が他人の生命と健康、またその自由や財産を傷つけることを抑止することによって、平和と全人類の存続を保証する「自然法」が存在すると主張する。しかし人々が合意して設立した共通権力が存在しない自然状態の下では、この自然法を維持する主体が存在しない。この場合、すべて個人がそれぞれ勝手に自然法を執行し、その違反行為を罰する権利をもつことになる。そのままでは、ホッブズのいうところの「戦争状態」のように、人々はつねに相争い、他の人々を脅したり脅されたりする可能性があり、きわめて不安定な社会状態となる。この状態から脱却する唯一の途は、社会の成員の一人一人が、この自然の権力を放棄し、それを共同体の手に委ね、一個の政治体を結成することに同意することだとロックはいう。

しかし、ロックの論理には、ホッブズと決定的に異なる点がある。それは「労働による私有財産の獲得」という論理を組み込んだことである。自然状態では土地とそれが生み出す果実、そして動物は、人類の共有に属し、誰も他人を排斥して私的支配権を打ち立ててはならない。しかし、自分の身については、誰もが所有権をもっている。したがって、その身体を動かして労働をおこなって自然から取り出したものは、その人の所有物としてよいはずだ、というのがロックの主張である。国家の役割はホッブズのように生命の保存だけでなく、労働によって獲得された私有財産の保全をも含むようになる。

さらにロックは、市民の革命権と抵抗権についても明確に述べている。もし政府が、生命と財産の保全という基本的原則を破る場合には、市民は政府を取り替えることができるのだ、と。

この信任違反によって、彼ら（政府）は、人民から全く正反対の目的のために与えられた権力を没収され、当の権力は人民の手に戻るようになる。人民は、その本来の自由を回復し、（自分たちの適当と思う）新しい立法府を設置することによって、彼らが社会を作った目的である自分自身の安全と保障の備えをするのである。（Locke 1690 邦訳版二二二頁）

同様に、抵抗権についてもロックは明快である。

政府の目的は、人類の福祉にある。ところで、人民がいつも専制政治の無限界な意志にさらされていることと、もし支配者たちの権力行使が法外なものになり、人民たちの財産の保存ではなく、その破壊のために権力を用いる場合には抵抗してもよいということと、どちらがいったい人類の最善の福祉にかなうだろう。（同前二二九頁）

個人と国家のドライな関係、そしてデカルト哲学

これまでもっぱら国家に焦点を当ててきたが、実をいうと、ホッブズとロックの議論の画期的な意義は、一方で「個人の析出」にあった。彼らは自由で平等な個人を出発点とし、社会契約を経て、国家の創出を説明する論理を構築した。これは、それまでの時代の誰にもみられなかった、まったく新しい論理構成だったと言えるだろう。「国家」と、それを構成する「個人」と、両者の対比が極めて明瞭になったのである。しかも、個人が国家をつくるのであって、その逆ではない。国家が死滅しても個人は残るのだ。

このような社会契約論の特質は、第二章で紹介する十九世紀ドイツの「有機的国家論」と比較するとより明確になるのだが、それはともあれ、イギリス的な社会契約論からは、「原子論的・機械論的国家論」が導かれる。

原子たる個人が結合して、国家が生まれる。個人と国家は、「要素」と「全体」、あるいは「部分」と「全体」の関係としてとらえられる。部分を足し合わせれば全体になるし、全体を分割していけば要素（＝原子）たる個人に行きつく。その一方で、ホッブズの『リヴァイアサン』冒頭にもみられたように、国家は機械のアナロジーでとらえられる。それは、人間がつくりあげる人工機械にほかならない。このような原子論的・機械論的国家論は、国家にまつわるあらゆる神聖性のベールをはぎ取って、それが外部からも観察・分析可能であること、また、要素に分解してそのメカニズムを調べることも可能であること、したがってそれは自然法のルールにしたがって予測可能な形で行動する機械にほかならないことを明らかにした。個人と国家は峻別され、両者

の関係は運命共同体ではなく、契約を介在させるドライな関係である。個人は、国家が生命と財産の保護という便益を提供する限りにおいて、その対価として租税を負担するが、国家がそれに反した行動をとれば、ただちに租税の支払いを停止する。租税とは、あくまでも個人が議会を通じて同意した上で、国家に対して支払うものである。

十七世紀イギリスの原子論的・機械論的国家論と、十九世紀ドイツの有機的国家論の対比は、国家観が異なれば租税のとらえ方も大きく異なることをよく示している。その後の歴史を振り返るなら、結局のところ前者に基づく租税のとらえ方こそが、近代国家における租税の正統理論の地位に就き、現代においてなおその生命力を保っていることは明らかである。それにしても、なぜ十七世紀に原子論的・機械論的国家論が生まれたのだろうか。

ホッブズはデカルト(一五九六〜一六五〇)と同時代人である。デカルトのほうが年下になるが、生年は八年しか違わない。デカルトによって創始された近代哲学、その新しい思想的パラダイムは、人々の自然に対する見方を大きく変えた。「コギト・エルゴ・スム(われ惟う、ゆえにわれ在り)」によって近代的な「個人」が析出され、「個(＝原子)」と「全体」が峻別されたうえで、構成要素たる個のふるまいから全体を説明する世界像が成立をみた。この世界は数理的あるいは力学的に分析可能であり、その分析結果に基づいて事象間の因果関係を見出すことができれば、この世界を支配する自然法則を導き出すことができる。これは中世的・封建的・キリスト教的な思想パラダイムから、近代的・合理的・科学的なそれへの劇的な転換だった。

十七世紀ヨーロッパにおけるこの知的地殻変動の只中にホッブズとロックもいた。彼らはその新たな知的プロジェクトの一翼を、いわばその政治思想的な側面において担ったのである。つまり「個」と「全体」を峻別し対比する考え方を、社会や国家の問題に率先して適用することで、彼らは、それまでの支配学説であった王権神授説とは全く異なる、新しい社会契約論的な国家論を打ち立てることができた。中世的・封建的共同体に埋もれていた「個人」を析出し、宗教的・封建的束縛から自立した存在として、国家論の基盤に定礎したのだ。そこでは、個人は「原子」に擬せられ、原子と原子の間に階層構造がないように、個人と個人の間にも階級が存在しない。「自由で平等な個人」が設立する市民社会、あるいはコモンウェルスという論理が貫かれることになった。

こうして原子論は、ある意味で近代民主主義論と親和性をもち、それが社会理論に適用されることで、中世的・封建的社会構造を打ち破って新しい近代社会を創出するための理論的武器として、その革新性を発揮することになった。さらに、原子論的・機械論的国家論で想定されている個人は、ドイツ哲学のように「精神」や「人格性」といった先験的で抽象的な存在ではなく、あくまでも経験に基づいて認識を獲得していく、具体的で「地に足の着いた」存在である点も特徴的である。

このような新しい個人像と国家像の下で、ホッブズとロックの理論は、「なぜ、私たちは税を負担するのか」という根本問題に対して、「自主的納税倫理」の観点から解答を与えることができたのである。

史上初の所得税

革命期以前の租税システム

ここで再び、十七世紀イギリスにおける租税の具体的なありように目を転じよう。一六四三年の消費税も重要だが、とりわけ注目したいのは、同年に議会によって導入された直接税がやがて所得税へと発展していく過程である。

近代税制を象徴するのは、なんといっても所得税である。その所得税の直接の前駆形態となる租税が、革命期の長期議会によって導入されたという事実は、近代における租税と国家の関係を考えるうえで示唆的である。なお、この問題にかんしては、すでに古典的ともいえる著作が三つある。スティーブン・ダウエルの『英国における税制と税金の歴史』（Dowell 1884）、ウィリアム・ケネディの『英国税制 一六四〇〜一七九九年』（Kennedy 1913）、そしてファクリ・シェハーブの『累進税制』（Shehab 1953）である。英国税制に関する以下の記述は、これらの業績を踏まえている点、あらかじめお断りしておきたい。

ケネディによれば、イギリス市民革命は、それまで三〇〇年続いた財政システムを最終的に崩壊させることによって、新しい近代的な財政システムへの第一歩を踏み出すことになった。では、革命期までの財政システムの特徴とは何か。国庫が三部門に分割されていたことである。これは、単一の予算制度の下にすべての収入と支出が含まれて両者が一体として議会で審議される現代の財政制度とは、大きく異なっている。

国庫の第一部門は、王領地収入と封建的貢納を財源とする。当時、国庫のなかでは最大の比率を占め、その収入は内政上の経常経費に充てられていた。

第二部門は、関税を財源とする。国家が領土と領海を守ることにより商業活動の安全が保障されるという理由から、国境を出入りするすべての製品に対して課税され、その収入は海軍経費に充てられた。しかしこの関税のあり方には、徐々に次の二つの変化が見られるようになる。ひとつは、生活必需品に関してはこれを撤廃し、あるいは軽くする傾向が顕著になること。関税は穀物類や乳製品のような生活必需品に対しても一律に課されるため、低所得者ほど税負担が重くなるという逆進課税の性格があり、この弊害を除こうとしたのである。もうひとつは、関税を貿易政策のための手段として利用する傾向である。生活必需品については価格を安く抑えるために、その輸入に軽課し、輸出に重課することによって国内供給を増やす試みがなされたわけだが、他方で、奢侈品や余剰生産物についてはその輸出に軽課することで輸出を促し、イギリス製品と競争関係にある外国製品には逆に高関税をかけてその輸入を抑えるという、重商主義的ルールが適用されたのである。この傾向はさらに進展し、やがて輸出品関税は撤廃され、関税はもっぱら輸入品にかけられるようになる。こうして、関税は国庫の財源調達手段というよりも、むしろ貿易政策の手段としての色彩を濃くしていった。

国庫の第三部門は、直接税を財源とし、戦争などの臨時的な経費に充てられていた。当時課されていたのは十五分の一税、十分の一税、そして特別上納金（Subsidy）の三つ。このうち最初の二つは、衣服など身の回りの個人財産を除き、すべての階級にわたって、あらゆる動産（不動産以外の財産）に対して課されていた。人々の所有物に着目して課税するわけだから、相対的に豊かな人々はその豊かさの程度に応じて税金を支払うことになるだろう。その点で、たしかにこれらの直接税は、一種の「応能課税」（その人の支払い能力に応じて課税すること）を意図したとみることもできる。しかし、当然ながら十七世紀の徴税技術は現代に比べればずっと未発達だったから、実際にはすべての動産を捕捉して課税することはできなかった。また、大土地所有者のことを考えればすぐ予測がつくように、そもそも動産は、その所有者の経済的な豊かさを示す唯一の指標とは言えない。そのようなわけで、動産への比例課税は実際には必ずしも応能課税として機能せず、これらの直接税は公平性の観点からみて問題の多い税となっていた。

消費税をいかに正当化するか

では、市民革命の流れはこのようなイギリスの財政システムを、とりわけ租税制度をどのように変化させたのだろうか。もっとも大きな変化はやはり、一六四三年の二つの新税、すなわち直接課税である「査定課税」と、間接税である「内国消費税」の導入である。先にも触れたように、議会によって導入されたこのふたつの新税は、その後のイギリス社会の基幹税に育っていった。革命は、イギリスの租税システムを、持続可能な制度へと転換させたといえる。逆に、それまでの最重要財源であった王領地収入と封建的貢納は、革命によって財源調達手段としての機能を停止するに至り、イギリスはこれを機に、「家産国家」から「租税国家」へと転換を遂げたのである。

当初は軍費を賄うために導入された直接税は、たしかに後のイギリス所得税の前駆形態として位置づけることができる。しかし現実には、この「査定課税」は、「所得税」と呼ぶにはあまりにも未熟な税であった。当時はまず調達されるべき税収総額が先に決められてから、それが各地域に目標税収調達額として割り振られ、ついで各地域の査定委員会が財産（不動産およびそれ以外の動産）の査定（評価）を行ない、各戸に対して税を課すというシステムだった。徴税は公平に実施されることが期待されていたが、当時の徴税技術の未熟さに加え、査定委員会の評価が異なれば税負担が異なることもあって、恣意性を免れなかったのである。

他方、「内国消費税」は、当初ビールをはじめとする飲料に課され、ついで食料品や石鹸などの雑貨のような様々な生活必需品、絹および毛織物製品のような奢侈品、銅器・ガラス器のような工業製品にまで課税対象が広げられていった。それは、現代の付加価値税（日本の「消費税」もその一つ）とは異なって、すべての商品に対して均一の税率を課すのではなく、個々の商品に対して異なる税率をかけていく、いわば「個別物品税の集積」とも呼べるものであった。この間接税は導入後ほどなくして充分な税収をあげるようになり、直接税である査定課税とともに英国税制の基幹税の一角を占めることとなる。もっとも、消費税は現代の私たちも熟知しているように生活必需品を直撃するものであり、またその負担構造からいって逆進的な性格を免れないから、十七世紀のイギリスにおいても、国民の不満や反発はその後もずっとくすぶり続けた。

にもかかわらず、内国消費税は当時の政治家ばかりか、経済理論家からも支持を得ていた。消費税を他の租税より望ましいものとして正当化する論拠はいくつかあった。

第一に、貧者への負担軽減である。なるほど内国消費税は貧者に相対的に重い負担を課すことになるが、しかし生活必需品に軽課することで、その弊害はある程度回避できる。これはまさに現代において、EUがその付加価値税について生活必需品に軽減税率を適用しているのと同じ手法である。実際、内国消費税は一六四三年の導入後、徐々に生活必需品に対しては軽課、奢侈品に対しては重課となるよう税率構造を調整し、貧者への負担軽減を図っていった。

第二に、課税の公平性である。当時のイギリスにおける議論では、消費はその人の支払い能力、つまり所得を測る代理指標とみなすことができるので、消費に対して課税ベースを設定しさえすれば、間接的に、支払い能力に応じた課税を実現できると考えられていた。つまり、内国消費税はかつての十五分の一税や十分の一税とは異なり、多様な消費項目を網羅して課税しているために、結果としてそれは、所得比例的な課税効果をもつとみなされたのである。

第三に、「倹約」の奨励である。「消費」に課税すれば、人々は無駄なものを買わなくなる。内国消費税は結果として「浪費」を抑制し、「倹約」を奨励することになるので、勤勉な人が報われる。これは公平性にも適う。さらに、倹約は貯蓄と投資を促すことにもなるから、国富の発展さえ導く。つまり、経済政策上の観点からしても、消費税は望ましい。

実はこの第三の論拠に関しては、すでにホッブズが同様な議論を展開していた。イギリス議会が内国消費税を導入する前年、一六四二年に刊行された『市民論』における議論である。この著書で彼はまず、人々が国家に納税する根拠を、国家が平和を樹立し、それを人々が享受できるようになった点に求めている。つまり、租税は国家による平和維持の対価である。だとすれば、具体的にはどのような租税が望ましいのか。

ホッブズは、「万人が等しく平和を享受するとはいっても、平和による便益は万人にとって等しいわけではない」と述べ、平和の便益を示す代理指標として、財産と消費を取り上げる。その上で、前者に課税することは、後者に課税する場合に比べて不公平が生じると言う。

得た利益を倹約によって保つ人もいれば、放蕩によって浪費する人もいるのだから、等しい利益を得た人々が等しい財産を所有するわけではなく、それゆえ税金が財産に比例してかけられる場合には、平和の便益を等しく享受している人々が、国家の負担を平等に担うことにはならないこと、他方、消費物資そのものに対して課税される場合には、各人は私物を消費する際に、所有物にではなく、国家のおかげで得たものに比例した国家に対する負債分を、自分のものを消費すること自体によって気づかぬうちに支払うことになるということ、これである。（Hobbes 1642　邦訳版二五九頁）

つまり、国家による平和樹立で得た便益を、浪費してしまう人もいれば、倹約して財産の蓄積に用いる人もいる。平和の便益が人々に均等に帰着するからといって、もし財産課税を導入すれば、このような浪費家と倹約家の区別が無視され、かえって倹約家が重い負担を課されてしまうというわけである。しかし、「平和の便益に正確に比例した課税」という観点からみれば、ホッブズのこの論理は、必ずしも筋が通っていないように思われる。なぜなら、論点は、「消費」という課税ベースが、平和による便益の大きさを測る代理指標として財産課税ベースよりも正確か否か、という点にあるはずだからである。たしかに、ホッブズが想定したように国家の役割が「生命の保全」に限定されるのであれば、その便益はすべての人間にとって均一だろうから、あらゆる人々に対して貧富の差にかかわらず一人あたり定額の税を課す「人頭税」がふさわしいかもしれない。人頭税はあらゆる税の中でもっとも逆進的な租税なので、ホッブズが消費税を推奨するのであれば、意図せざる形で彼は、より逆進性の小さい租税を提案していたことになる。しかし、国家の役割がロックの想定したような単なる生命の保全を超えて「私有財産の保護」にまで及ぶならば、財産課税を通じて市民がその便益への対価を負担するのが合理的だろう。

しかし、ホッブズはこういった根拠論を緻密に展開する代わりに、「浪費家」と「倹約家」の間での公平性という異なる基準をもちだしてくる。そして、仮に平和による便益が同一であっても、放蕩家と倹約家を区別して前者に重課し、後者に軽課する手法として、消費に課税することが望ましいという結論を導きだす。これは、資本の蓄積を促すためには、消費よりも貯蓄が優遇されるべきであり、そのためには消費課税が望ましいし、また公平だという見解につながっていくだろう。このような議論の展開の仕方は、現代にいたるまで、消費課税が望ましいことを論じる者のいわば定番の一つとなっており、その意味では、ホッブズの指摘はたしかに先駆的で鋭い。実際、消費課税は大まかに所得比例的な負担をもたらすので公平な課税であって、なおかつ貯蓄奨励上も望ましいという見解は、十七世紀から十八世紀にかけて正統学説となっていった。たとえば革命期の医師、測量家にして統計学者でもあった経済学者のウィリアム・ペティ（一六二三〜八七）は、それが結局は不平等を招くことを正しく指摘しながらも、同様の理由により内国消費税を支持した（宮本一九五三、三十九〜四十一頁）。あるいは「最後の重商主義者」と呼ばれる、アダム・スミスと同時代の経済学者ジェームズ・スチュアート（一七一二〜八〇）もまた、内国消費税の支持者であった。

所得税の誕生

イギリス政府は、査定課税と内国消費税の導入によって、なんとか十七世紀後半を乗り切った。しかし、十八世紀に入ると、従来の税制にいつまでも頼っているわけにはいかなくなる。大きな理由は二つあった。

一つは、内国消費税の増税が次第に困難になっていったことである。というのも、生活必需品への軽課によって多少緩和されたとはいえ、それが逆進的な税であるという根本的な欠陥は是正されておらず、その増税には、つねに国民の強い抵抗に遭わねばならなかった。たとえば、ウォルポール内閣による一七三三年の内国消費税改革提案は、一般消費税導入への布石とみられて広範な反対運動が巻き起こり、政権を危機に陥れた。

もう一つの理由は、またしても戦争である。スペイン継承戦争（一七〇一〜一四）、オーストリア継承戦争（一七四〇〜四八）、七年戦争（一七五六〜六三）と打ち続く対外戦争のために、軍事費が大きく膨張した。さらに、一七八九年のフランス革命勃発によってイギリスは対フランス干渉戦争に突入したが、ここに至って最終的に、十七世紀の市民革命以降保持されてきた租税システムの枠内では必要な財源を調達できないことは、もはや誰の目にも明らかになったのである。実際、この戦争による戦費膨張の結果、開戦時に四〇〇万ポンドあまりにまで低下していた政府債務は、四年後には一挙にその約十倍にまで跳ね上がってしまった。

十八世紀末のこの重大な財政危機に対処するため、当時の首相ウィリアム・ピット（一七五九〜一八〇六）はまず、一七九〇年に実施した直接査定税の臨時引き上げを恒久化することにし、一七九六年にはさらにその追加引き上げを行い、同時に内国消費税についても課税対象の拡大を図った。しかし、それでも経費膨張には間に合わないため、首相は富裕者に対して直接税の課税強化を行う途を選んだ。一七九八年の「トリプル・アセスメント（Triple Assessment）」、すなわち一五〇年ぶりの新しい直接税の導入である。

導入に至った政治・外交・軍事的な経緯にはもちろん問題があるだろう。しかし、この新税「トリプル・アセスメント」自体は、一六四三年の「直接査定税」を基礎としながらも、それを組み替えることによって、支払い能力により適合した税に改善しようとする試みだったと評価できる。具体的には、直接査定税の納税者を富裕の順序にしたがって三階級に分け、導入の前年度（一七九七年）の納税額を、それぞれの階級ごとに異なる倍率で倍加し、できる限り所得比例的な課税を実現するよう工夫がなされたのである（佐藤一九六五、九十八〜九十九頁）。

第一階級は馬車、下僕、馬などに奢侈的支出を行う富裕層で、適用税額は前年度の直接査定税額の三〜五倍と定められた。倍率の設定が一律ではなく、幅があるのは、前年度の納税額に応じて細分化したためである。つまり、所得の大きいものがそれだけ多くの税を負担するよう工夫されていた。第二階級は家屋、窓、柱時計および懐中時計など、必ずしも奢侈的ではない品目の直接査定税の納税者で、ここでは前年度納税額の四分の一倍〜五倍の倍率が適用された。第三階級は宿泊所ないし店舗についてのみ納税する低所得階級で、同様に十分の一倍〜二倍の税が課された。

このように紹介すると、現代の読者はふしぎに思われることだろう。馬車や窓や時計？　なぜそんな物を規準にして税率を定めるのか、と。話が後先になってしまったが、じつはこの方式、前世紀の「査定課税」以来のものである。今回の「トリプル・アセスメント」で言えば、第一階級の富裕層は通常、馬車や下僕や馬などを保有しているため、それに対して比較的重い税を課せば、結果として彼らの税負担を重くできるだろうと、あくまでも「推定」されていた。同様に、第二階級の場合は家屋や窓、第三階級の場合は宿泊所などに対して課税すれば、こちらも彼らの支払い能力をおそらく的確に捉えられるだろうと、やはり「推定」されていた。これらの課税対象はいずれも「外形標準」と呼ばれる。つまり当時はまだ、収入から費用を差し引いて所得を計算することができないために、馬車や下僕や柱時計などの所有物、すなわち「外形」から見て物理的にその富裕度が判定できる対象を課税対象に選び、それをどれだけたくさん保有しているかで、所得の多寡を推定しようとしていたのである。したがって、それは現実の所得に対する課税ではなく、あくまでも「推定所得」に対する課税であった。

トリプル・アセスメントは、ある意味で直接査定税の発展型であったから、その欠陥をもあわせて引き継いでしまったのである。このように課税の適用は必ずしも公平ではなく、また戦費を賄うに十分な収入を上げることも出来なかったため、新税はわずか六カ月間実施されただけに終わった。

しかし、この失敗をうけて、翌一七九九年にはイギリス初の所得税が導入される。いや、これは世界初の所得税であった。その概略は、次のようなものである。

まず、納税者の所得は四つの源泉に分けられた。①土地家屋からの所得、②商工業、自由職業、給与による所得、③海外財産および海外投資家らの所得、④上記以外の所得である。納税者の所得は馬車や時計による「推定」ではなく、これらの源泉によってはるかに正確に「把握」されることになったのである。そして、これらすべての源泉から生まれる所得について、納税者は合算申告し、それに対して法定税率を適用する形で具体的な納税額が計算された。またその際、所得に応じた比例的な課税が行われ、たとえば六十ポンド未満の所得は完全に免税となり、六十〜二〇〇ポンドの所得には逓減税率が適用された。なお、課税は純所得に対してなされたから、粗所得から特別の費用控除が認められていた。

一七九九年のこの所得税は、多様な所得源から生まれる所得をすべて合算し、総所得（＝支払い能力）に対して総合課税を行う点で、近代所得税の基本原理に合致していた。租税史上、まさに画期的なものだったと言えよう。

しかしながら、基本原理と現実の運用は、また別物である。実際、この所得税は、納税者自らが申告所得の把握を充分に行えなかった（！）ことや、徴税側の検査体制や罰則の仕組みが整備されなかったこともあって、充分な税収をあげることができずに失敗に終わった。さらに、フランスとのアミアン和約が結ばれたことで「戦費調達」という導入理由も消滅したため、一八〇二年にはいったん廃止される。にもかかわらず、所得税は翌一八〇三年に、装いを変えて再設された。「申告納税」をあきらめ、所得の発生源で税金を徴収する「源泉徴収」方式に切り替えたのである。また、所得は合算する必要はなくなり、五つの所得源ごとに分離して課税される方式に転換した（「シェデュール制」）。たしかに、納税者が複数の所得源をもっている場合、それらから生まれる所得を納税者の手元で合算しない限り、総所得は把握できない。この点で、再設された所得税は、所得の合算を行わずに所得源ごとの分離課税としたので、支払い能力に応じた課税という観点からは、最初の所得税に比べて後退したといえる。しかし逆に言えば、総合課税を放棄して、各所得源での源泉徴収に転じたからこそ、当時の未熟な徴税技術をもってしても確実な徴税が可能になったといえる。税収も一八〇六年には前年度に比べてほぼ倍増し、以後その高水準をずっと維持するなど、財源調達手段としても成功を収めることになった。

こうして十七世紀革命期の長期議会によって導入された査定課税は、「週割査定税」から「月割査定税」へ、十八世紀には「トリプル・アセスメント」から世界初の所得税へと発展を遂げ、十九世紀初頭には分離課税にもとづく「分類所得税」として自らを確立、以後、現代にまで至るイギリス税制に定着していくことになる。なかでも十八世紀末、外形標準課税から所得そのものに対する直接課税の道が切り開かれたことは、世界の税制の歴史において記念すべき転換点となった。

アダム・スミスの消費税反対論

グラスゴウ大学講義

アダム・スミスは十八世紀人である。一七二三年に生まれ、一七九〇年に歿している。その生涯をイギリス税制史の流れに置くなら、すでに査定課税と内国消費税は定着していたが、相継ぐ戦争のなかで財政危機に見舞われ続け、しかしまだ所得税は導入されていない時代を生きたのである。では、この稀代の経済学者は自国の税制について、またそもそも租税のあり方について、どのように考えていたのだろうか。まず、『国富論』（一七七六）の出版に先立つ一七六三年の、グラスゴウ大学における講義の一節を読んでみよう。

> 地租を除けば、われわれの租税は概して商品に課せられるものであり、そしてこれには、土地財産に課せられる諸税におけるよりも、ずっと大きな不平等が存する。人々の消費は、必ずしもつねに彼らが所有するところに応ずるものではなく、彼らが物惜しみをしないこと liberality に比例する。税が諸商品に課せられると、それらの価格は必ず騰貴し、商人たちの競争は妨げられるに相違なく、人為的欠乏が起こり、勤労は刺激されること少なく、そして生産される財貨の量は少なくなるに違いない。
>
> （Smith 1763　邦訳版四三三頁）

アダム・スミスは「内国消費税」反対論者であった。個人の支払い能力に応じた課税を実現するためには、本来は所有あるいは所得に応じて課税されるべきところ、消費課税は人々が物惜しみなく支出するその程度に応じて税負担を課すことになるので、不平等だと言うのである。また、消費課税の負担は価格に転嫁されて物価騰貴を引き起こし、結果として経済に悪影響を与えるから、経済政策的な観点からも望ましくないと主張している。

『国富論』第五編

このような消費課税批判は、国家論（財政学）に相当する『国富論』（『諸国民の富』）第五編で、より詳細に展開されている。

スミスは、収入に対して直接的に比例課税する方法が見つからないので、現状ではやむなく支出に対して比例的に、しかもそれが収入比例的だと「想定」して課税がなされている実情を認める。しかしそれはあくまでも政策側の意図にすぎず、現実には納税者に対して、所得比例的に負担が帰着しているとは限らない。浪費家は自分の収入以上に納税し、倹約家はそれ以下にしか納税しないように、消費課税の理念と現実は乖離している。こうしてスミスは、ホッブズと異なって、消費課税は収入比例的な課税を実現できないために不平等、あるいは公平性にかなっていないと言うのだ。

経済政策的な側面からも、スミスはその租税転嫁論を応用しつつ、次のように消費課税を批判していく。まず、消費課税の導入は生活必需品の価格を引き上げるので、それをカバーするために賃金が上昇せざるをえなくなる。この上昇によるコスト増は、工業の場合なら雇用主が製品価格を引き上げるため、最終的に富裕な消費者に転嫁される。また、農業の場合なら、最終的には地代の減少という形で地主によって負担される。こうして生活必需品課税はいずれにせよ、中流や上流階級によって最終的に負担されるので、もし彼らがこのことを理解するなら、あらゆる生活必需品課税に反対すべきだとスミスは皮肉を述べている。逆に、もし生活必需品課税に相当する労賃の引き上げが実現しないなら、貧民が困窮状態に置かれ、その家族を扶養する能力は低下して労働供給は低下してしまう。さらに悪いことに、消費課税は、製品が原料から何段階も経て最終製品に至る間に、複数回の重複課税を引き起こす。税込価格に対してさらに上乗せで課税が行われるので、課税の「累積効果」が発生する結果、最終的な税負担者にはその分だけ重税となって跳ね返ってくる。このような弊害にもかかわらず、なぜ内国消費税は今も存続しているのか。スミスによれば、それは、政府に充分な税収をもたらすはずだというただ一点にかかっており、他に有力な代替手段もないからである。

以上のように複数の論拠を挙げて、スミスは消費課税を強く批判し、消費課税こそがもっとも望ましい租税だとする当時の正統学説に正面から抗した。これはいったい、なぜだろうか。それを探るには、『国富論』第五編で展開された租税論を、彼の全経済学体系の中で位置づけながら検討する必要があるだろう。

「所得」概念と「租税」理論

アダム・スミスの経済学体系の基底に置かれているのは、よく知られているように、労働価値説である。彼は、労働の質と量こそが、国富の源泉であることを見抜いていた。しかし、労働は単独でなされるだけでは社会は豊かにならない。そこで分業が導入されれば、職業が分化・専門化することによって、各人がなしうる仕事量は飛躍的に増加する。もっとも、専門特化すると自分だけでは生活に必要なものを調達できなくなるので、人々は自分の作ったものを売って、他の人々が作ったものと交換しようとする。こうして、「分業に基づく交換社会」が形成されていく。スミスが証明しようとしたのは、この「分業に基づく交換社会」が、人間の本性に合致しているがゆえにこそ、それは強靱で自律的な社会原理たりえるという点である。彼の主張は、第一編の次の一節に見事に表現されている。

> 分業は（中略）人間の本性の中にある一定の性向、つまりあるものを他のものと取引し、交易し、交換するという性向の、ひじょうに緩慢で漸進的ではあるが必然的な帰結なのである。（中略）人間は、ほとんどつねにその同胞の助力を必要としていながら、しかもそれを同胞の仁愛（benevolence）だけに期待しても徒労である。そうするよりも、もし彼が、自分に有利になるように同胞の自愛心（self-love）を刺激することができ、しかも彼が同胞に求めていることを彼のためにするのが同胞自身にも利益になるのだ、ということを示してやることができるならば、このほうがいっそう奏功するみこみが多い。（中略）われわれは、かれら

の人類愛にではなく、その自愛心に話しかけ、しかも、かれらにわれわれ自身の必要を語るのではけっしてなく、かれらの利益を語ってやるのである。

（Smith 1776　邦訳版第一分冊一一六～一一八頁）

この一節には、封建的共同体の倫理や中世的宗教倫理から解放された自由な個人が、自らの利己心（自愛心）のみに基づいて行動する結果として、社会をもっとも豊かにする秩序がつくり出される理由が指摘されていて興味深い。ここで個人は、社会全体のことはいっさい考えていない。自分にとって最適であることのみを考えて行動する結果、人々の行動結果が合成され、意図せざる形でその社会の全体最適が生み出される。スミスの「分業に基づく交換社会」はしたがって、全体の設計から入って個に至るのではなく、逆に、個から出発して全体を説明する原理を提供した点で一種の原子論であり、その意味でホッブズやロックと相通ずるものをもっている。しかし一方で、個による自己利益の追求が、逆説的なことに全体幸福をもたらすそのメカニズムを明らかにしようとした点は、まったく異なっている。スミスによれば、市民社会はもはや、コモンウエルスの強制権力がなくても、自律的な交換社会として成立するようになる。

こうして労働を交換社会の基底に据えたスミスは、さらにそこから三つの本源的所得が生み出されてくることを指摘する。それが利潤、地代、賃金である。スミスは経済学史において初めて所得概念を明確に把握し、それを経済分析の基礎に据えたことで、租税はこれら三つの本源的所得のいずれかに対する課税とならざるをえないことを明らかにしてみせた。実際、『国富論』第五編の租税論の冒頭には、間接税を含め、あらゆる租税は究極的には三つの所得源のいずれかに帰着することが明確に述べられている。このように、スミスの租税理論の意義は、それを明確な所得概念にもとづいて展開した点にある。

スミスの租税論の先駆性は他にもある。彼が生きていた時代の直接税はまだ「直接査定税」であり、これは前近代的な「外形標準」課税だった。にもかかわらずスミスは、直接課税は所得にこそ為されるべきであり、具体的には賃金税、利潤税、地代税といった形態をとるべきであることを、はっきりと主張していたのである。一七七六年出版の『国富論』が一七九九年の所得税導入に影響を与えたという証拠はないが、直接査定税から近代所得税への移行期にあって、支払い能力に応じた課税を行うには、消費課税を通じてではなく、所得に対する直接課税によって達成されるべきだ、と人々に認識させたことは彼の大きな功績に帰してよいように思われる。

重商主義批判を行ったスミスによれば、貿易政策や産業政策はその意図とは反対に経済を攪乱し、かえって国富を減少させてしまう。したがって、この面での政府の政策は完全に撤廃し、「自然的自由の体系」を実現するのが望ましい。そのとき、政府がなさねばならない仕事は次の三つに限定される。国防、司法、そして公共事業である。租税は、政府がこれらの仕事を遂行するための経費を賄うために徴収される。逆にいえば人々は、生命および財産の保全、そして国家による社会資本整備がもたらす経済的便益の対価として、租税を負担する。では、具体的に納税者に対して、どのような基準にしたがって租税負担を配分すればよいのか。有名なスミスの租税原則の第一原則が、ここでは重要である。

あらゆる国家の臣民は、各人の能力にできるだけ比例して、いいかえれば、かれらがそれぞれ国家の保護の下に享受する収入に比例して、政府を維持するために貢納すべきものである。

(Smith 1776 邦訳版第四分冊二四〇頁)


スミスがここで、支払い能力に応じた課税を公平だとみなし、また支出に応じて税を負担するのではなく、収入(=所得)に比例して負担することが公平だと考えていることは明らかであろう。所得比例課税をもっとも公平な課税だとするこの見解は、労働価値説に基づいて三つの本源的所得を明確につかんでいたからこそ可能になったわけだが、では彼は直接査定税を改革して、所得税の導入を実際に提唱したのだろうか。残念ながら、答えは否である。というのも、所得税を公正に実施するためには、正確な所得把握のための調査が必須条件となる。しかし、納税者はそれを嫌がる。直接査定税が実施されていた当時、そのような調査を実施することを前提とした所得税の実現は、スミスには可能だと思えなかったのだ、とシェハーブは指摘している。スミスはたしかに間接税を嫌っていたけれども、結局これらの事情から、直接税としての所得税を提案するには至らなかった。その代わりに彼はさまざまな租税項目を検討し、家賃賃料への課税が相対的に望ましいと評価しているが、これは現実との妥協であった(Shehab 1953, pp. 31-33)。

しかし、だからと言って、アダム・スミスの租税論、とりわけ所得比例課税論の意義を過小評価してはならないだろう。なぜなら、歴史はまさに、彼が理想と考えていた方向に向かい、『国富論』出版の二十三年後には、当時の首相ウィリアム・ピットによって世界初の比例所得税が曲がりなりにも導入されることになったのだから。

第二章　国家にとって租税とは何か――十九世紀ドイツの財政学

税金を納めることは「義務」なのか、それとも「権利」なのか。

これはたしかにむずかしい問題で、両方だという抜け目ない答え方もあるだろうが、市民革命後のイギリス社会では、それを「権利」とみなす「自発的納税倫理」が定着していった。自分たち市民が作りあげた社会を維持してゆくために、その必要経費として、あるいは国家による生命と財産の保護にたいする対価として、市民みずから積極的に負担すべきだという理解である。これは現代に至るまで、近代国家の租税理論の主流をなしている考え方である。

だが、一方で、納税とは「義務」であるとする理解が優勢だった国もある。十九世紀のドイツである。なお、十九世紀と言うと、イギリスでも租税にたいする考え方には変化が見られる。もうすこし正確に言うと、租税と国家の関係よりも別の問題、すなわち「市場」に関心がシフトしていった。アダム・スミスは十八世紀末に歿したが、十九世紀のスミス以降の古典経済学者たちは、国家を経済理論にとっての単なる「応用問題」として位置づけるようになっていったのである。経済分析にとって解明すべき問題は、むしろ市場を通じた経済社会の自立的なメカニズムであり、また資本がどのように蓄積されていくかというメカニズムのほうにあった。国家の経済活動は、価値を創出しないために「不生産的」と見なされ、市場の働きを補完する限りで認められる「必要悪」、あるいは「残余的存在」とされた。たとえばリカードの主著『経済学および課税の原理』（一八一七）における租税論では、いかに資本蓄積を阻害しない租税体系を構築するかという点に議論が絞り込まれ、経済分析が対象とする国家は、租税転嫁論という形で副次的な問題として取り扱われているにすぎない。ちなみに、この議論の延長線上に、政府は必要最小限度でよいという「小さな政府論」や「夜警国家論」が現れてくる。

このようなイギリス的国家論は、豊かな経済的基盤に支えられた市民社会が充分に成長を遂げた当時のイギリス社会を背景としていた。しかし、十九世紀のドイツ社会はまだそこまで成熟していない。封建諸勢力が強固で、新興市民勢力は押しつぶされそうになっていたから、自律的市民社会の全面開花を謳歌するような理論は望むべくもなかった。無数の領邦国家に分立して統一国家の体裁をなさず、ナポレオンの侵攻に対してはなす術もなく次々と敗退していったドイツが、イギリスやフランスといった先進国家に対抗して国民国家を形成し、統一市場を創出して発展を遂げるためには、国家がイギリスとは全く異なる役割を果たさねばならなかったのである。

市民がそれぞれに「私益」を徹底的に追求しさえすれば、結果としてそれが社会的に最適な秩序の形成につながっていき、個と全体の調和が幸福な形でもたらされるはずだというのがイギリス的な市民社会論であり、「原子論的・機械論的国家観」であった。ホッブズやロックの思想に顕著に見られたように、社会を形成してゆく出発点はあくまで「個」の側にあった。

ところが、それとは対照的に、後進国ドイツでは国家こそが社会秩序の形成者であり、社会の発展を促すための法的・経済的基盤を整えるという大きな役割を担う必要があった。ドイツ的国家論では、全体利益あってこその私的利益であり、全体利益と私的利益の間に矛盾や対立は発生しえず、両者はいわば一心同体であるとされた。図式化して言うなら、イギリス的国家論では国家が死んでも個人は残るのにたいして、ドイツ的国家論では国家と個人は運命共同体と捉えられたのである。

原子たる個人が国家を作るのではなく、市民社会と国家はあたかも生命体のように一体をなしているとするこのような「有機的国家観」は、ドイツ的な租税理論や、納税を「義務」と見なす倫理観に多大な影響を及ぼした。いや、その前提となったとさえ言えるだろう。では、そもそもこの種の国家観は誰によって構築されたのか。それは、ヘーゲル（一七七〇～一八三一）である。

国家と個人は一心同体

『法の哲学』

ヘーゲルは、この社会の成り立ちを家族・市民社会・国家という三項関係から説明しようとする。主著のひとつ『法の哲学』（一八二一）に沿って、その概略を見ておこう。

ヘーゲルによれば、家族は愛を媒介として結びつく最小単位の、そしてもっとも自然的な社会単位である。家族に属する者はまだ一個独立の人格ではなく、あくまでも家族の成員として存在する。しかし、子供たちはいつまでも家族のなかに留まってはいない。やがて成年に達し、自立して家族を離れていく。そして、独立した具体的人格たる個人は家族の保護膜なしに、社会で他の具体的人格と直接わたりあうことになる。

このような個人は、それまで家族の成員と生活を共にすることによって得られていた生活の糧を、今度は自ら外部調達せざるをえなくなる。つまり、市場を通じた交換社会の成員となることによって、自らの生存を確かなものにする。これが、ヘーゲルのいう家族から市民社会への移行である。市民社会の特徴は、その相互依存性にある。これは、「個々人の生計と福祉と法的現存在が、万人の生計と福祉と権利とのなかに編みこまれ、これらを基礎とし、このつながりにおいてのみ現実的であり保障されている、というほどに全面的な依存性である」(Hegel 1821 邦訳版四一四頁)。たしかに分業が進み、誰もが自分の生活のすべてを自分だけでは面倒を見きれなくなるのが近代市民社会の特質であり、そんな社会を生きる個人は、交換を媒介とした相互依存関係の網の中に組み込まれてしまうのである。

ヘーゲルは市民社会には次の三つの契機があると言う(同前四二一頁、傍線筆者)。

A　個々人の労働によって、また他のすべての人々の労働と欲求の満足によって、欲求を媒介し、個々人を満足させること——欲求の体系。

B　この体系に含まれている自由という普遍的なものの現実性、すなわち所有を司法活動によって保護すること。

C　右の両体系の中に残存している偶然性に対してあらかじめ配慮すること、そして福祉行政と職業団体によって、特殊的利益を一つの共同的なものとして配慮し管理すること。

いかにもヘーゲルらしい書きぶりで、ややわかりにくいかもしれないが、Aはひとりひとりの市民が、たがいに依存しあいながらも、自分自身の欲求を満たそうとする社会のメカニズムのことを指している。これはまさに市民社会の原理である。しかし、この「欲求の体系」は、Bで述べられているように、市民が自分の欲求を自由に表明し行動できることが保護されている限りにおいて、初めて機能する。ヘーゲルにとって「自由」はもっとも重要な概念であり、それは近代社会にとって「普遍的なもの」である。その自由を行使して経済活動を行う結果、所得が発生し、資産が生まれる。それらの保持を「所有」権として国家が認めることで、市民社会は安定する。つまり、自由な経済活動の基礎には、その前提として国家の「司法活動」による所有権の「保護」が存在する。言い換えれば、市民社会は国家なくして機能しえないのである。他方、Cで語られているのは、そのような自由な経済活動がもたらす負の側面、現代風に言えば格差の問題である。豊かなものと貧しいもの、大企業と中小企業など、自由な経済活動の結果として必ず格差は生まれる。ヘーゲルは、「福祉行政」と「職業団体」を通じてこれを是正し、調整する役割を国家に与えたのである。

ここで注目すべきは、市民社会の論理と国家の論理が対比的に描かれている点である。つまり、市民社会が「特殊的利益」を追求し、個別性を優先する結果、典型的にはビジネスの成功と失敗のように「偶然性」に支配されてしまうのに対して、国家は「普遍的」であり、特殊的な利益を「共同的なもの」として全体性の観点から管理することで、偶然性が貫徹する程度をコントロールする力を備えているという優位性をもつ。

有機組織としての国家

ヘーゲルはこうして、国家がなくてはならないという必然性の契機を、欲求の体系としての市民社会の論理から導き出した。アダム・スミスをはじめとするイギリス的市民社会論や、ロックやルソーに代表される英仏流の社会契約論から導かれる国家像とは、決定的に異なることがわかるだろう。実際、ヘーゲルはその種の議論を次のように批判している。

> 国家が市民社会と取りちがえられ、国家の使命が所有と人格的自由との安全と保護にあるときめられるならば、個々人としての個々人の利益が彼らの合一の究極目的であるということになり、このことからまた、国家の成員であることは何か随意のことであるという結論が出てくる。
>
> しかし、国家の個人に対する関係はこれとはぜんぜん別のものである。国家は客観的精神なのであるから、個人自身が客観性、真理性、倫理性をもつのは、彼が国家の一員である時だけである。合一そのものがそれ自身、諸個人の真実の内容であり、目的であって、諸個人の使命は普遍的生活を営むことにある。
>
> （同前四八〇頁）

社会契約論では、市民社会において個人が個別利益の追求に専心できるよう、国家の役割は所有と人格的自由の保障に限定される。この場合、社会の究極目標は結局、個人の特殊的利害の実現に尽きてしまう。しかしヘーゲルによれば、国家とは、自由がその具体的な形をともなって実現する場である。市民社会で個人が追求していた特殊的利益は、国家という場では普遍的利益となる。他方、国家の成員となった個人は、普遍的なものを意識しつつ、その目的を達成するために活動する。つまり、特殊利益の実現と普遍性の実現という二つの目的は、国家において統一される。こうして国家は一種の有機組織としてイメージされることになる。ヘーゲル自身の言葉をかりるなら、政治体制が生み出す一体性には、「胃の腑とその他の身体諸部分についての寓話がぴったりあてはまる。有機組織のすべての部分が同一性へ帰一することなく、一部分が独立したものとしてたてられるならば、全部が滅びざるをえないというのが有機組織の本性である」（同前四九七〜四九八頁）。

ヘーゲルのこのような論理構成には、もちろん、多くの疑問を投げかけることができる。最大の疑問は、なぜ国家が普遍性をもっていると前提できて、そこでは市民社会の特殊利益が普遍性と矛盾なく合一されると言えるのか、という点だろう。両者が矛盾なく調和できるのであれば、たしかに国家と市民社会の間に対立はなく、ましてや市民社会の側から革命権の行使によって国家を取り替えるといった事態は起こりようがない。しかし、ヘーゲルは国家の普遍性について何ら論証を行っているわけではなく、ひたすらそれをア・プリオリ（先験的）に前提して議論を進めているだけである。ヘーゲル法哲学におけるこの具体的な論証の欠如は、現実との鋭い対決から理論を導き出すのではなく、観念の自己展開として理論を紡ぎだしたことからくる欠陥の現れだといえよう。

とはいえ、反面でヘーゲルがイギリス市民社会論の限界を鋭く指摘していたことは興味深い。彼は市民社会を否定したわけではなかった。それどころか、それが自ら社会秩序を形成する優れた力をもっていることを深く理解していた。と同時に、彼の眼には、それがもたらす問題が早くもみえていた。つまり、市民社会の経済メカニズムが動き出すにつれて、優勝劣敗が明らかとなっていく。近代社会の建前としては平等な個人が、現実の市民社会では貧富の格差にあえぐことになる。また、中小企業は大企業の前になすすべもなく敗退することになる。これに対して国家においては法の下に諸個人の平等が謳われており、国家権力を通じて格差問題を是正することも可能である。実際、先の引用のCでは「福祉行政と職業団体」による格差是正が説かれていた。ヘーゲルの国家論には、二十世紀の福祉国家論をいちはやく先取りするかのような議論がたしかに含まれているのだ。もっとも、『法の哲学』第三部第三章で現実の国家制度論に説き及ぶときには、「官僚絶対主義」とも呼ばれた当時のプロイセン国家の統治構造を追認するにとどまっており、結局のところヘーゲルの国家論は「近代国家の肉そのものの腐敗」をあらわしているという、マルクス(一八一八~八三)による苛烈な批判(『ヘーゲル法哲学批判序説』、一八四四)を招くことになるわけだけれども。

ロレンツ・フォン・シュタインの租税理論

理念型としての国家と、現実の国家

十九世紀ドイツにおける租税観の特徴を知るためには、ロレンツ・フォン・シュタイン（一八一五〜九〇）と、アドルフ・ワーグナー（一八三五〜一九一七）の著作をひもとくのがよいだろう。ふたりとも一般にはあまり馴染みのない名前かもしれないが、アルベルト・シェフレ（一八三一〜一九〇三）とともに「ドイツ財政学の三巨星」と呼ばれた学者である。「経済学」ではなく「財政学」というところが、いかにも十九世紀ドイツ的である。広義の経済を論じるとはいえ、市場経済よりも国家財政のあり方に力点が置かれ、理論的関心が向けられているのだ。

ロレンツ・フォン・シュタインは、当時デンマーク支配下にあったドイツ最北端のシュレスヴィヒ大公国に生まれ、一八四一年から四三年にかけてパリに留学して社会主義・共産主義思想の興隆に衝撃を受け（彼は二十代後半だった）、また当時の少壮学者の常としてヘーゲル哲学からも強い影響を受けながら、フランス革命に典型的に現れて今も続く社会問題にかんして、国家による上からの解決を目指した。のちにウィーン大学の政治経済学の正教授として国家学、行政学、そして財政学を講じた。明治憲法の起草を前に勅命により渡欧した伊藤博文も、シュタインの教えを直接請うている。十九世紀ドイツ・オーストリアを代表する社会科学者の一人である。

財政学者シュタインの代表的業績は晩年の著作『財政学教科書』（一八八五）だが、そのなかに

次のような一節がある。

もし国家が課税によって行政の経済的手段を獲得しようとするならば、国家は、その行政機構を通じて、国家の課税潜在力――これが課税の源泉になるのだが――のための前提条件をどのようにして創り出すのかを知らねばならない。これこそが、国家生命の有機的回路の源である。定式化すると次のようになる。課税潜在力は税をつくり出し、税は行政をつくり出し、行政が今度は課税潜在力をつくり出す。われわれは、この回路は有機的だという。なぜなら、各要素は他の要素の前提条件となるからである。もしそのうちの一つでも欠ければ、他も消える。

(Stein 1885　英訳版 pp. 34-35)

「国家生命の有機的回路」という印象的な言葉からも明らかなように、シュタインの国家観はヘーゲル的な「有機的国家観」の圧倒的な影響下にある。実際、シュタインはこの『財政学教科書』において、国家とはすべての個人の特殊的意志の共同体、すなわち「普遍的意志の人格的有機組織」であって、個人は国家に参与することによって初めて、その偏狭な生活圏を超越し、単独で達成できるよりももっと自由で高度な生活を享受できると述べている。シュタインはまた、人格的なものとしての「国家」と非人格的なものとしての「社会」を峻別し、「社会」における個人の行動を支配する原理は「利害」だと主張するのだが、彼のいう「社会」と「利害」は、ヘーゲルのいう「市民社会」と「欲望」の概念にほぼ相当するものである。

たしかに、国家の普遍性と個人の特殊性を対比させ、個人の上に国家を君臨させ、また国家をア・プリオリに「人格的有機組織」と見なす点において、シュタインはヘーゲルの法哲学を忠実に踏襲している。しかし、国家には「理念型としての国家」と「現実の国家」の二つがあると述べるとき、彼はヘーゲルから脱皮する。

シュタインによれば、「理念型としての国家」は、ヘーゲルのいうように、人間を法の下に自由かつ平等に取り扱う。だが、「現実の国家」には、むしろ社会の矛盾が次から次へと流れ込んでくる。国家の成員が、同時に社会(=市民社会)の成員として生活を営んでいる以上、国家だけがその超越的立場を誇ることはできない。現実には社会の原理が国家の中に入り込み、侵食し、その矛盾や階級対立が持ち込まれることになる。たしかに国家権力は本来、自由の実現と人格の発展のために用いられねばならないが、現実には国家権力を掌握した階級が他の階級を従属させるための手段として用いる。

国家がこのように特殊な社会的利害に奉仕することを強制されるとき、シュタインはその状態を「不自由」と呼ぶ。国家はその「理念型」とは裏腹に、その現実形態においては不自由であり、「隷属の体系」と化してしまう。国家は、不自由で隷属的な立場に置かれた人々がその体制に不満を抱き、状況を改善しようとする社会運動を生み出す場となり、ときには革命にまで至る。シュタインは国家をヘーゲルよりもずっと具体的かつ動態的に、つまり社会的諸階級が権力を奪い合う闘争の場として捉えた。シュタインがパリ留学中に出版した著作『平等原理と社会主義――今日のフランスにおける社会主義と共産主義』(一八四二)の結論の言葉をかりるなら、「国家が社会をつくるのではなく、社会が国家をつくる」のである。

そのようなわけで、ヘーゲルとシュタインの国家論の主な相違点を抜き出すなら、次のようになるだろう。前者では徹頭徹尾、国家が市民社会を総攬《そうらん》する立場にあり、その矛盾を最終的に解決するという形で、両者の関係に平和な調和が生み出された。いわば、国家は市民社会を包み込む存在である。これに対して後者では、理念と現実が区別された上で、その国家理論が構成されている。国家が市民社会よりも高い次元に位置するのではなく、両者は同一次元に立って対立関係に入り、とりわけ現実の国家の原理は市民社会の原理に巻き込まれ、ある意味で従属させられてしまうと考えられている。

それでは、国家における「不自由」な状態を解消し、「隷属の体系」を自由の体系へ、つまり「現実」を「理念」に近づけていくにはどうすればよいのだろうか。いやその前に、そもそもシュタインの「現実の国家」観は、いつどのように形作られたのだろうか。

パリ留学の衝撃

先にも触れたように、シュタインは一八四一年からの足かけ三年、パリに留学していた。これは、彼の国家論形成における一大転機になったように思われる。

当時フランスでは、産業革命の進展によって資本主義経済が急速に発展する一方、労働者の窮乏状態も深刻化して全国的に労働争議が激発しており、社会主義や共産主義思想が隆盛を極め、それらを奉じる各流派の活動が活発に行われていた。まだ二十代だったシュタインはそんな社会情勢を肌で感じて衝撃を受け、人々の生活をじかに観察しながら、社会問題とは何か、それはなぜ発生するのかを考え始める。社会変革による問題解決を提唱する社会主義・共産主義思想に深い関心を寄せ、膨大な資料を収集してサン・シモンやフーリエ、そしてバブーフらの思想を理論的に探求する一方、実際にルイ・ブランやカベらフランス社会主義の指導者らと交際し、当時のドイツ人としては稀にみる高い水準で、社会主義・共産主義思想の社会的文脈と政治的意義を理解しえた。その成果が、一八四二年の著書『平等原理と社会主義』である。

彼は社会主義思想と共産主義思想を区別した上で、前者に対しては一貫して温かく肯定的な評価を下し、後者には冷たく否定的な評価を下している。

> 社会主義は、産業の組織化の体制を社会の組織化として求め実現しようとする知的かつ物質的な作業の総括である。（中略）社会主義と共産主義の区別は本質的である。なぜなら社会主義は肯定的であり、共産主義は否定的だから。社会主義は新しい社会を建設しようとするが、共産主義は現存の社会を転覆することだけをめざす。（Stein 1842 邦訳版一六六頁）

共産主義は徹底した平等化を主張し、それを実現するために私的所有権の否定や、労働の成果の共有化（財産共同体の創設）を主張する。しかし、それは個人から自由を奪い、共同体の指揮下に個人を置くことになるため、共同体に対する個人の隷属を生み出す。これは共産主義の平等理念に矛盾する。このように、共産主義は問題を解決しようとして、かえってその理念に反する問題を新たに生み出してしまう点で自己矛盾を抱えており、本質的に自己崩壊に至るシステムだとシュタインは説く。

とはいえ、この著作におけるフランス共産主義思想とその歴史に関する叙述は詳細をきわめ、しかもきわめて生彩を放っている。多くの共産主義運動において、最終的にはその教義の実現を目指して秘密結社が結成され、それらが武装蜂起、政府転覆による権力奪取に傾いていく様を緊迫した筆致で描いているのだ。とりわけ十八世紀末の共産主義者による「バブーフの陰謀」から、一八三九年（シュタインのパリ留学のわずか二年前）の革命家ブランキ率いる秘密結社「四季協会」の武装蜂起とその鎮圧に至る経緯が興味深い。シュタインはフランス共産主義運動の興亡を見事に活写している。たしかに彼自身は、共産主義運動が理論としても運動論としても無謀であり、まったく評価できないと冷静に判断していた。また、運動の担い手となる人々の知的・経済的水準からみて、仮に革命が成功したとしても、その後の統治は決してうまく行かないと考えてもいた。しかしシュタインが優れていたのは、だからといってその詳細を検討もせず、イデオロギー的に共産主義を断罪してしまわなかった点にある。その内的論理を詳細に研究して矛盾点を明らかにし、また運動や実践面での力量についても、その歴史的経緯を詳細に調査することで客観的に判断を下そうとする態度を一貫して維持していた。ヘーゲルよりもはるかに具体的に現実社会と向き合っていたのである。

フランス革命によって「自由の理念」が現実になったにもかかわらず、その恩恵はいまだ全国民に行きわたっていない。産業革命が起き、経済が発展するとともに格差はむしろ拡大した。

「或る国民のどんな発展も、国民全体にまで達するとき初めて、完全なものになったといえるのではないか。今日の自由主義は、この全国民のことを実際に考えているのか」（同前五四六頁）とシュタインは問いかける。経済発展の結果として、人々の私的所有権に対する疑いが生じ、平等への希求がより強くなる。共産主義思想が生まれ、そして広がるのは、その背後に資本主義経済が抱える本質的な問題があるからだ。

こうしてシュタインは、望ましい国家とは何かという問いに対して、最終的に次のように答える。それは現行体制維持のために最大暴力を行使する現政府ではなく、また武装蜂起によって政府転覆を目指す共産主義でもなく、「社会改良」を目指し実行する国家である、と。国家が資本主義のもっている本質的な問題と向き合い、それを解決すべく国家権力を行使していくこと、いわば上からの社会改革こそ、国家が果たすべき役割だとシュタインは考えた。これは、労働者階級による下からの社会変革こそが必要だと考えた同時代人マルクスとは、たしかに袂を分かつ考え方である。しかしそれは一方で、市民社会をあくまで上から見下ろす立場に立って国家を論じ、プロイセン国家の現状を肯定したヘーゲルとも微妙にそして決定的に異なっている。シュタインは、フランス社会の行く末を見据えながら、ではドイツはどうすべきなのか、と思いをめぐらしていたに違いない。「現実の国家」を「理念型としての国家」に近づけるための方策は？　彼の租税理論は、その一つの解答であった。

「社会改良」と租税

シュタインが『財政学教科書』のなかで「国家生命の有機的回路の源」として「課税潜在力」について論じていることは先に紹介した。ヘーゲル的な有機的国家観がその背景にはあった。では、「理念型としての国家」ではなく、「現実の国家」はどのように課税を行うべきだろうか。

資本、所得、そして資本形成は経済の有機的基礎である。課税の原則の第一命題はしたがって、それが決して資本を減じてはならないということである。第二命題は、その名称と形態がどのようなものであれ、あらゆる課税は所得に対してなされるということである。第三命題は、課税は所得の中から資本蓄積を行うのが不可能になってしまうほど大きくなってはならないということである。

（Stein 1885　英訳版 pp. 32-33）

シュタインが継承したヘーゲル的な有機的国家観によれば、国家と個人は一心同体である。個人はおのおの生産と消費を展開するが、そのために不可欠な基盤整備を行うのは国家であるから、個人は国家なしにはやっていけない。一方、国家はその経済的原資を個人が負担する税に負っているので、国家もまた個人なしにはやっていけない。したがって現実の国家が税を課すにあたっては一定のルールに服さなければならず、シュタインはそのルールを右のような形で命題化したわけだが、そこでは「国家と個人」の関係というよりも、もっぱら「国家と資本」の関係が問題となっている。それはおそらく、シュタインが「現実」を「理念」に近づけてゆく「社会改良」

の主体として、どんな社会階層を思い描いていたかということにも係わりがあるだろう。『平等原理と社会主義』以来、彼は一貫して共産主義思想を否定している。プロレタリアートによる革命は、たしかに一時的にはプロレタリアートを有産階級の支配から解放し、「隷属の体系」は解消されるかもしれないが、しかし国家が単一階級の手中に落ちてしまうことで、新たな「不自由」が作り出されることに変わりはない。さらに、プロレタリアートの物質的・精神的財貨は有産階級よりはるかに劣っているから、もし有産階級が真剣な反撃に転ずれば、プロレタリアートはまたたく間にその地位を追われ、有産階級は独裁体制を敷いて暴力でその地位を守ろうとするだろう。

では、どうすればよいのか。シュタインは、支配の条件を備えている有産階級こそが、資本主義経済の本質を見据え、それがもたらす問題と向き合って問題解決を図るべきだと考える。むき出しの暴力で、自分たちの階級利害のみを貫徹させようとするのはけっして得策ではなく、むしろ「社会改良」によって問題解決を図るべきだというのだ。社会改良の内容は、各人がその能力に応じて、また労働の量と種類とに応じて、生産物と所有の分け前を受け取ることができるよう労働のあり方を組織し、そのための制度を整備することである。有産階級の政権がいわば社会主義的な政策を実施することを、シュタインは社会改良と呼んでいるのである。こうしてプロレタリアートが社会革命を通じて実現しようとした内容を実現できれば、結果として社会革命の必要性は薄れ、国家を安定させることができる。そのためにも、課税は「決して資本を減じてはならない」し、「資本蓄積を行うのが不可能になってしまうほど大きくなってはならない」。

シュタインが命題化した課税原則は、それ自体を取り出すと、リカードが『経済学および課税の原理』で展開した議論をそのまま継承したもののように見える。しかし、十九世紀イギリスの古典派経済学では市場経済のあり方が主たる問題だったのに対し、十九世紀ドイツのシュタインでは（現実の）国家のあり方が焦眉の問題であった。課税原則は同じでも、関心の方向がほとんど正反対なくらい違うのである。

> ゆえに、租税体系の価値は、課税そのものだけにあるのではなく、国家が税収と課税潜在力を促すよう支出し、ひいてはそれが、国家そのものの利益にあるという点においてである。（中略）経済学の厳格な概念の観点からすれば、あらゆる課税の本当の目的は再生産にあり、少なくとも同じ規模の税収を再び創り出すことである。この課税の再生産力は、国家生命にとって絶対的な条件である。
>
> （Stein 1885　英訳版 pp. 34-35）

シュタインはこれを「課税の再生産原則」と呼んでいるのだが、注目すべきは、国家がみずからを再生産するために「税収と課税潜在力を促すよう支出」すべきだと主張している点である。これは、リカード以降、国家の財政支出面についてまったく論じることのなくなったイギリス古典派経済学の租税論にはなかった発想である。租税論のなかに、国家による財政支出、すなわち税源涵養に向けた積極的な経済政策を繰り込もうとした点に、シュタインの発想の独創性がある。もちろん、だからと言って絶対王政のように国家は何をやってもよいのではなく、経済法則を科学的に認識し、それに沿った課税ルールに服す必要がある。つまり、市民社会の資本蓄積を促すような形で国家が行動しなければ、その報いは結局、国家自身に返ってくるという意味で、シュタインの租税論は、国家の行動に経済合理性の観点から枠をはめようとする先駆的な議論だったと解釈することもできるだろう。

シュタインはヘーゲル的国家観とイギリス古典派経済学の強い影響下にありながらも、十九世紀ヨーロッパの後進国ドイツに見合った、すなわち「現実の国家」における租税理論を作り上げようとした。しかし、現実的には、まだ不充分なところも少なくない。たとえば、先の課税原則の第二命題である。シュタインは、ケネー以来フランスの重農学派を経てイギリス古典派経済学に至る議論を継承し、望ましい課税ベースとして純所得を採用する。純所得に課税できれば、課税は経済の再生産に必要な賃金や利潤に食い込むことがなく、したがって資本蓄積を阻害しないからである。しかしシュタインは、純所得税を近代所得税として実際どのように実施するのか、また「所得」の概念上の課題は何で、現実にどのような徴税機構が準備されるべきなのかという点については、深く立ち入って考察することはなかった。あるいは、考察しようにもシュタインの時代には、それを可能にする経済的基盤がまだ整っていなかったとも言える。課題は次世代の財政学者が担うことになる。

ドイツ経済の興隆期

アドルフ・ワーグナーはシュタインより二十歳年下になるが、ドイツの財政学者の中でも、もっとも大きな影響を同世代と後世に与えた人物である。「ドイツ財政学の三巨星」の一人として名が挙げられるけれども、実際はたんに財政学者にとどまるのではなく、ひろく経済学者あるいは社会経済学者として活躍したと言えるだろう。

一八三五年生まれのワーグナーが生きた時代は、ドイツが関税同盟を経てようやく統一国家としての体をなし、やがてビスマルク治世下のドイツ帝国成立（一八七一年）を経て、政治的にも経済的にも欧州の列強として台頭していく時期に重なっている。一八四〇年代の鉄道敷設とそれに牽引されて生じた産業革命により、ドイツ経済は興隆期を迎えた。しかし他方で、生産力の巨大な伸長にともなって早くも独占化・寡占化の傾向が現れ、景気循環や恐慌による大量の失業者も生みだされて、労働者の疲弊と貧困層の拡大が大きな社会問題となっていった。このような社会問題を解決する方途として、ワーグナーはシュタインよりもさらに一歩踏み込んで、国家が税収増加のためばかりではなく、資本主義経済に積極的に介入して「社会政策」を実施することによって、所得再分配や社会保障を実施することが重要だと考えたのである。

ワーグナーは、ベルリン大学の同僚でドイツ歴史学派の泰斗であるグスタフ・フォン・シュモラーとともに社会政策学会の創設に加わったため、往々にして「講壇社会主義者」のレッテルを貼られることがあるが、彼自身はつねに自らの立場を「国家社会主義（Staatssozialismus）」と呼んで、一線を画していた。ワーグナーのいう「国家社会主義」の立場は、アダム・スミス以来のイギリス古典派経済学を批判し、資本主義経済システムはもはや自律的な経済秩序を形成できなくなっているという認識に立って、問題解決のためには、市場に対する国家介入が必然であることを指摘するところにある。この立場は、スミスの「自然的自由の体系」や社会契約論の「欲求の体系」の限界を指摘し、それがもたらす社会問題を克服する方途として国家の役割を強調したヘーゲルやシュタインの伝統にも連なる。ワーグナーは、古典派経済学の理論的枠組みでは、資本主義経済システムがもたらす格差拡大や貧困問題、景気循環と恐慌、独占・寡占化といった問題を解決する方途が提示できないと批判し、国家介入を根拠づける新しい経済理論を構築しようと試みる。その知的努力の中で、彼は財政学を国民経済学と統合することで、より一般的な経済理論を構築しようとした。その成果が『国民経済論』（一八七六）である。

経済活動の動機は一つではない

この書物においてワーグナーは、人間の「行為動機論」を経済学の基礎に据えようとした。つまり、社会科学の出発点として人間の「行為」を分析する必要があり、そのためには「動機」の解明が不可欠だと言うのだ。

当時すでにアダム・スミス以来の経済学では、ヘーゲルのいう「欲求」、あるいはシュタインのいう「利害」が人間の行為動機の根本をなしており、個人はその最大化を図るべく行動するという前提が置かれていた。たとえばマンデヴィルの『蜂の寓話――私悪すなわち公益』(一七一四)は、一般には悪徳とみなされる個人の欲求充足や利益追求が、結果として社会全体の利益につながるという逆説的な洞察を提示して論争を呼んだ書物だが、この考え方は後に、アダム・スミスが『国富論』において、個人がみずからの利益を追求することこそ結果として市場における交換の作用を通じて社会を豊かにし、経済社会秩序の安定的な形成にもつながると論じたことによって、近代社会理論の正統派としての地位を確立する。これは現在の経済学でも、消費者は効用の最大化、企業は利潤の最大化をその行為動機とし、両者が自らの利益を追求して動く結果として市場では需給均衡が成立し、均衡価格の下で資源の最適配分が達成される、という形で理論的に継承されている。

ワーグナーはこのような理論的前提に対して根本的な挑戦を企て、国民経済学を再構築しようとした。つまり、アダム・スミスのように人間の行為動機を効用最大化のみに絞り込んで理解することは、人間の本性に関するあまりにも狭く、そして一面的な捉え方だと言うのだ。現実の人間を突き動かしている行為動機はもっと多様であるとして、ワーグナーは従来の「利己的動機」のほかに「共同的動機」と「慈善的動機」を想定する。もちろん、これら三つの行為動機で充分かという反論はいくらでもできるに違いないが、人間の行為動機は経済学の想定するものよりもっと多様なはずだというワーグナーの批判自体は新鮮であり、また現代の私たちにも首肯できるものだろう。実際のところ経済学は、この社会の経済原理を抽出するために、あまりにも大胆に人間の行為動機を単純化し、効用最大化行動のみを理論の基礎に据えてしまったため、逆に社会分析に必要な他の多くの要素を、理論から落としてしまうという犠牲を払った。

三つの経済組織

ワーグナーはさらに、右の三つの行為動機論に対応させて、経済組織の三つの類型を考案した。「民間経済」と「共同経済」と「慈善経済」である。ワーグナーはこの三つの組織の組み合わせによって「国民経済」が構築されていると考えた。この一八七六年の『国民経済論』という書物には、現代経済学の発想にも一脈通じるような先駆的な考察が随所に含まれており、非常におもしろい。

民間経済組織は、自らの生活欲求を満たしたいという個人の利己主義的な動機づけに基づいており、その目的を達成するために財・サービスの生産と分配が行われている。この組織を貫くルールは市場経済の原理に他ならず、個々の財・サービスから得られる便益は、それに対して消費者が支払う費用負担に釣り合う形となっている。一方、共同経済組織は共同欲求を満たすためのもので、生産と分配は個人ではなく共同体の目的に沿って行われる。この組織を貫くルールは市場経済原理とは異なっており、費用が市場原理とは別の方法で共同体の構成員に配分しなおされるため、必ずしも財・サービスの便益享受と費用負担が一対一で結びつけられるとは限らない。最後に慈善経済組織は、道徳的に価値の高い行為の原理に基づいている。つまりここでは、見返りを求めない非利己主義的な行為動機が、経済的意思決定の基礎になっている。したがって共同経済組織と同様に、個々の財・サービスに関して費用と便益が一対一で結びつけられることはない。

　ワーグナーは基本的に、国家こそ資本主義経済システムを根拠づけると考えていたから、右の三つの経済組織のうち、もっとも重要な役割を果たすと見なされていたのが共同経済組織であることは、容易に察しがつくだろう。この組織は「共同的動機」によって駆動されるのだが、ワーグナーはこの動機を「集合的利害」、あるいは「共同欲求」とも呼び変えている。そして、個人の私的欲求とは区別される共同欲求が生まれてくる要因を、次のように説明する（Wagner 1876, S. 202-214）。

　そもそも共同欲求が生まれるのは、人間が私的な存在であると同時に社会的な存在であり、彼らが他の人々と共同生活を営んでいるという現実が存在するからである。また、この欲求には、三つの具体的な形態があるとワーグナーは言う。第一は、住居や職場の関係で人々がある特定地域に集住することから生じる、その地域固有の共同欲求。第二は、同時代を生きて共通の価値観や世代体験を持つことから生じる、その世代固有の共同欲求。そして第三は宗教、教育、芸能などの活動のために結束力の高い組織をもっている場合、あるいは中小企業、商店、産業種別などで自らの経済利害を実現するための組織をもっている場合、そこから生じる組織固有の共同欲求である。

　これらの欲求は共同経済組織によって満たされることになるが、その方法には二つある。一つは「自由共同経済」、もう一つは「強制獲得経済」である。前者は、共同欲求を通常の市場経済メカニズム（＝民間経済組織）を通じて満たす。しかし、市場を通じては満たすことのできない共同欲求を満たす上で、より重要な役割を果たすのは後者である。「強制獲得経済」という言葉はいかにも仰々しいが、これは要するに国家経済のことである。つまり国家高権に基づいて、国家が民間経済に強制的に介入することを意味することになるが、この介入は人間社会全体の利益のためという大義、経済的利己主義の濫用による弊害を克服するという目的によって正当化される。私的欲求だけに任せていては、共同体全体、より広く言うなら国家全体に便益をもたらす公共財は供給されないため、国家が強制的に租税財源を徴収してその仕事を引き受けなければならないと考えるのである。その意味で、ワーグナーのこの発想は、現代経済学でいう公共財の理論に相当すると考えてよい。

のちにスウェーデンの経済学者クヌゥート・ヴィクセル（一八五一～一九二六）とエーリック・リンダール（一八九一～一九六〇）が価格理論を適用することによって生み出し、現代経済学で今もひろく支持されている公共財理論は、市場メカニズムのアナロジーによって、公共財の最適供給の決定メカニズムを説明する。そこでは、公共財に対する個別の欲求が足し合わされて社会全体の欲求を構成し、個人がその充足の対価として示す支払意思額との関係で、公共財に対する需要曲線が導出される。この需要曲線と、公共財の（限界的な）供給費用を示す供給曲線との相対的な関係により、公共財の最適供給量と価格（＝租税）が決定される。現代経済学ではこのように、あくまでも個から出発して全体を説明しようとする。

これに対してワーグナー理論では、個から独立した「共同的なもの」、あるいは「全体」といった概念が、個人とは独立に生み出されてくる点が異なっている。しかしその場合、市場メカニズムが決定しないのであれば、共同欲求の内容や規模について、だれがどのように判断し、最適な公共財の供給水準を決めるのかという疑問が生じる。これに対して彼は、国家こそが客観的ですべてを知っており、共同利害を代表する機関として公共財の最適な供給水準を判断し、その供給を的確に実行できると認識していた（Grüske und Weizsäcker 1991）。ワーグナーにとって、市場に対するオールタナティブは国家しかありえず、市場が失敗するところ、国家が介入しなければならないのは自明であった。したがって彼は、その正当化のために、詳細な経済理論を積み上げていく必要は感じなかったのかもしれない。

ともあれ、こうしたワーグナーの理論は、のちに市場（民間）経済と国家（共同）経済という二つの異なる原理によって動く経済組織を峻別し、現実の経済システムは両経済システムの組み合わせで機能していることを説く「二重経済論」や「混合経済論」に影響を与えることになった。たとえば二重経済論者としては、ドイツ出身で一九三三年のナチス政権獲得とともにアメリカに逃れてワシントンの連邦予算局で働き、さらにトルーマン大統領の経済顧問にまでなったゲアハルト・コルムの名を挙げることができる。

ワーグナー理論は、個とは独立に「共同的なもの」や「全体」を導き出す点で、いかにもヘーゲル以来のドイツ的思考法を引き継いでいる。この共同や全体は、決して個には分解されえないという点で、イギリス的な要素還元主義とは一線を画している。しかしワーグナー理論が、共同や全体の概念を先験的に設定するのではなく、その理論を徹底して個から出発させて展開し、にもかかわらず個とは独立のものが生まれるプロセスの中で共同概念の生成を説明することに成功していれば、もっと興味深い議論になりえたのではないだろうか。そのヒントは、ワーグナーよりさらに一世代下の哲学者、フッサール（一八五九～一九三八）の「間主観性」の概念に見出しうるように思われる（フッサール二〇一二）。彼は、個人の主観性から出発しながらも、その能動的な働きによって個人の意識と個人の意識がたがいに向き合って相互作用を及ぼし、結果として世界を共有化し、共通認識を形成するようになると考えた。フッサールはここに、主観を超える客観的認識というものが成立する根拠を求めようとしたのである。ワーグナーは、共同欲求を説明する際に、人間が他者と共同生活を営む社会的存在であること、そして、共同欲求が同じ空間に集住する人々、同一の世代に属する人々、そして同じ関心や利害を共有する人々の間で形成されることを、その根拠とした。しかし、この説明をその次元にとどめることなく徹底して個から出発して展開することにすれば、どうなるだろうか。それはフッサールの間主観性の議論そのものであり、共同欲求は地域的、世代的、そして組織的に関連をもつ人々同士の相互作用を通じて、主観的な認識を、世界に関する客観性を帯びた共通認識（または共同主観）へと転化させていくプロセスから生じるはずだ、と説明できるのではないだろうか。だとすれば、ワーグナーの共同欲求論は、個から独立した概念を論証なく先験的に持ち出してきたという非難を免れることができただろう。

慈善経済論の先見性

しかし、ワーグナーの国民経済論のなかで、二十一世紀の今ますますその重要性を帯びてくると考えられるのは、その「慈善経済」論である。これは個人の慈善動機に基づく経済行為をその背景にもっている。言い換えればそれは、利他的動機である。利己主義的経済動機の行き着いた果てに、二〇〇八年のリーマン・ショックとその後の経済的破局があったのだとすれば、これを繰り返さないためには、国家による金融規制の強化だけでなく、新しい人間の経済行為が共感を呼ぶための地盤が広がっていく必要がある。つまり、他者と協力しあうこと、連帯すること、あるいは利他的な行動や公益に資する行動をとり、それらが結果としてビジネスにもつながり、世界を広げていくこと。現にそういった契機の重要性を認識し、行動を始める個人や企業も増えている。それを経済学の言葉で言い換えれば、慈善的、利他的、あるいはのちに触れるアマルティア・センの言葉でいえば、共感とかコミットメントということになるのだろう。

とはいえ、利他的動機は、それが真に利他的で我が身を省みない献身的なものであればあるほど、少数の例外を除いて現実には長続きしない。したがって現代経済学では、利他的動機を利己主義的に解釈することによって経済理論に組み込もうという試みが行われている。ドイツ出身で、のちにハーバード大学で教鞭をとり、財政学の体系化に尽力して戦後この分野で世界的影響力をもったリチャード・マスグレイブ（一九一〇〜二〇〇七）も、その一人である。マスグレイブは、個人の効用が、自分の消費する財・サービスだけでなく、他人の消費する財・サービスの水準にも依存するという形で問題をとらえた。その簡単な定式化は以下の通りである。

$$U_A = U_A(X_A, Y_A, \bar{Y}_B)$$

U_Aは個人Aの効用（Utility）をあらわす。この式は、個人Aの効用が、彼の財・サービス消費X_A、Y_Aだけでなく、他人である個人Bの消費Y_Bにも依存していることを示している。自らの効用は、自らの消費X_A、Y_Aにしか依存しないと仮定されている通常の経済学とは大きく異なる。ところで、上式の財Yは食糧、住居、健康等の基本財、つまり人間らしい生活を支えるのに必要な財・サービスを意味している。これらの財・サービスの享受が、自分だけでなくこの世界に生きる人々すべてにも保障されるべきだという考え方は、ひろく共有されるはずだ、とマスグレイブは述べてこの定式化を正当化している（Musgrave 1969）。

このような考え方は、社会選択論と厚生経済学分野における多大な貢献によって一九九八年にノーベル経済学賞を受賞した、インド出身の経済学者アマルティア・セン（一九三三〜）の「共感」の概念とほぼ同一だとみなせる。『合理的な愚か者』（一九八二）のなかで、センはこう述べている。

共感に基づいた行動は、ある重要な意味で利己主義的だと論ずることができる。というのも〔共感においては〕人は他人の喜びを自分でも嬉しいと思い、他人の苦痛に自ら苦痛を感ずるからであり、その人自身の効用の追求が、共感による行為によって促されるからである。

（Sen 1982　邦訳版一三三頁）

他方センは、この共感概念を超えてさらに、同じ利他的動機だけれども、共感とは区別される「コミットメント」概念にも言及している。これは、他人の苦悩を知ったことで自分の境遇が変化することはないが、しかし、その人が苦しむのを不正なことだと考え、それをやめさせるために何かをする場合を指している。ここからコミットメントとは、自分の手の届く水準よりも低い個人的厚生をもたらすことを知りながら、あえて利他的な行動を選択する行為と定義できるという。その意味で、コミットメントは共感と異なって、非利己的な行為だといえる。

これらの概念は、残念ながら現代経済学のメインストリームに組み込まれ、経済学を変えつつあるとは言い難い。にもかかわらず、経済学の内容を豊かにしようと努力している現代の最良の経済学者たちが考えている問題と相通ずる問題意識を、かつてワーグナーもまた共有していたという事実を、ここでは指摘しておきたい。そして、慈善動機という利他的動機を明示的に掲げ、それを経済学の基礎の一つに据えようとしていた点に、ワーグナーによる発想の先見性があったといえるのではないだろうか。

「社会政策」としての租税

ワーグナーの租税論の新しさは、租税をたんに国家の財源調達手段としてだけでなく、社会政策を実施するための手段としても捉えた点にある。

シュタインのような従来の財政学者は、国家が租税によって意図的に経済循環を攪乱することに反対し、したがって社会政策的課税にも反対した。彼が心血を注いだのは、資本蓄積にできる限り矛盾しない租税体系論を構築し、ひいては有産階級による「社会改良」を促すことであった。しかし、ワーグナーがみていたドイツ資本主義は、もはやシュタインが考えていた資本主義とは異なっていた。つまり、何にもまして資本蓄積を優先しなければならない幼少期の資本主義ではもはやなく、ドイツはすでに、有数の産業資本主義国としてアメリカとともにイギリスを脅かす存在になりつつあった。その下で、一方では優勝劣敗が進んで独占・寡占化の兆候がみられ、他方で労働者や下層階級に貧困、疾病、住宅問題などの生活困難が集中し、格差が拡大しつつあった。このような時代的背景を踏まえながら、ワーグナーは『財政学』（一八九〇）のなかで、次のように宣言している。

われわれは課税をこれまで、財政上の必要を満たすための技術的な手段としてとらえてきた。（中略）しかし、果たしてこの純粋に財政上の目的のみが、課税の目的であろうか。これまでの財政学上の文献では、それが一般的な見解であったが、ここでは異なる概念を提起しよう。

課税の純粋に財政的な目的のほかに、社会政策領域に属する二つ目の目的を区別することができる。課税は自由競争によってもたらされた分配を修正することによって、国民所得と国富を規制する要因となる。私はこの概念を、あらゆる非難に対して強く支持する。それどころか、今日ではこの二番目の規制目的は、拡張されて個人の所得と富の利用に対する介入をも含むようになったといってよい。これは、「純粋に財政的」な概念とは異なる「社会政策的」な概念である。

（Wagner 1890　英訳版 pp. 8-9）

たしかに租税は国家の「財政上の必要を満たすため」に不可欠な手段であるが、しかしそれは一方で様々な経済問題を改善するための「社会政策」の一手段でもあるべきだ、とワーグナーは言うのだ。税のあり方をとおして所得の再分配を推し進めることができるという考え方である。具体的には、高所得者には重課、低所得者には軽課という累進税率の適用による、富の再分配である。ワーグナーの議論は、現代のわれわれが予想するほど高度な累進制をともなった所得税を要求するものではなかったが、しかしそれでも、租税の「社会政策」的側面に新たな照明をあてた功績は大きい。

ワーグナーはまた、実際の課税のあり方についても、当時のドイツにあっては先進的な展望を持っていた。『財政学』出版の翌年に発表された論文「社会的財政政策および租税政策について」（一八九一）において、所得税がいまだドイツでは旧来の収益税の形態を引きずっていたのを、純然たる「人税」に切り替えること、別の言い方をすれば「まっとうな近代的所得税」に切り替えることによって、その所得再分配政策上の効果が高められると提唱したのである。これは一見、穏当な要求に思えるが、実は当時の税制の実情に照らし合わせてみれば、きわめてラディカルな提案だったことがわかる。これについては若干、説明が必要かもしれない。

まず、用語について。

「人税」は「物税」の対概念である。この場合の「物」は端的にいえば「資産」のこと。つまり、「収益税」を例にとるなら、物税は収益を生み出す源泉である資産に課される。その際、一口に資産といっても様々な種類があるが、人的資産（人的資本）、不動産、金融資産、債券などの種別ごとに課税する。そして、それらが足しあわされたものを「所得税」と呼ぶことにするのである。この物税としての収益税の長所は、課税に際して恣意性が入り込む余地が少ないという点にある。収益を生み出す源泉である資産は外形的に把握しやすく、したがってそこから生まれる収益も捕捉しやすくなるからである。だが一方で、このような課税形態だと、これらの資産を保有している個人の支払い能力とはまったく関係なく、資産に対してバラバラに、しかも一律税率で課税せざるをえないという短所もある。

これに対して人税は、人の持っている物ではなく、人自身に、つまり租税を支払う主体である納税者に着目してかけられる税である。この場合、各個人が保有する資産から上がってくる様々な収益のすべてと彼自身の給与を足し合わせて一括することによって、その人の総所得が把握できる。つまり、物税では把握し切れなかった個人の支払い能力を、客観的に把握できるという長所がある。そればかりではない。物税を人税に切り替えると、高所得者に重課し、低所得者に軽課することによって、税制を所得再分配政策の手段として用いることも可能になる。

次に、十九世紀ドイツにおける所得税の歴史と実情について（諸富二〇〇一）。

一八〇五年にアウステルリッツでナポレオンに大敗を喫して神聖ローマ帝国が瓦解した後、プロイセンでは、改革派官僚ハインリッヒ・フリードリッヒ・フォン・シュタインとハルデンベルクによる改革が進められた。彼らはまず、ここでも例によって税制改革と戦争は密接に関連しているのだが、戦債償還の財源として一八〇八年にドイツ初の所得税法案を成立させ、一八一二年にはフランス軍駐留経費を賄うために、合算総所得に対して申告納税義務を課し、やはり緩やかな累進税率構造をもつ所得税を導入した。ところが、この所得税は当初から国民による非常に大きな抵抗に直面し、一八一四年の対ナポレオン戦争勝利の直後には早々と廃止されてしまった。その主たる理由は、当時のドイツではイギリスとは異なって、所得税を導入するための物質的・理念的条件がまだ存在しておらず、近代的な所得税の実施には大きな困難があった点にある。

代わってプロイセン政府は、一八二〇年に「階級税」を導入する。これはもはや近代的な意味で所得税とよべるものではなく、一種の外形標準所得課税（第一章で十八世紀イギリスの例を見たように馬車や窓に課税するもの）への逆戻りであった。そんななか、ドイツでもゆっくりとではあるが、所得税改革の機運は高まってゆく。詳細は略すが、一八三四年の「ドイツ関税同盟」設立、一八五一年の「階級税および階層別所得税」法案の可決をへて、一八九〇年に着手された「ミーケルの改革」によってようやく、プロイセン国家は近代所得税の導入に漕ぎつけた。イギリスに遅れること約一世紀である。

一八九一年に成立したこの所得税法では、合算所得が課税対象とされ、三〇〇〇マルク以上の所得の場合には申告が必要となる。〇・六%から四%までの非常に緩やかな累進制をともなった税率構造だったが、一八五一年の「階級税および階層別所得税」の場合に設けられていた租税負担の上限設定を撤廃したため、逆進的な税負担構造はようやく是正されることになった。そして、目立たないけれども注目すべき点は、より効率的な納税申告の検査体制が確立されたことである。実際、一八九一年所得税法で打ち立てられた近代的所得税の基本原理は、現代のドイツ連邦共和国においてもなお基本的に維持されているといっても過言でないほど、画期的なものであった。しかもこの所得税は、財源調達という点でも直ちに成功を収め、それによって所得税は、ドイツ税制における基幹税へと育っていったのである。

ワーグナーが前述の論文「社会的財政政策および租税政策について」を執筆していた一八九〇年はまさに、この画期的な所得税を生み出したミーケル改革がプロイセン邦国議会に提出され、議論が始まった時期にあたる。彼はこの論文で、ミーケル改革を踏まえ、社会政策的課税について詳細な議論を展開しているのだが、プロイセン政府による税制改革の試みを、「階級税および階層別所得税という二つの人税の税額査定における、周知のひどい不平等性を廃し、営業税に存する同様な弊害を除去しようとするもの」とし、「ともあれこれは、社会政策的にも重要であり、しかも喜ばしいことである」(Wagner 1891　邦訳(1)二七六頁)と高く評価している。ワーグナーの基本的立場は、プロイセン税制改革の基本的方向を後押しし、その改革を徹底させることで、所得税の近代化を推し進めるものだった。そのために、当時の所得税にまだまとわりついていた収益税的要素を完全に払拭して人税化し、すべての所得源から得られる所得を各個人の手元で合算し、それに累進税率を適用することによって、所得税を所得再分配上の政策手段として用いるための条件をつくり出そうとしたのである。

ただし、その実効性を高めるには、検査体制の充実が是非とも必要だった。このことを、ワーグナーは口を酸っぱくして強調している。もちろん給与だけならば、現代の私たちも経験しているように源泉徴収が可能である。しかし納税者が土地、金融資産、債券、不動産など、きわめて多種多様な資産を保持している場合、それらすべての所得源を国家が正確につかむことはむずかしい。したがって物税（収益税）から人税への移行は、必然的に申告納税制度の導入をともなう。ただ、万人が正直に自らの納税額を申告するとは限らないので、申告が正しく行われ、本来納めるべき税額が納税されているかどうかについてチェックを行う検査体制の整備が、公平課税を担保するためにも必要不可欠になる。もし何らかの漏れや誤りが発見された場合には是正されなければならないし、意図的な脱税が発見された場合には、追徴課税や刑罰が執行される必要がある。このような前提条件がそろって初めて、社会政策的課税の実施が可能になり、しかも、それは低税率であってもかなりの政策効果をもつことが約束される、とワーグナーはいささか楽観的に言う。

ワーグナーの議論はこのあたりまでに留まる。たしかに彼は、社会政策的課税の本格的なデザインや、その効果について詳細な議論を展開してはいない。プロイセン税制の実情を踏まえて、将来的に本格的な社会政策的課税を導入するための、いわば前提条件について論じたのである。しかしその後、二十世紀に入ると彼がまさに予見したように、租税は景気循環の制御、所得再分配、法人のコントロール、環境保全、金融安定化など、きわめて多様な政策目的のための政策手段として用いられるようになっていく。

ワーグナーの租税論にみられるこのような先見的な着想は、のちにイギリスの経済学者アーサー・ピグー（一八七七〜一九五九）によって受け継がれ、累進所得税の経済理論的根拠をめぐる厳密な議論として展開されてゆく。ピグーは、イギリスでも二十世紀に入ってアスキス、ロイド・ジョージ両内閣の下で本格的に累進税制が導入され、それが強化されつつあったことを背景として、累進制を経済学的に正当化しようとした（Pigou 1920; Pigou 1928；諸富二〇〇九、第二章三節）。結果としてピグーは、国民の厚生を最大化するためには、課税による総犠牲を最小化しなければならず、それには、課税によって所得を取り去られる痛みが大きい人（低所得者）には軽課し、その痛みが小さい人（高所得者）には重課するよう税負担を配分することで達成できると論じたのである。

純粋理論家というよりは政策志向が強く、制度、歴史、政策に関する深い知識に基づいてバランスのとれた思考を展開するワーグナーは、ピグーのように透徹した理論の構築を目指して没頭することはなかったかもしれない。しかし、資本主義経済システムが明らかに変調し、彼のいう「社会時代」に入った十九世紀後半において、市場経済への国家介入手段として租税を用いることに、彼は疑いどころかますます確信を深めていったに違いない。実際に租税が政策手段として本格的に発動されるのは世界大恐慌以降のこと（これについては第四章で述べる）だとはいえ、ワーグナーがこの時点で、租税の「財源調達手段としての機能」と並んで「政策手段としての機能」を位置づけたことは、その後の租税の本質をめぐる議論にとって新しい出発点となったことは記憶しておくべきだろう。

国家主導の功罪

ドイツ財政学と近代日本

十九世紀ドイツの財政学者たちの著作を読むと、あらためて痛感させられることが三つある。

第一に、租税論と国家観の係わりである。市民革命期以降のホッブズ－ロック的な「原子論的・機械論的国家観」が浸透したイギリスとくらべると、ヘーゲル的な「有機的国家観」に覆われたドイツでは、税のあり方と国家のあり方との連動性がよりいっそう密接に感じられるのだ。

第二に、税のあり方と市民社会（あるいは市場経済）との係わりである。シュタインにせよワーグナーにせよ、彼らは国家の役割を強調してやまなかった。個人と国家は一種の運命共同体であり、自国の資本主義の発展はあくまで国家の主導のもとに図られなければならない。そしてその国家を経済的に支えるのは租税なのだから、納税は「権利」というよりも、むしろ各個人が「義務」として担わなければならないことになる。これらはすべて、当時のドイツの経済社会の後進性、市民社会の未成熟という事情ぬきには考えられないだろう。なお、ワーグナーの議論にはイギリスの経済学や経済政策にたいする厳しい批判が随所に見られるのだが、そこには先進国イギリスへの強い対抗意識を読み取ることができる。

第三に、漸進主義の傾向である。シュタインの「社会改良」論やワーグナーの「社会政策課税」論は、一方でヘーゲルのようにプロイセン国家の現状をそのまま肯定はせず、他方でマルクスのように経済構造や社会構造そのものの変革を主張することもなく、いわばその中間の路線を取った。資本主義の矛盾を、国家権力の行使によって、あるいは有産階級が主体となって、徐々に解きほぐしていこうと考えたのである。

この「漸進主義」は、近代日本の指導者たちの間にも共感を呼んだようである。たとえば、先にもすこし触れたように伊藤博文は明治憲法の起草を前に渡欧し、憲法調査に従事するなか、ロレンツ・フォン・シュタインの講義を直接受けている。瀧井一博によれば、伊藤はその講義に感銘を受け、シュタインの憲法論、立憲政治論、行政論などを学ぶなかで、イギリス的な社会契約論を超克できるという自信を得たという（瀧井一九九九、第五章）。当時、伊藤自身は、イギリス流議院内閣制に基づく憲法の制定作業と、早期の国会開設を要求する大隈重信ら反政府勢力への対応と、双方に頭を悩ませていた。そんな伊藤にとって、シュタインが社会契約論を批判して、「社会改良」へ向けて国家が果たすべき主導的役割を説得的に説いていたことは、たしかに瀧井の述べるように大きな支えになったに相違ない。

その後、伊藤の喧伝もあって、明治政府中枢を担う多くの有為な人材が渡欧し、「シュタイン詣で」と言われるほど、次々とシュタインのもとを訪れて教えを乞うたという。これにはもちろん、日本に大きな関心をもって研究も行っていたシュタインの個人的魅力のせいもあったことだろう。しかしそれにも増して、イギリスに対抗して国家主導の発展モデルを採択したドイツが、同様に欧米列強に対抗して国家主導の発展を遂げようとしていた近代日本にとって、親和的なモデルとして映ったことが大きかったのではないだろうか。国家観においても、また租税論においいても、当時の後進国日本にとっては、イギリスモデルよりもドイツモデルの移植こそがふさわしいと判断されたのである。実際、戦前日本の帝国大学で講じられていた財政学は、ほとんどがドイツ財政学だった。租税の十九世紀ドイツ的理解は、現代の私たちにとってはもはや遠い世界のように感じられるかもしれないけれども、しかし一九四五年までは、私たちの国家観と租税理解は基本的にドイツ的なものであった。英米流のそれが日本社会に定着してゆくのは、戦後のことである。

ドイツ財政学の現代的遺産

最後にいささか繰り返しになるが、ドイツ財政学の意義というか、その正負の遺産について述べておきたい。

正の遺産は、近代的な意味での「国家論」の成立だろう。イギリス古典派経済学のように国家を経済システムの「残余的存在」と見なすのではなく、正面からその経済的機能について社会科学的な分析を行い、その役割と意義、市民社会との関係について深く考察を加えたのは、ドイツ財政学の重要な貢献だった。ヘーゲルからシュタインを経てワーグナーに至る、国家と社会、あるいは国家と経済に関する一連の二元論が生まれ、また国家・市民社会・個人という三項関係の中で経済社会のあり方を考える理論的枠組が形成されてきた。さらに、資本主義経済の矛盾を克服するために、国家という機関をある種の道具（手段）として用いるというプラクティカルな考え方が打ち出された。ワーグナーが強調した、租税という政策手段を用いた国家による所得再分配政策は、その典型的な事例である。

負の遺産は、あまりにも国家の役割を強調しすぎたことだろう。国家が強大化しすぎると、市民社会を押しつぶしかねないが、それにどう対処すべきか。ロック的な社会契約論では市民に革命権が付与されるのに対し、ヘーゲル法哲学ではそれは一貫して拒絶され、代わりに国家の絶対性、無謬《むびゅう》性、そして永遠性が担保される。つまりドイツモデルではシュタインの「社会改良」にせよ、ワーグナーの「国家社会主義」にせよ、すべて上からの契機によって何を実行すべきかが決定されるのである（また、租税のドイツ的な理解の中からは「租税協賛権」という権利観念も現れてこない。それはあくまで「義務」である）。もしも国家が民主主義的コントロールを軽視して市民社会から自立して強大化し、ひいては市民社会を完璧に従えるような権限と手段を持つようになると、何が起きるだろうか。このような社会思想を発達させたドイツと日本が、いずれも一九三〇年代から四〇年代にかけてファシズムに走り、第二次世界大戦の戦端を開いた結果、国家的滅亡の危機に陥ったことは周知の事実であろう。市民社会が国家をコントロールする契機を失った国家論は結局、国家主義に陥ってしまう。具体的な論証ぬきに措定される国家の普遍性、個人とは独立に与えられる共同体意識、そして私的欲求から独立した共同欲求の存在、これらをすべてア・プリオリに前提するドイツ国家観には、どうしても神秘主義的要素がつきまとう。それはやはり、全体主義との親和性を免れない。

市民社会が資本主義の矛盾を克服するために、国家に備わる政策手段を機動的に用いつつ、同時に、国家に対しても民主的なコントロールを及ぼすためにはどうすればよいのか。そして、そのとき、租税はどのようなものであるべきか。この重い課題に、たとえばアメリカはどう立ち向かおうとしただろうか。

第三章　公平課税を求めて——十九・二十世紀アメリカの所得税

国家的危機の発生はいつの時代も租税構造に劇的な転換をもたらす。近代国家は税収なしには立ち行かないから、危機に直面すると、租税のシステムを、平時にはほとんど不可能と思えるくらい大きく転換しなければならなくなる。とりわけ所得税は、国家的危機の副産物として生まれると言ってもいいくらいだ。すでに見てきたように、イギリスが一七九九年に世界初の所得税を導入したのは対ナポレオン戦争の戦費調達のためだったし、ドイツが一八〇八年に初めて所得税法案を成立させたのも対ナポレオン戦争に大敗したことによって生じた戦債の償還財源が必要だったからである。では、アメリカはどうだっただろう。

アメリカが初めて所得税を導入したのは一八六二年のことだが、まさにその前年からこの国は大きな危機に直面していた。南北戦争（一八六一〜六五）である。建国以来最大の危機ともいうべきこの戦争は、それまで適切だと考えられてきた租税のあり方をめぐるアメリカ国民の固定観念を破壊し、財源調達のための新税導入を、不承不承ながらも人々が受け入れざるをえなくなる素地をつくり出した。もちろん、危機が去ったのちには「平時」へ戻ろうとする圧力が働くが、いったん起きた変化はその後もながく不可逆的な影響を及ぼし続け、決して危機以前の状態に立ち戻ることはない。少なくとも税制構造に関しては、これが歴史の一般法則のようである。

もっとも、南北戦争の財政的副産物として生まれた所得税は、そう簡単にはアメリカ社会に定着しなかった。実際、一八六五年に戦争が終結して間もなくすると、所得税は早々に廃止されてしまう。この国で恒久的な所得税法が成立をみるのは二十世紀に入ってから、すなわち一九一三年のことである。

およそ半世紀に及んだこの税制改革の歴史はじつに波瀾に富んでいる。そこにはホッブズやロックやヘーゲルのような大思想家は登場しない。かわりにこの改革史を彩るのは、二大政党とその議員たちや大統領であり、ときに最高裁判所であり、またアメリカ大陸北東部の産業資本家と南部・西部の労働者や農民の利害である。なかでも注目すべきは、税制改革の理念と方向性をめぐって繰り広げられた、共和党と民主党による熾烈な党派間闘争であろう。第一次世界大戦勃発の前年に可決されたアメリカの所得税法案は、二大政党間の（さらには同一政党内部での）利害と打算と妥協が織りなす複雑なプロセスの果てに生み出されたものなのである。

そもそもアメリカの税制改革法案は、日本のように内閣法案としてではなく、議員の名前を冠した議員法案として議会に提出される。したがって、税制をめぐる政治的な利害の衝突や妥協は、議会という場において集約的に表現されることになる。日本では往々にして、税制は一部の政治家と経済官僚によって比較的閉鎖的な空間で議論される専門性の高い問題だと理解されがちであるから、消費税導入やその引き上げの場合を除くと、税制が大きな国民的議論の的になることは少ない。しかしアメリカでは、税制は有権者の生活に直結する非常に優先順位の高い政治課題であり、税制改革をめぐる動きにはアメリカ的な民主主義の特徴が色濃く反映されることにもなる。これは十九世紀でも二十一世紀でも基本的に変わらない。

たとえば二〇一一年から翌一二年の大統領選挙年にかけて、連邦政府のあらゆる役割強化や課税強化に反対し、小さな政府を求める「茶会党（ティーパーティー）」の運動が、共和党を通じて議会にも大きな影響を及ぼした。他方で、リーマン・ショック後のアメリカ社会における格差拡大を批判し、「ウォール街を占拠せよ」「We are the 99%」といったスローガンの下に、金融規制や富裕層優遇の撤廃を求める運動がほぼ同時期に盛り上がりをみせたことも、まだ記憶にあたらしい。二〇一二年に再選された民主党のオバマ大統領は、二〇〇一年と二〇〇三年の二度にわたって行われた共和党ブッシュ前大統領による減税政策を富裕層に限って失効させ、彼らへの課税強化を実施する方針を打ち出した。これに対して共和党はブッシュ減税の恒久化を強く求め、最終的に世帯年収四十五万ドル以上の納税者への減税策は打ち切り、四十五万ドル未満の納税者への減税策は恒久化、という痛み分けのような形で決着をみた。このように、こと税制に関するかぎり、二大政党は完全に激突の構図を描いている。

日本と異なって、アメリカでは政党が市民社会に根を張り、そのエネルギーを取り込んで党勢を拡大していく。税制改革について言えば、共和党と民主党はそれぞれの支持者の要求や利害に沿った理念、方向性、政策を形成し、それに立脚した論議を議会で展開することとなる。アメリカの税制改革は専門家による議論・立案に閉じられることなく、公平課税を求める社会運動や議論はつねに政党政治や議会政治と結びついた形で、いわばオープンに展開していく点に特徴がある。そして、このような特徴がもっとも鮮明に見出されるのが、じつは南北戦争から第一次世界大戦に至る時期のアメリカなのである。

所得税の成立と廃止　一八六一〜七二

アメリカの税制改革の歴史を語るに際して、対英独立戦争前後にまで遡らず、南北戦争から話を始めるのには二つの理由がある。一つはもちろん、この戦争を機に所得税が初めて導入されたからである。もう一つの理由は、現在の共和・民主による二大政党システムの原型がこの南北戦争前後に形成され、税制のあり方をめぐって二大政党内で意見集約が行われ、両者が議会で対立し、そしてその妥協の結果として税制改革法案が可決されるという基本的な構図が成立したからである。

戦費調達のために

南北戦争以前のアメリカでは、所得税や法人税などの現代的な直接税が存在しないために、主としてその収入を関税に頼っていた。たしかに関税以外にも、国有地売却やいくつかの臨時的な内国消費税があったものの、その収入は微々たるものだった。リンカーン大統領（任期一八六一〜六五）が就任したときには、国庫はすでに底をつき、頼みの綱の関税収入も停滞し、国家債務は著増していたという。にもかかわらず南北戦争の勃発時点では、それがどれくらい長期にわたり、どれくらいの規模の戦争になるのか人々には予想がついておらず、財政面からの戦争準備はほとんど整っていなかった。チェイス財務長官は当初、戦費調達にあたって基本的には国債に依存し、増税は慎重かつ穏便な形でのみ行おうとしたが、その背景には、当時の国民が関税など間接税以外の方法で税負担を負うことに慣れておらず、もし財産や所得に対する直接税を導入すれば必ずや大きな反発を招くだろうという事情もあったのである。

しかし、穏便な戦費調達方法でやっていけるとの期待はすぐに裏切られた。南北双方の事前の予想をはるかに超えて、戦争は大規模かつ長期にわたり、多くの人的損失を生む凄惨なものとなっていったのである。戦争継続には今までとはまったく異なる次元の財源調達手段を開発しなければならないことは、だれの目にも明らかとなった。北部諸州の市民もまた、それまでの常識とは異なって、いまや「南部連合（the Confederate）」に対して北部の「連邦（the Union）」を防衛するためには重い税負担を負う必要があり、その覚悟をしなければならないと感じるようになっていた。

こうした情勢のもとで、議会はさっそく戦費調達の具体化に取り掛かる。政府に対して新たな国債発行を認めると同時に、「内国消費税」の増税法案を提出したのだ。しかし、この法案は貧困者に負担が重くのしかかるという理由から厳しい批判にさらされ、可決まで持ち込むために、税率を当初案から大幅に削ることを余儀なくされた。結局、財源不足を埋め合わせるには追加的な増税が必要になり、その手段として直接税導入は避けられないとの認識が高まってゆく。そうして、連邦政府にとっては初めてのことだが、イギリスではすでに実施の先例がある所得税と相続税の導入法案が準備され、一八六二年に可決された。

このアメリカ初の所得税法は、合衆国のあらゆる所得源から得られた合計所得に課税し、最初から累進税率を備えていた点に特徴がある。課税最低限は六〇〇ドルに設定され、六〇〇ドル以上、一万ドル未満の所得に対しては三%の税率、一万ドルを超える所得には五%の税率が適用された（イギリスにならって源泉徴収制度も導入）。しかし戦争はなかなか終わらない。税率は徐々に引き上げられていき、終結時の一八六五年法においては、六〇〇〜五〇〇〇ドルの所得には五%、五〇〇〇ドル以上の所得に対しては十%にまでアップした。

所得税はなぜ短命に終わったのか

さて、ここで二つのグラフを見ていただこう。

これは南北戦争期アメリカの税収構造の推移を示している。グラフ1を見ると、一八六一年の開戦とともに総税収が激増し、終戦の翌年である一八六六年には開戦時の約十倍にまで跳ね上がったことがわかる。この図は、戦争というものがいかに巨大な財源を必要とするかを如実に示している。所得税は、その導入の翌年である一八六三年から六五年にかけて急速に税収が伸びている。グラフ2に目を移すと、一八六五年には所得税が総税収の約十八%を占めている。財源調達手段として一定の成功を収めたことが窺われる。このグラフでさらに興味深いのは、開戦によって租税構造が大きな変容をとげたことである。開戦前の一八六〇年にはほとんどすべての税収は関税によって賄われていたが、内国消費税が増税され所得税が導入された一八六二年を境に、関

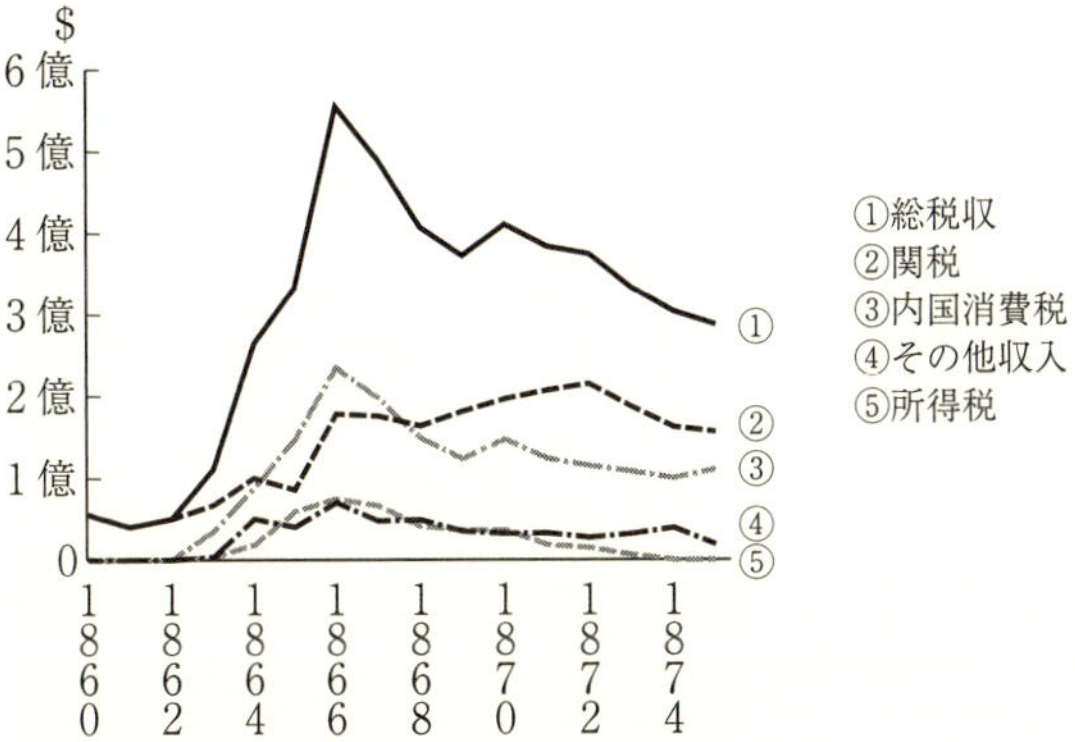

グラフ1　南北戦争期アメリカの税収額

US Department of Treasury (1981), p. 6, Table 2 より作成（下も）

グラフ2　南北戦争期アメリカの税収比率

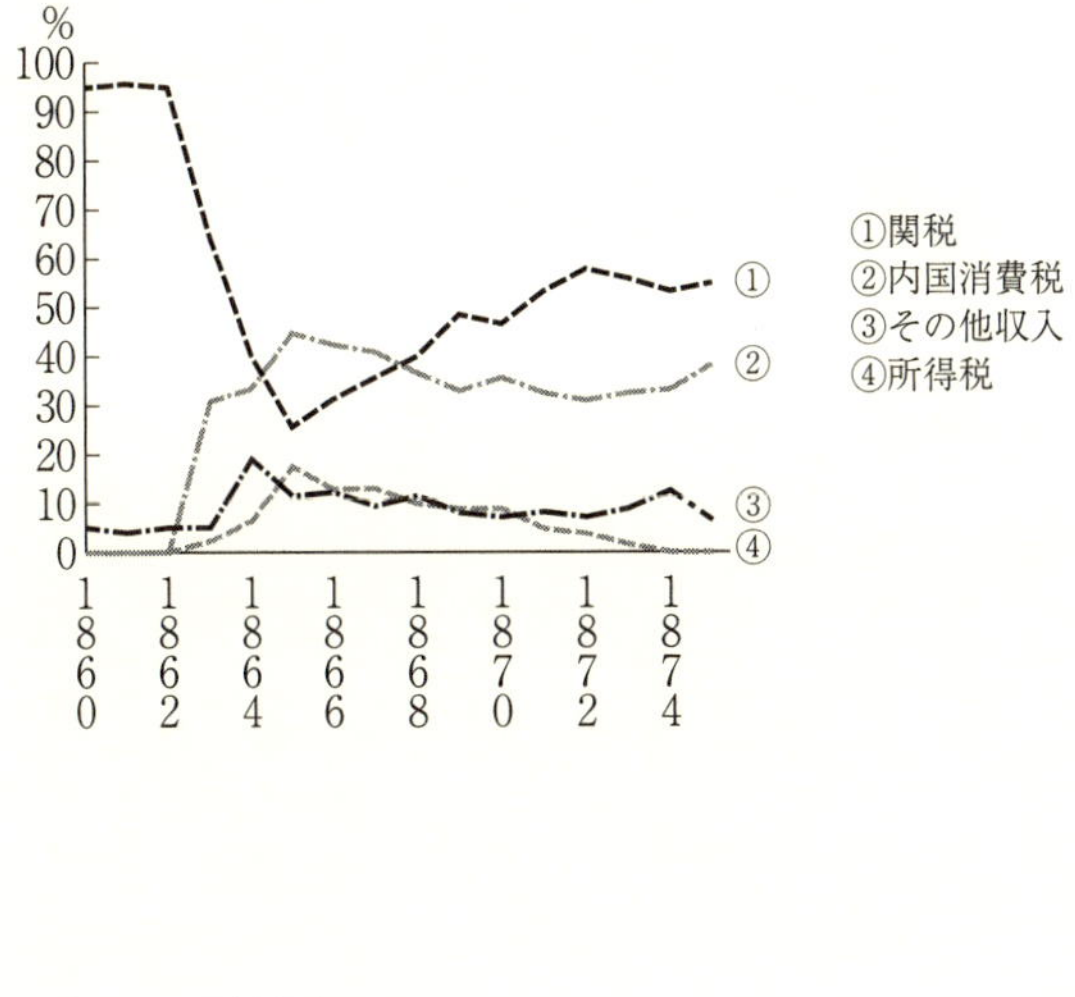

税収入の占める割合は一気に激減し、一八六五年には三割を切る水準にまで落ちこんでいる。しかしその後、所得税比率が低下するのと対照的に関税比率は上昇し、一八七〇年代に入ると、関税と内国消費税という二つの間接税を基幹税とする租税構造が形成されていったことがわかるだろう。なお、税収に占める所得税の割合が一八七四年にゼロになったのは、一八七二年にそれが廃止されたためである。

なぜ所得税は、南北戦争の終結後まもなく撤廃されてしまったのだろうか。実は、所得税は恒久税ではなく、あくまで戦時にのみ実施される臨時課税とみなされていたのである。この法案には当初から、一年間という有効期限が設けられていたのだ。このため、所得税徴収を翌年も継続するためには、所得税法の失効前に議会でその度にわざわざ、延長法案を可決しなければならなかった。実際、所得税法は一八六七年まで毎年延長されたが、戦争終結後の六七年法案では早くも所得税減税・撤廃要求が強まっていた。まだ戦債の償還が残っているため、妥協の結果として課税最低限を六〇〇ドルから一〇〇〇ドルに引き上げる一方、所得税法そのものを「一八七〇年まで延長したうえで、失効させる」と定めて撤廃要求に応えた。その七〇年になると、改めて所得税延長の可否が審議され、議会での投票の結果、僅差で「七一年まで延長し、失効させる」と議決された。これにより所得税はなんとかまた一年間生き延びたものの、課税最低限は一〇〇〇ドルから二〇〇〇ドルにまで引き上げられ、適用税率は五%から二・五%に引き下げられた。所得・相続税はもはや必要ないとの圧力がさらに強まるなか、ついに戦債償還の緊急性も薄まった一八七一年にまず相続税が、そして翌七二年には所得税が、相次いで撤廃された。アメリカ初の所得税は、わずか十年間しか存続しえなかったのである。

南北戦争という国家的な危機が去ったのち、所得税・相続税撤廃に向けられた圧力がきわめて大きくなった背景には、産業界によって主導された反税運動があった。所得税や相続税は、当然のことながら、戦費の一定割合を、産業資本家や富裕層に負わせる機能を果たした。それは、「連邦」の勝利のためにはやむをえない対価だと彼らに受け取られていた。しかし、戦争が終結したからにはもはやその必要はない。彼らの所得税と相続税に対する激しい撤廃要求は結局のところ、南部および西部の労働者や農民、そして中小企業家たちに税負担を付け替え、自らの負担を大幅に軽減する試みだった（Ratner 1967, pp. 139-140）。裏返せば、所得税・相続税がそれだけ、間接税中心の税体系の下では相応の税負担を免れていた産業資本家や富裕層の所得をしっかり捉え、課税することに成功していた証だともいえる。これはちょうどイギリスが、ピット首相の創設した所得税を、対ナポレオン戦争終結後の一八一六年に撤廃した事例ときわめてよく似ている。当時のイギリス産業界は、所得税は戦費調達のための臨時増税なのだから、戦争終結とともに撤廃されるべきだと主張したのである。

このように、アメリカにおける草創期の所得税の地位は、まだきわめて不安定なものだった。それはあくまで臨時的な財源であり、これを恒久化するためには、さらなる紆余曲折を経なければならなかった。

人民党とヘンリー・ジョージ

アメリカにおいて特徴的なのは、ドイツのように所得税が社会改革を「上から」実施するための政策手段として国家主導で導入されるのではなく、所得の多寡に応じたより公平な税負担を求める「下から」の社会運動によって、そして政党を通じて、その導入が要求されるようになっていったことである。所得税導入を求める社会運動は、それを国家の財源調達手段としてだけでなく、「富の共有（Share the Wealth）」「金持ちから吸収する（Soak the Rich）」といったスローガンの下、社会を改革していくためのシンボルとして、あるいはそのための政策手段として位置づけられていた。一八七二年の所得税撤廃の直後から、議会では南部や西部選出の議員がいくつもの再導入法案の提出に動いたが、しかし南北戦争終結後の長びく不況の中では、それらが可決される下地はまだ整っていなかった。

それにしてもなぜ、南部や西部出身の議員を中心として、所得税再導入の機運が高まったのだろうか。その背景には、彼らを支持する有権者、すなわち当時の南部や西部の農民たちの不満の高まりがあった。というのも、戦後の一八七〇年から九七年にかけて農産物価格は一貫して下落し、他方で、彼らが農業生産のために購入する資材価格は逆に上昇か一定だったため、農家所得は減少し、その困窮度が増していったのである。彼らは所得を伸ばそうと増産に走り、供給過剰を招いてさらなる農産物価格の低下を招くという悪循環に陥っていた。多重債務に陥った農家も多かったという。

農民たちの不満のもう一つの源泉は、租税負担の重さにあった。この不満をぶつける矛先は主として、目につきやすい地方政府の固定資産税に向けられていた。だが一方で、連邦税である関税と内国消費税の「隠れた負担」が、農民と労働者の肩に不釣り合いなほど重くのしかかっていることを見抜いていた者がいなかったわけではない。彼らは、こうした状況を打開するため、さまざまな運動組織を立ち上げていった。「グレンジャー運動」、「グリーンバック運動」、そして「労働騎士団」などがその主なものだが、彼らはやがて共同して一八九二年には「人民党（People's Party）」を創設する。共和・民主の二大政党に対していわば第三勢力の形成を目指した人民党は、二十年前に廃止されてしまった所得税の再導入を求めた。所得税こそ、間接税と異なって、産業資本家や富裕層に対してその所得に応じた負担を課すことができるからである。公平課税を求める動きは次第に高まっていく。

このような政治運動と呼応するかのように、当時、社会問題の原因を突き止め、その解決を図ろうとする経済思想家がアメリカにも現れた。大ベストセラーとなった『進歩と貧困』（一八七九）の著者であり、「土地単一税」の提唱者となったヘンリー・ジョージである。彼は、貧困問題の主要因としての土地私有制に反対したほか、土地課税を通じて、土地から発生するあらゆる超過利益を吸収すること、逆に、それ以外のすべての税を撤廃することを提案した。彼のプログラムは、土地を所有しているというだけで法外な地代所得を懐に入れる地主や、急速な経済発展の過程で必然的に生じる地価高騰に付け込み、不動産と土地を転売して莫大な不労所得をえる投機家と闘うための武器でもあった。ヘンリー・ジョージが土地単一税を提唱したのは、土地への課税は他に転嫁されず、土地所有者にのみ負担させることが可能だと考えたからである。また、それ以外の税を撤廃すれば、生産活動にかかっていた負担を軽減でき、生産は活発化する。さらに、土地利用に課税がなされるようになると、税負担を行っても手元になお収益が残る生産活動を行う者のみが土地を保有し続けるようになるだろう。だとすれば、土地のより効率的な利用が促されるというメリットもある。こうしていったん土地単一税制が確立されると、経済成長が促され、賃金は上昇し、それによって生まれる土地増価部分はすべて地価税によって吸収されるから、その税収を今度は、政府が公共目的に支出することで、共同体の成員の状況は絶えずよくなっていくだろう、と彼は主張する。

ヘンリー・ジョージは、当時興隆しつつあったアメリカ資本主義の抱える所得格差という重大な問題をいち早く取り上げ、とりわけ農民に対してその問題の所在を明らかにし、具体的な改革提言を行ったことによって、彼らの英雄となった。しかしながら土地単一税は、かつて絶対王政下のフランスでフランソワ・ケネーをはじめとする重農学派が唱えたことからも推測できるように、基本的には農業社会に対して適用可能な議論である。一方、当時のアメリカ資本主義はもはや工業社会として急速に成長しつつあり、「世界の工場」イギリスの地位を脅かす存在にすらなりつつあった。ジョージはたしかに農民や労働者の苦難の要因の一つを鋭く指摘したと言えるのだが、しかしその頃すでに北東部の産業資本と金融資本が主導して形成しつつあった、工業と金融を中心とする新しい経済秩序を正確には把握していなかった。というのも、当時の真の経済権力と特権は、もはや土地所有者のものではなかったからである。それはむしろ石油王ジョン・ロックフェラー（「スタンダード石油」の創設者）、銀行家ジョン・モルガン（鉄道、海運、鉄鋼にまたがる一大トラストの創設者）、そして鉄鋼王アンドリュー・カーネギー（「カーネギー鉄鋼会社」の創設者）といった産業・金融資本家の手にあった。土地単一税を中核とするジョージの理論枠組みでは、大資本家たちが作り出した新しい経済秩序はそもそも分析の対象とならなかったし、社会・経済問題の真の所在は突きとめられず、当然ながらその解決法を提示することは期待できなかった。とはいえ、ジョージの理論は人民党の運動や、のちにセオドア・ローズヴェルトやウッドロウ・ウィルソンの名と結び付けられる「革新主義（Progressivism）」の思想的・理論的源泉となり、その発展に大きな影響を与えたことは事実である。

二大政党の激突

南北戦争後のアメリカ税制に関して、まず政争の火種となったのは関税であり、つづいて所得税再導入の是非である。

共和党は高関税政策を推し進めようとした。理由はわかりやすい。共和党の支持基盤は北部の産業界であり、富裕層の利害を代弁していたから、あくまでも高関税によって欧州の工業製品からアメリカ市場を保護しようとしたのである。一八九〇年には、後に共和党大統領となるウィリアム・マッキンリー下院議員が主導して、保護主義関税をさらに強化する法案を提出、可決させた。この「マッキンリー関税」によって、輸入品に課せられる平均関税率は四十八％という史上最高水準にまで上昇する。たしかにこのような高関税政策はアメリカ企業を保護することにはなったけれども、過剰に保護したため、国内市場における独占企業形成への誘因ともなった。実際それは、シャーマン上院議員によって主導され、同じ一八九〇年に可決された独占禁止法の効果を打ち消してしまうほどであった。

一方、民主党は低関税政策を打ち出していた。民主党は南部や西部の農民、労働者、中小企業家を支持基盤としており、彼らの利害や要求を代弁する形で、共和党の高関税政策を激しく批判した。高関税は、輸入物品の価格を引き上げることによって農民や労働者の生活コストを引き上げて困窮に陥れると同時に、高関税で守られた産業による国内市場の独占・寡占化を促すとして、関税引き下げを強く要求したのである。では、関税引き下げによって生じる歳入欠陥は、どうすればよいのか？　所得税を再導入すれば賄える！　こうして民主党は、関税引き下げと所得税再設をセットにした税制改革を、当時の大統領選や議会選挙を通じて訴え続けた。一方でマッキンリー関税によって生じる高物価という弊害を除去し、他方で支払い能力に応じた税負担を実現して税制をより「公平」にでき、さらには独占化や寡占化による危険な経済権力の形成にも歯止めとなるのだから、一石三鳥ではないかというわけである。

ところで、そもそも当時のアメリカ税制は、ある意味でもっと根本的な問題を抱えはじめていた。南北戦争後の一八七〇年代から、関税が内国消費税とともに二大基幹税となって租税構造を支えていったことは前節で見た通りだが、徐々に、この二つの間接税に頼ってばかりはいられなくなってきたのである。実際のところ、一八八八年には一億ドル超を記録したアメリカの財政黒字も年々急速に減少していき、一八九四年以降は財政赤字に転じることになる。この背景には、アメリカ資本主義の発展にともなって国家の役割が飛躍的に拡大し、財政支出が増加したにもかかわらず、関税収入の伸びがそれに追いついていけないという事情があった。一八八八年から九四年にかけて政府支出は約四割拡大したにもかかわらず、同時期の関税収入は逆に約四割減少した点にも、この問題はよく表れている。

共和党の高関税政策は、貿易政策目的と財源調達目的の両立という、根本的な矛盾を抱えていた。国内産業保護という目的のためには、輸入品に高い関税を適用しなければならない。たしかに最初のうちは、この政策は財源調達上の目的をも同時達成することになるだろう。しかし高関税が効果を発揮して輸入物品の抑制に成功すると、それゆえに関税収入自体は上がらなくなってしまう。しかも、この保護政策のおかげで高利潤を獲得できるようになった産業に対し、政府はその収益に応じて課税する仕組みをもたないため、税収は総体として停滞してゆくのである。にもかかわらず、共和党は民主党に抗して、依然として高関税政策の維持を主要政策として掲げていた。と同時に、彼らの支持基盤である富裕な北東部産業資本家の利害を損なう所得税導入の動きに対しては激しく抵抗し、それを阻止するためにあらゆる努力を傾注し続けた。ちなみに、南北戦争直後の一八七〇年代には共和党の大統領が続いたが、八〇年代から九〇年代を通しては共和・民主・共和……と大統領の所属政党は一代ごとに替わっている（次頁の表を参照）。二大政党間の党派闘争はきわめて激しかったのである。

歴代アメリカ合衆国大統領（南北戦争〜第一次世界大戦期）

代	氏　　名	所属政党	在任期間
16	エイブラハム・リンカーン	共和党	1861〜1865
17	アンドリュー・ジョンソン	民主党	1865〜1869
18	ユリシーズ・グラント	共和党	1869〜1877
19	ラザフォード・ヘイズ	共和党	1877〜1881
20	ジェームズ・ガーフィールド	共和党	1881
21	チェスター・アーサー	共和党	1881〜1885
22	グロバー・クリーヴランド	民主党	1885〜1889
23	ベンジャミン・ハリソン	共和党	1889〜1893
24	グロバー・クリーヴランド	民主党	1893〜1897
25	ウィリアム・マッキンリー	共和党	1897〜1901
26	セオドア・ローズヴェルト	共和党	1901〜1909
27	ウィリアム・タフト	共和党	1909〜1913
28	ウッドロウ・ウィルソン	民主党	1913〜1921

「下から」の税制改革

こうして、関税と所得税を中心とする租税政策のあり方は、共和・民主の二大政党が激突する一大争点となっていった。当然ながら、議会でも所得税再導入の是非をめぐる論戦が避けられなくなる。

動きが活発化するのは一八九三年、内国税に関する歳入小委員会が所得税導入の可能性に関する調査を始めた頃からである。民主党のグロバー・クリーヴランド大統領（任期一八八五〜八九、一八九三〜九七）が、一八九三年末の大統領教書において、関税改革の必要性を議会に対して訴えてその引き下げを求めるとともに、代替財源としては、「法人投資から引き出された所得に対する小規模な課税」を含めたいくつかの追加的な内国課税の導入が考えられる、と示唆したのである。この大統領教書における所得課税への言及は驚きをもって受け止められたが、結果としてこれが、議会における本格的な所得税導入論議の契機となった。

この当時、上院・下院ともに過半数を掌握していたのは民主党だったが、その歳入委員会で、資源輸入については関税の対象から外し、工業製品については税率を引き下げる関税改革法案が審議されていた。また所得税に関しても、四〇〇〇ドル以上の所得に対して二％の税率で個人・法人所得税を導入する法案が提案されていた。歳入委員会は両提案を統合し、関税改革法案の一部として所得税導入法案を組み込むことで合意を形成してゆく。

所得税再導入を提案・推進した民主党のマクミラン下院議員は、「共和党はこれまで、不公平な税制を維持して富の集中を促し、他方で蓄積された富には課税することなく、むしろ人々の生活必需品に課税して彼らの生活困難を引き起こしてきた」と批判したうえで、所得税法案を可決すれば、異なる階層間での反目感情をやわらげることができ、租税構造を、政府の財源調達上の必要性に合わせて、柔軟に対応できるよう切り替えることが可能になると説いた。このマクミラン演説に対しては、共和党ばかりでなく、ニューヨーク州やニュー・ジャージー州など北東部州選出の民主党議員からも激しい反発があったものの、時代の趨勢は所得税再導入へと向かっていた。所得税は、高率の保護関税のように人々の生活必需品に対してかけられるものではなく、むしろ経済的余剰に対してかける税であること、そして何よりも、将来的にアメリカ市民の民主主義にとって脅威となるだろう巨大な富の蓄積を抑止する手段として活用できること、これらの効用がしきりに説かれ、支持されたのである。

租税を国家の財源調達手段としてだけでなく、社会政策実施のための手段としても捉えること。このような発想の転換は、同時代のドイツにおいてもアドルフ・ワーグナーの議論にその萌芽が見られたが、この「政策手段としての租税」という考え方は、アメリカではさらに強調され定着していった。とりわけ興味深いのは、十九世紀末のこの時期に、早くも「富の集中・蓄積」が重要な論点となりつつあったという事実である。その背後には、アメリカの急速な経済発展と、それにともなう大企業体制の成立があった。

一八六〇年から一九〇〇年までの四十年間で、年間の工業生産額は六倍に、工業投資は十二倍に跳ね上がるなど、アメリカ経済はめざましい成長を遂げ、イギリスを抜いて世界一の工業国に躍進した。東部や五大湖沿岸で生産される工業製品が、国内に整備された鉄道網を通じて西部や南部の食糧・原材料・燃料と結びつけられ、広大な国内市場が形成されたことが、発展にとって決定的に重要な要因となった。他方で、各企業は激烈な市場競争にさらされ、それを生き抜いた企業は、持ち株会社化や企業合同によって独占・寡占を形成（「トラスト化」）し、高利潤を追求する動きがいちだんと顕著になっていった。たとえば銀行家ジョン・モルガンが主導して企業合同により誕生させたUSスティールは、合衆国の鉄鋼生産の六十%超を占めていたし、ロックフェラーのスタンダード石油などは、すでに一八七〇年代末までに石油精製の九十%を手中に収めていたという。その他の産業でも、投資銀行に主導される「大合同運動」により、「産業トラスト」と呼ばれた少数の巨大企業が高い市場占有率を誇る状況が次々に現出した。彼らは市場支配力を行使して高価格による独占利潤を獲得し、一般市民の不満はやがて怒りへと変わっていった。このような富の一極集中の傾向は、市場の独占化・寡占化を促して市場の効率性を低下させるだけでなく、独占的地位に就いた者が巨大な経済権力を握り、行使することを可能にしてしまう点で、アメリカの民主主義にとって脅威になるという認識も高まってゆく。アメリカの税制改革論議において、十九世紀末以降、税の政策手段的側面が重視されることになった所以である。

さて、あの所得税再導入案を組み込んだ関税改革法案は、どうなったか。下院を無事通過したのち、一八九四年七月、上院で採決にかけられた。結果は三十九票対三十四票。僅差で可決。これは、まさに「下から」の運動が、所得税の導入を勝ち取った歴史的瞬間であった。なぜならこの法案は、先に見たイギリスやドイツ、またかつての南北戦争時の所得税のような、戦争という国家的危機に対応した単なる副産物ではなく、所得の多寡に連動したより公平な課税を求める運動に立脚し、議会の自発的意思の結果として成立したものだったからである。

しかしながら、この画期的な法案には思わぬところから横槍が入った。

所得税をめぐる複雑なる闘い　一八九五～一九一三

所得税は違憲である！

一八七二年に撤廃されて以来、二十二年ぶりにようやく再導入された所得税は、実施されなかった。この法案に対して、なんと、合衆国最高裁判所が違憲判決を下したからである。

一般に、アメリカでは、議会や行政の決定に対して最高裁が違憲判決を出すことをためらわない。このことは一見、行政と議会の決定に追随する判断を下しがちな日本の司法と比較すると、「三権分立」がまさに有効に機能している実例として望ましい事態のように思える。しかし合衆国の歴史をよく観察すると、現実にはえてして、進歩的な政策が保守的傾向を帯びた司法によって阻まれることが多い。その典型といえば、一九三〇年代半ばに最高裁がニューディール政策の重要な構成要素に対して次々と違憲判決を下した事例が思い出される。

一八九四年の所得税法に対しては、同年十二月から九五年一月にかけて三件の違憲訴訟が立て続けに起こされた。原告が所得税の反対論者だったことは言うまでもない。その主導者の一人は、かつて憲法問題の権威として鳴らした元共和党上院議員で引退後に弁護士となっていたジョージ・エドマンズだが、彼らは所得税導入阻止の最終手段として、司法に訴えたのである。

それにしても、なぜ所得税が違憲なのか。最高裁は、「個人の財産もしくは財産所得に対する課税は憲法上の直接税に相当し、各州の人口に比例して賦課金額を州ごとに配分するメカニズムをもたない所得税法案は、違憲だとみなさなければならない」との判決を下したのだが、これでは何のことかよく分からないだろう。しかし、当時の合衆国憲法第一条第二節には、次のような規定が設けられていたのだ。「直接税は、連邦に加盟する各州の人口に比例して、各州に配分される」。つまり、連邦政府が「直接税」を徴収する際、その税負担の配分は州ごとに異なり、また各州の人口の多寡に比例して税の多寡を定めなければならない。言い換えれば、直接税の多寡は各個人の所得の多寡と連動するものであってはならない。最高裁はこの憲法規定に則り、所得税一般を違憲としたのではなく、州の人口に比例した税負担を州ごとに配分する形になっていない今回の所得税を違憲と認定したのである。

なるほど当時の法制上、これは妥当な判決だったと言わざるを得ないだろう。しかし、この一八九五年四月の最高裁判決は結果として、財源調達上の必要を満たす一方で、税負担をその支払い能力に応じて国民各層により公平に配分するための政策手段としても導入された「下からの所得税」の精神を、全面的に否定することとなった。最高裁判決の求める方向（各州の人口に比例する税負担）で法案の内容を修正する余地はない。議会決定を通じて表明された国民の意思を覆すこの違憲判決に、所得税を支持してきた人々は大いに失望し、怒りをあらわにした。しかし、合衆国憲法上の慣習からいって、大統領（行政）と議会は、違憲判決を無視して現行法案を実施する権限を与えられていなかった。

では、どうするか？　所得税の支持者たちにとっては、もはや方向転換を図るほかなかった。そう、憲法改正である。アメリカの税制改革はこうして、思いもかけぬ寄り道を強いられ、きわめて高いハードルを越えなければならなくなった。実際、憲法改正のためには、まず一年後に迫った一八九六年大統領選で所得税導入法案を支持する大統領を当選させ、次に連邦議会の各院が三分の二以上の賛成で憲法改正条項を可決・発議し、さらには憲法改正を発効させるために四分の三以上の州の批准を獲得しなければならない。それまでの合衆国憲法一〇〇年の歴史の中で、議会では一〇〇〇件以上の憲法改正が提案されたにもかかわらず、そのうち可決されたのはわずか十五件しかなかったという事実が、ハードルの高さをよく物語っている。

共和党内の新勢力

機運が熟し始めたのは、二十世紀に入ってからである。リアル・ポリティックスも絡んで話はすこし複雑になるのだが、憲法改正を推進したのは、意外なことに共和党のウィリアム・タフト大統領（任期一九〇九～一三）だった。たしかにこれは一見すると奇妙な展開である。なぜなら共和党はこれまで一貫して所得税導入には反対してきたのだし、現に、南部や西部出身の民主党議員から提出された数多くの所得税法案や憲法改正法案を次々と否決してきたのだから。しかし、最高裁の違憲判決からすでに十年あまり、共和党内部にすら新しい時代の空気が流れ込んでいた。

二十世紀に入って、アメリカ経済における独占・寡占化の弊害はいよいよ顕著なものとなり、保護関税は寡占化を促進することになるから望ましくないと考える「まっとうな」共和党議員が台頭し始めていたのである。たとえば、アイオワ州を中心とする中西部では革新主義的傾向をもつ共和党員が勢力を伸ばしており、当時「アイオワ思考」とも呼ばれて注目をあつめた彼ら革新派議員は、アメリカ経済の弊害を是正して新たな発展に導くためにも、①独占化・寡占化した企業集団を規制し、②料金高騰とサービス水準の低下が甚だしい鉄道会社の合同を規制し、③独占に保護膜を提供している関税を引き下げることが必要だ、という論陣を張った。

その頃、一般国民の生活コスト低減への要求もいちだんと高まっていた。直接のきっかけは一九〇七年の恐慌だった。この恐慌は、株式市場での過剰な株価操作の末の株価暴落によって引き起こされたのだが、それにより危機的状況に陥った産業界は、独禁法の厳格適用こそがビジネスへの信認を失わせたとして当時のセオドア・ローズヴェルト大統領（共和党、任期一九〇一～〇九）を非難する一方でさっそく産業再編にとりかかり、恐慌を奇貨としてさらなる企業合同、さらなるトラスト化を推進してゆく。市場の独占化・寡占化の勢いはかえって加速され、製品価格は高止まりし、人々は高い生活コストと不況による失業の併存に苦しむことになった。こうして次第に、生活コスト低減のため、関税を大幅に引き下げてほしいという要求が高まっていったのである。

さすがの共和党も世論の動向を無視できない。一部の議員は有権者からの強い要求にこたえて関税引き下げ支持に転じた。実際、一九〇八年の共和党綱領（platform）は、「次の大統領就任後すぐに、議会の特別委員会で関税の見直し論議を始める」と宣言することになる。もっとも、当初は「見直し」という言葉のすぐ前に「下方に向けて（downward）」という言葉があったのだが、これは党内の関税引き上げ派によって意図的に削除された。彼らは彼らで、高関税率維持の根拠を、党綱領の中にある「生産コストの内外差に等しい関税を課すことで、アメリカ産業に合理的な利潤を保証することこそが、われわれの保護政策の真の原則である」との一文に求めていたのである。

しかし、「次の大統領」となったタフトは、この党内保守派の路線とは一線を画していた。彼自身は保守的気質の人物だったようだが、ローズヴェルト前大統領を深く尊敬し、その「革新主義」を引き継ぐことを自らの使命としていたのである。この「革新主義」とは、十九世紀末から二十世紀初頭にかけての政治的潮流で、明確な単一の定義を学問的に与えるのはむずかしいのだけれども、本書が取り扱っている経済・税財政問題に関していえば、方向性は明確だった。その最大の課題は「トラスト問題」にあった。とくにローズヴェルト大統領は、産業のトラスト化そのものは不可避だと考えていたものの、その経済権力が濫用され、消費者の利益ひいては社会全体の公益が侵されると判断される場合には、独禁法（「シャーマン反トラスト法」）を適用して断固たる措置を取り続けたことで知られる。一九〇二年には、モルガンらが形成した北東部の巨大な鉄道持株会社や北部証券会社に対し、独禁法違反のかどで法務省に告発させ、その解散命令を勝ち取っている。その後もスタンダード石油、アメリカ煙草など計四十五社にものぼる大企業を、反トラスト法違反で次々と告発していった。国民が喝采を送ったことは言うまでもない。タフト大統領も、まさに前大統領のこの路線を継承し、七十件以上の反トラスト法訴訟を行った。独占・寡占の規制こそが、経済政策の側面からみた「革新主義」の第一の課題だった。

　税財政問題も、この「トラスト問題」と関連する。これまでにも述べてきたように、関税はトラスト化を促進して産業の既得権益を保護する一方、生活コストを引き上げて国民の生活水準を悪化させる点で、もはやアメリカ資本主義発展の阻害要因となりつつあると認識されていた。したがって、「革新主義」の経済政策上の第二の課題は、関税の引き下げとその代替財源としての所得税導入をセットにした税制改革を実施し、アメリカ経済のさらなる発展を図ることになる。

タフトがローズヴェルトから継承したこのような方向性は、共和党の内部に台頭しつつあった

「革新派」議員に共通する信条でもあった。

タフトはすでに共和党大統領候補指名受諾演説において、関税の引き下げ支持を明確に表明するとともに、累進所得税が巨大企業による富の蓄積を抑制し、国家的危機の際には大きな財源を政府にもたらしてくれるだろうと述べている。アメリカはいずれ所得税を再導入せざるをえなくなると考えていたのだ。税財政問題に関するタフトの立場は、民主党の従来の主張とも大幅に重なり合うものだった。つまり、南北戦争後半世紀ちかくにわたって真っ向から対立してきた二大政党間に、税制に関して、初の超党派合意が成立する可能性が現実に見えてきたのである。

オルドリッチ上院議員の策謀

たしかに時代は変わりつつあった。しかしタフト大統領在任中の議会は、上院・下院ともに共和党が圧倒的な優位を誇っており、両院を実質的にコントロールしていたのは共和党保守派だった。なかでも自他ともに認める最大の実力者が、ネルソン・オルドリッチ上院議員である。食品卸売業の経営と銀行、鉄道その他の公益事業への投資を通じて財をなした億万長者で、娘を嫁がせてロックフェラー家とも深く結びつき、産業界を支援する立法に尽力して巨額の政治資金を吸い上げ、少なからぬ共和党議員に選挙資金をばらまいていたこともあって、党内および上院内における彼の地位は一八九〇年代以来揺るぎないものになっており、ほとんど独裁的な力を持っていた。オルドリッチが北東部産業界の政治的代弁者であり、保護主義的な高関税政策の強力な擁護者であったことは念を押すまでもないだろう。世論も、民主党と共和党革新派も、そして共和党タフト大統領自身さえ関税引き下げ支持に傾いていたにもかかわらず、オルドリッチという保守派の牙城を打ち破るのは容易なことではなかった。

一九〇九年はアメリカの税制改革をめぐる動きが激化した年だった。三月にタフトが大統領に就任し、七月には関税改革法案が可決される。「ペイン＝オルドリッチ法案」と呼ばれるこの改革案は、たしかに一部では関税引き下げに踏み切った。全対象品目の約二割を占める五八四品目にわたって関税率を引き下げた。ところが、高価格で輸入量も多かった鉄鉱石や石炭をはじめ三〇〇品目にわたっては逆に税率を引き上げたため、結局のところ平均税率では一・七％の引き上げになっていた。オルドリッチによって主導されたこの法案は、なるほど品目数にのみ着目すれば引き下げ法案かもしれないが、実質上は引き上げ法案と化していたのである。

共和党革新派は戦術を変更する。これまで関税引き下げとセットで考えられてきた所得税導入を、単独で実現しようと動き出したのだ。彼らは自らを「反乱派（Insurgents）」と称し、党内主流の保守派に対抗するとともに、さっそく民主党との協力を模索し始める。一九〇九年四月に、わずか六名とはいえ「反乱派」が鳩首して累進所得税法案について議論し、五〇〇〇ドル以上の所得に対して一律二％、十万ドル以上の所得に対しては同じく六％の税率を課すことになる、段階的な累進税率構造をもった所得税の導入を目指すことにした。彼らは翌五月には民主党との協議に入り、五〇〇〇ドル以上の所得を有する個人と法人に対して二％もしくは三％の一律税率を課すという素案で合意をみた。これは、最大六％の所得税率を目指した当初の反乱派案よりも後退したように見えるが、法案採決の際に脱落する議員を最少化し、可決可能性を最大限に高めるために行われた戦略的妥協である。ともあれ、民主党＋共和党反乱派が共同法案の取りまとめに成功したことで、共和党保守派に対決する形で、超党派の所得税導入法案が提出され、上院で可決される見込みが大きくなってきた。

そんな情勢にオルドリッチが強い危機感を抱いたことは言うまでもない。彼はその政治的実力とコネクションを総動員して、とりあえず所得税法案の上院における採決を一カ月先延ばしにさせる。こうして時間稼ぎをしたうえで、五月二十四日、オルドリッチは腹心の保守派幹部らを引き連れてホワイトハウスに駆け込み、タフト大統領と膝詰め談判におよんだ。好き嫌いや立場の是非は別にしても、オルドリッチはきわめて有能な政治家だったようである。政治・社会情勢の先行きを正確に読み取る眼力があり、また当面の難題に対処するための駆け引きに長けていた。ホワイトハウスに駆け込むにあたり、彼は二つの腹案を入念に練っていた。

一つは、法人税である。ひと口に所得といっても大別して個人所得と法人所得の二種があるわけだけれども、もはや所得税導入の趨勢に全面的に抗することがむずかしいとすれば、まずは法人に限ってその所得（正確には利潤）への課税を認めてしまう。つまり、法人税導入法案を先に審議・可決させることによって、「税制改革」はなしとげられたと世論や民主党や共和党革新派を納得させ、富裕層にとってはより甚大な問題となる個人所得税の導入法案のほうは宙吊りにしてしまおうという作戦である。ただ、そのためにはタフトの協力が不可欠だった。そこで、もう一つの腹案、すなわち憲法改正である。オルドリッチは、タフトが憲法改正支持に傾き始めていたことを、勿論知っていた。ホワイトハウスの会談で、オルドリッチは憲法改正に協力する旨を表明して大統領を喜ばせ、その引き換えに所得税阻止へ向けた大統領の協力を取りつけた。憲法と税制、もっと露骨にいえば憲法と富裕層保護の、バーター取引である。

タフトにしてみれば、ともかく憲法改正にさえ漕ぎつけておけば、所得税導入を当面見送ってもいずれその機会はめぐってくると踏んでいたのだろう。一方、オルドリッチは、かつてタフトが導入を示唆した相続税と法人税導入法案への協力を拒否したことがあった。しかし彼はいまや前言を翻し、法人税導入推進の役回りをあえて甘受した。それればかりか、将来所得税導入の途を開いてしまうかもしれない憲法改正を受け入れてまで、是が非でも当面の所得税導入を阻止したかったのである。彼は政治信条とプライドをかなぐり捨ててタフトとの取引に臨んだ。相当追い詰められていたのだと思われる。当時のオルドリッチの本音は、次の言葉によく表れている。「私は所得税法案を打ち負かすために、法人税法案に投票するのだ。私にとってより大きな害悪を回避するためには、この種のことは喜んで受け入れようではないか。国家危機ではない平和時にこのような税の導入を許してしまえば、われわれの保護主義体系はいずれ破壊されてしまうだろう」(Ratner 1967, p. 288)。

事態は、オルドリッチの思い描いた青写真どおりに進展した。六月にタフトが議会に送った大統領教書には、これまでにない方針が二つ、はっきりと打ち出されていた。第一に、憲法改正である。タフトは「もし議会がこのまま所得税法案を可決すれば、それが再び違憲訴訟に火をつけ、結果として最高裁による違憲判決が下されれば、国民の最高裁に対する信認が揺らぐことになるだろう」との懸念を表明したうえで、きわめて具体的な呼びかけを行っていた。上下院三分の二以上の賛成で連邦政府の所得税導入を可能にする憲法改正の発議を行い、その批准を州政府に提案しようではないか、と。第二に、法人税である。大統領教書は、あらゆる法人に対して、その純所得に二％の税率で免許税（事実上の法人利潤税）を課すことを提案したのだった。

民主党と共和党反乱派は、不意打ちを食らった。大統領は所得税導入を支持してくれているとばかり思い込んでいたからである。彼らは混乱のうちに緊急会合を開き、対応策を話し合い、これまでの方針通り、ぶれずに所得税法案の可決を目指していくという結論に達した。しかし、すでにタフトとオルドリッチによる水面下工作の手は伸びており、反乱派は次々と切り崩されてゆく。法人税導入法案は先の「ペイン＝オルドリッチ法案」の修正法案として審議され、七月には上下院で可決。一方、所得税導入法案は否決された。

アメリカではこうして、個人所得税よりも法人税が先に導入されるというきわめて珍しい事態が出来したのである。南北戦争終結以来一貫して間接税（関税と消費税）依存体制を維持し続けてきた合衆国税制の一角に、複雑な利害と妥協の産物とはいえ、ついに有力な直接税がここに加わったことには大きな意義を認めてしかるべきだろう。もっとも、当時のアメリカ議会において、その受けとめ方はさまざまだった。共和党反乱派と民主党にしてみれば、法人税は所得税の代替とはいえない。彼らは所得税法案の可決を目前にして逸したという敗北感、そしてタフトには裏切られたという感情にさいなまれていた。他方、共和党保守派には、これで所得税導入への国民的圧力からなんとか免れたという安堵感が漂っていた。だが保守派のなかでもタカ派の議員たちの間には、たとえ法人税という形態であれ、高所得者層に対する課税強化はやはり許せないという不満がくすぶり続けた。彼らは、南北戦争勃発後に導入された最初の所得税がそうだったように今回の法人税も近い将来撤廃され、また憲法改正法案も議会で否決されることに期待を寄せていた。

案の定、法人税導入案が可決された一九〇九年のうちに、ただちに十五件もの違憲訴訟が起こされた。原告は保険会社や不動産業者で、あの十四年前の所得税違憲判決と同様に、法人税は「直接税」であるから、各州への配分メカニズムを備えていない以上、それは違憲だという論法に訴えたのである。しかし今回は、最高裁判事が全員一致で「法人税は直接税ではなく、法人形態で事業を営む特権の付与に対する『免許税』である」という理由から、合憲との判断を下した。保守派やウォール街はこの判決に失望し、タフトやその支持者は胸をなでおろした。法人税は、その徴収作業にあたる税務員の数が充分でなかったにもかかわらず、財源調達手段として直ちに大きな成功を収めた。導入の翌一九一〇年には約二一〇〇万ドルだった税収は、一九一二年には三五〇〇万ドルにまで増加したからである。

憲法改正と所得税恒久化に向けて

さて、タフトが一九〇九年六月の大統領教書で打ち出したもう一つの方針、憲法改正についてはどうなっただろうか。実は、ホワイトハウス会談で改正支持を約したオルドリッチ自身が、法人税法案を提出する前日の六月二十八日に、上院に対して次のような改正案を財政委員会決議案として提示していた。

修正第十六条
連邦議会は、各州に徴税額を比例配分することなく、人口調査や人口計算に関わりなく、いかなる源泉から由来するものであっても、所得に税を課し、徴収する権限を有する。

合衆国憲法においてこの「修正」がなされれば、直接税は各州の人口に比例してその負担割合を配分するのではなく、国民ひとりひとりの所得にまさに直接かけることが可能になり、ひいては所得の多寡に応じた、より公平な累進課税への扉が遂にひらかれることになる。七月に行われたこの歴史的な採決の結果は？　まず上院で採決が行われ、七十七票対ゼロ票で可決！　つづいて下院でも、三一八票対十四票の圧倒的多数で可決！　かつての激しい党派対立がまるで嘘のようだ。この採決は超党派の合意がなされたことの結果だが、裏返せば、所得税導入に向けた世論の圧力がいかに強烈なものだったかをよく物語っている。かくして、残るハードルは連邦各州による批准のみとなった。これにはニューヨーク州の共和党知事ヒューズによる批准拒否表明などの曲折はあったものの、批准を選挙公約に掲げた民主党のディックス候補が一九一〇年のニューヨーク州知事選で勝利をおさめたあたりが潮の変わり目となり、一九一三年の二月には批准州が計四十二州に達し、憲法改正に必要とされる「全州の四分の三以上」というハードルを超えた。そうしてついに、ノックス国務長官が同月二十五日に「修正第十六条は合衆国憲法の一部となった」と発表するに至る。一八七二年以来、所得税の導入という形で公平課税をながらく求めてきた人々にとって、決定的な勝利の瞬間であった。

今にして振り返れば、たしかにウィリアム・タフトは法人税を導入し、所得税の導入を可能にする憲法改正を推進するなど、アメリカ税制史上に残る画期的な仕事をなしとげた大統領だったといえる。しかし、すでに述べたように保守派の牙城オルドリッチを突き崩せずに関税引き下げは事実上の引き上げとなり、さらに所得税導入法案をも葬ってしまったため、共和党内の反乱派の不満はおさまっていなかった。彼らは、一九一二年十一月の大統領選挙にむけて同年に行われた共和党内の大統領候補指名選挙で、前大統領セオドア・ローズヴェルトを擁立し、タフトに対抗しようとした。結果はタフトの勝利に終わる。そこで反乱派は共和党と袂を分かって「革新党」を創設し、ローズヴェルトを大統領候補として擁立。対して民主党はウッドロウ・ウィルソンを候補に立てた。こうして一九一二年の大統領選は三つ巴の様相を呈したが、タフトが早々と競争圏外に落ち、事実上、ローズヴェルトとウィルソンの一騎打ちとなったのは皮肉である。結局、この選挙は共和党分裂が追い風となったこともあり、民主党ウィルソンの勝利に終わった。

ここまで来れば、所得税の導入は目前である。ウィルソン新大統領（任期一九一三～二一）はまず、関税改革に乗り出す。大統領就任演説で関税引き下げをはっきりと謳い、関税見直しに関する特別委員会を設置するよう議会に要請した。ウィルソン政権は、長年懸案となっていた関税引き下げと所得税導入をセットにした税制改革を断行することで、独占の弊害を是正してアメリカ市場に競争と活力をもたらし、人々の生活コストを引き下げて合衆国経済を活性化、新たな成長軌道に乗せるという明確なビジョンをもっていた。大統領演説を受けて議会は、歳入委員会で関税改革法案の作成に入った。議会では、北東部産業界による激しいロビイングもあったものの、出来上がった法案は下院を二八一票対一三九票、上院を四十四票対三十七票で可決・成立。この改革案は、例のペイン＝オルドリッチ関税法の平均関税率が四十％だったのを三十％以下にまで劇的に引き下げ、免税品目も拡大するという内容だった。

関税率を低くすれば、当然ながら税収は減る。そこで歳入欠陥を埋めるべく、議会はただちに所得税導入法案を作成・上程し、一九一三年十月には議会で可決・成立させた。今回はもはや法案実施を妨げる憲法上の障壁は存在せず、ここにようやく恒久的な所得税法がアメリカで生まれたのである。最高裁の違憲判決から十八年、南北戦争後の所得税撤廃から数えれば四十一年の歳月を要したことになる。この一九一三年の恒久的所得税は、すべての合衆国国民の三〇〇〇ドル以上の所得に対して一％の「通常税率」を課すものだった。また高額所得者に対しては、通常税率に加え、所得に応じてさらに一～六％までの累進的な構造をもつ「付加税率」が上乗せされた。つまり、最高税率は一＋六＝七％である。この最高税率は現代的水準からみれば決して高くはないけれども（今の日本では地方税を含めて五十％、アメリカでは四十九・一％、またフランスではオルランド大統領が富裕層への七十五％課税の方針を打ち出している）、間違いなく累進所得税としての特徴を有するものだった。なお、この一九一三年法では、個人だけでなく法人に対しても、その純所得に対して一％の税を課している。これは、五〇〇〇ドルの免税点を設けていない点こそ異なるものの、基本的にはタフト政権が一九〇九年に導入した法人税をほぼそのまま引き継いでいた。

税の「主役」交代　一九一四～二六

第一次世界大戦中の税制改革

アメリカで恒久的な所得税が誕生した翌年、ウィルソン政権に、いや全世界に衝撃が走った。第一次世界大戦の勃発である。二十世紀になっても、税と戦争はどうやら切っても切れない関係にあるらしい。第一次大戦はアメリカの税財政システムに多大な影響を及ぼした。

戦争の影響はまず、海運の急速な縮小という形で現れた。ヨーロッパの民間船舶が自由かつ安全に航行しづらくなったのである。このためアメリカの関税収入は激減し、その代替財源として所得・法人税をいっそう強化することが急務となって、大戦中の一九一六年には、所得税の「通常税率」を従来の一%から二%に、累進的な「付加税率」は同じく一～六%から六～十三%にまで引き上げられた。これにより最高税率は七%から十五%へと倍増、同時に法人税率も一%から二%に引き上げられた。

一九一六年のこの税制改革にはもう一つの目玉があった。アメリカは初めて恒久的な相続税の導入に踏み切ったのである。これに関しては、前年に公表された労働関係委員会報告書のショッキングな内容が導火線となった。同報告書は、全米でわずか四十二の家族が年間五五〇〇億ドルもの所得を稼ぎだす一方、平均的な成人男性労働者は年間せいぜい五〇〇～一〇〇〇ドルしか稼いでいない実態を明らかにしていたのだ。報告書の調査主任バジル・マンリーは、経済的な平等を促進し、ロックフェラー家などに典型的にみられるような民主主義を危うくする世襲的「産業貴族主義」の成長を抑止するには、相続税を導入すべきだという問題提起を行った。この提案は世間の注目を集め、労働組合、農民、中小企業家たちからの支持をえる。所得税とともに相続税を、合衆国のすべての人々に経済機会の均等を保障するための「社会改革」の手段として用いていくべきではないかとの考え方が、一気に広まっていった。こうした背景から導入された相続税は、五万ドル以上の純資産の相続に対して、最低一％から最高十％までの税率で課税することを定めた（なお、現在のアメリカでは十八～四十％、日本では十～五十％である）。

しかし、第一次大戦の及ぼす影響は、この程度の税制改革では受けとめ切れなかった。ウィルソン大統領はこれまで合衆国の参戦回避に努めていたが、ドイツが無制限潜水艦戦を開始したのを受け、ついに一九一七年四月、ドイツに宣戦を布告。以後、アメリカの経済社会は急速に総力戦体制へと転換していき、戦争遂行のために必要な財源は桁違いに巨額なものとなった。議会はこれまでとまったく異なる規模の財源を調達しうる税制を構築する必要に迫られる。「戦時所得税」の導入である。

この新税は一九一六年所得税を土台とし、そこに新たな「戦時税率」を上乗せしてゆくという設計になっていた。二％だった「通常税率」には戦時税率を二％上乗せして四％に、同様に法人税には四％上乗せして六％とした。最も大幅な引き上げとなったのは、所得税の「付加税率」である。それまで六〜十三%だった累進税率に、最大でなんと五十%の戦時税率を乗せた。この結果、所得税の最高税率は、これまでの十五%(通常税率二%+付加税率十三%)から一挙に六十七%(通常税率二%+戦時税率二%+付加税率十三%+戦時税率五十%)にまで跳ね上がった。いくら緊急の「戦時所得税」だったとはいえ、所得税が恒久化されてからわずか四年でこれほど本格的な累進税率構造を備えるに至り、またその最高税率が現在の先進国よりもはるかに高い水準に到達したことは驚くべきことである。ともあれ、この新たな所得税の導入によって、アメリカは莫大な戦費を一般庶民だけでなく、高額所得者にもきっちりと負担させる仕組みを整えたことになる。

法人税を政策手段として用いる

第一次大戦中のアメリカでは、さらに重要な新税が生まれた。一九一七年十月に導入された「超過利潤税(excess profits tax)」。これは要するに、法人税の新ヴァージョンである。戦前の三年間(一九一一〜一三)における企業の平均利潤をベースとして、課税対象年の利潤がそのベースを上回った場合の「超過」分に対して課税される。ただしその控除水準は、特需景気に沸く戦時中としてはかなり低く設定され、課税対象年における投下資本の七〜九%に相当する額に限るとされていた。つまりこれは事実上、課税対象年の利潤から投下資本の七〜九%に相当する投資収益額を差し引いた金額を「超過利潤」と定義し、それを課税対象にしたことを意味している。税率は次のように、超過利潤率(「超過利潤」÷「投下資本の七〜九%相当額」)に応じて累進的に設定されていた。

税率
二十％………超過利潤率〇〜十五％未満
二十五％……超過利潤率十五〜二十％未満
三十五％……超過利潤率二十〜二十五％未満
四十五％……超過利潤率二十五〜三十三％未満
六十％………超過利潤率三十三％以上

この超過利潤税は、第一次世界大戦参戦にともなってアメリカ政府が軍備調達のために圧倒的な量の物品を発注し、そのおかげで巨大な利益を計上するようになった企業に、応分の負担をさせるためのものだった。戦争特需による利潤は当の企業の経営努力の賜物ではなく、棚からボタ餅とばかり政府発注に応じているからに過ぎない。ならば、未曾有の戦費支出を余儀なくされている政府経費のうち応分を、企業が負担するのは当然であろうという論理が、この新税導入の背景にはあった（Adams 1917, pp. 112-113）。

だが、ここで一つの疑問が生じる。超過利潤税の導入根拠が、開戦による企業の法外な儲けにあるのだとすれば、なぜ超過利潤を戦前の平均利潤を基準として、それを超える額をベースとするのではなく、事実上、投下資本の七〜九％に相当する投資収益額を基準として判断したのだろうか？　実際、当時のイギリスの「戦時利得税（war profits tax）」の場合は単純に、戦前の平均利潤をベースとし、それを上回る利潤を「超過利潤」と定義して課税を行っていた。

しかし、この種の戦時利得税の導入に関して、民主党の議員たちは概して懐疑的であり消極的だった。彼らは次のように主張した。イギリス式でゆくと、自動車産業やたばこ産業のように戦前に高水準の利潤をすでに享受していた業種は超過利潤がほとんどないことになってしまい、税負担を免れてしまうではないか。逆に、戦前に不況でたまたま利潤が低かった業種は、計算上は莫大な戦時利得を得たことになり、負担が過剰に重くなってしまうではないか。つまり、戦前三年間の平均利潤のみに基づいて「正常利潤」を定義すれば、偶然の事情によって税負担の多寡が大きく左右されるので、公平とはいえない。

また、そもそも民主党には、この新税をイギリス式の戦時利得税のような臨時的なものではなく、あくまで恒久的な法人税として確立したいという思惑もあったようである（Blakey and Blakey 1940, p. 133）。恒久的な「超過利潤税」であれば、「正常利潤」を偶然性に左右される戦前数カ年の平均利潤で定義するのではなく、投下資本収益率で定義することになる。すると、二重の意味でメリットが生じる。

まず、独占・寡占企業が市場支配力を行使して正常利潤を超える超過利潤を獲得している場合は、その実情を戦前の利潤水準に左右されることなく適切に把握したうえで、累進的に課税できる。次に、積極的に投資を行う企業ならば、その投資額に対して定率の収益率七～九％を掛け合わせた投資収益を控除できるので、活発な投資活動を行う企業ほど控除額も大きくなり、税負担を軽減できる。これに対して、投資活動をほとんど行わず、価格支配力を行使するだけで高利潤を上げる独占・寡占企業ならば、この控除額が小さくなるため、税負担が相対的に重くなる。つまり「戦時利得税」と異なって、「超過利潤税」はその制度設計上、独占・寡占企業に対してより重い負担を課す仕組みとなっているのである。

この仕組みはけっして恣意的なものではなかった。要するにウィルソン政権は、いわば戦争を奇貨として、独占・寡占企業の市場支配力を抑制するための政策手段として、一見戦時利得税めいた超過利潤税をたくみに導入してみせたのである（ウィルソン大統領と民主党が多数派を占める議会がどうやら確信犯であったことに関しては、当時の財務省官僚の証言がある［Brownlee 1990, pp. 407-408］）。

これは、法人税に対する新しい理解の仕方であった。というのも、法人税はこれまで、もっぱら純粋な財源調達手段として捉えられ、しかも所得税に対する「補完」的な税という位置づけがなされてきたからである。そもそも法人課税の根拠は次のように考えられていた。直接税のなかでは所得税こそが中核的要素である、しかし個人所得税を免れるために企業が給与や配当を個人に分配せず、利潤を法人の中に「内部留保」という形で溜め込む「租税回避行為」が起きてしまう、そこで所得税を補う形で法人利潤にも課税する必要があるのだ、と。しかしウィルソン政権は、時代に先駆けて、法人税を「財源調達手段＋政策手段」として活用しようとしたのである。なお、この超過利潤税は財源調達手段として非常に顕著な効果を発揮した。なにしろ、この新税による収入だけで、当時の連邦税収の半分以上を賄ったというのだから。

ウィルソン政権の遺産

それにしても、ウィルソン政権が手がけた政策のなかで、超過利潤税ほど産業界の指導者たちを震撼させたものもない。戦時下に財務省の徴税システムや情報収集体制が整備されていったこともあり、深刻な脅威を感じた独占・寡占企業の経営者たちは現下の租税政策を敵視した。これは個人・法人の資金循環を、租税を通じて国家が操作することにつながり、市民や市場の金融自律性に対するあからさまな挑戦を意味すると受け取ったのである。国家の役割を重視する十九世紀ドイツとは対照的な、いかにもアメリカ的なメンタリティが窺える。それまで長きにわたってウィルソンを支えてきた財界人（たとえばバーナード・バルークやジェイコブ・シフといった金融業者たち）であっても、この租税政策を契機に政権批判に転じたり、共和党支援に回ったりする事例があったという。

しかし、たとえ産業界との間に亀裂が走ろうとも、ウィルソン政権と民主党の議会指導者たちは自らの租税政策を貫こうとした。その際のスローガンに「新しい自由主義」という言葉があった。これは、ハーバード大学ロースクール教授で、後に最高裁判事となるルイス・ブランダイスの経済哲学に立脚したものである。

ブランダイスによれば、独占・寡占企業は競争市場をゆがめるだけでなく、厳しい競争圧力にさらされないために当該企業の経営じたいが非能率・非効率的なものになってしまい、ひいては国民の経済損失の増大につながる。また、経済権力が少数の企業の手に集中すると、市場が少数企業によって左右されることになるが、これは個人の自由を脅かすことになる。したがって、個人の自由を保障し、市場の効率性を高めるためにも、十九世紀後半から形成され、その弊害がだれの目にも明らかになってきた独占・寡占を解体し、多数の企業からなる自由競争市場を回復しなければならない。このようなブランダイスのビジョンを、ウィルソン大統領は一語に集約して、「新しい自由主義」と名づけたのだった。

第一次世界大戦を契機として、アメリカの租税構造は劇的な変貌を遂げた。超過利潤税を中核とする法人課税の強化と、累進性の昂進を伴った所得課税の強化が、ともに急速に進行した。この「新しい自由主義」的な租税政策は、皮肉なことに、戦争が起こらなければ実現できなかったかもしれない。すくなくとも、これほど短期間のうちに事は進まなかっただろう。

ウィルソンの革新的な租税政策は一九一七年の超過利潤税導入によって最高潮に達したわけだが、一八年に第一次世界大戦が終結すると、戦費調達への圧力が緩んだこともあって、さすがに少しずつ揺り戻しが始まる。一九二〇年の大統領選では共和党が「平常への復帰」を合言葉として民主党に勝利し、政権の財務長官に就任したアンドリュー・メロンが積極的な減税政策を進めたからである。二一年になると超過利潤税は撤廃され、所得税の最高税率は戦時中の六十七%から五十%に引き下げられた。また、二六年には所得税の付加税率部分の最高税率が同様に六十三%から二十%にまで引き下げられた。

とはいえ、共和党政権下にあっても、ウィルソン政権の遺産ともいうべき直接税体系そのものは引き継がれた。共和党とて、超過利潤税以外の直接税を撤廃することは、もはやできなかったのである。その意味でウィルソン政権は現代的なアメリカ税制の基本設計をなしとげたと言ってよいだろう。実際のところ、所得税、法人税、相続税の三本柱からなる直接税は、関税と内国消費税からなる従来の間接税にかわって、租税の「主役」に躍り出ることとなった。その様子は、たとえば左の二つのグラフを見れば一目瞭然である。

グラフ3は、第一次世界大戦前後のアメリカの税収推移を示したものだが、それまでほぼ横這いだった「総税収」を示す線が、一九一七年から突如、まるで鎌首をもたげたように上へ伸び始める。一七年といえば……そう、アメリカが参戦した年である。莫大な戦費を調達するために税が徴収されたのだ。またこのグラフからは、総税収の爆発的な伸びを支えたのが、関税や内国消費税といった間接税ではなく、「所得／利潤税」すなわち所得税、法人税、そして超過利潤税という直接税であったことも容易に読み取れる。関税などは、戦争が始まると貿易縮小により税収が落ち込み、大戦が終結してもその重要性が回復することは二度となかった。一方、グラフ4では、戦前には関税と内国消費税が二大主要財源だったこと、またこれら間接税収入の総税収に対して占める割合が戦中から戦後にかけて急激に落ち込んでゆくこと、そしてその代わりに所得税と法人税と超過利潤税からなる直接税の割合が急上昇し、間接税を上回ってゆく様子がくっきりと見て取れる。間接税から直接税へ！　アメリカの租税体系における、まさに劇的な「主役交代」であった。

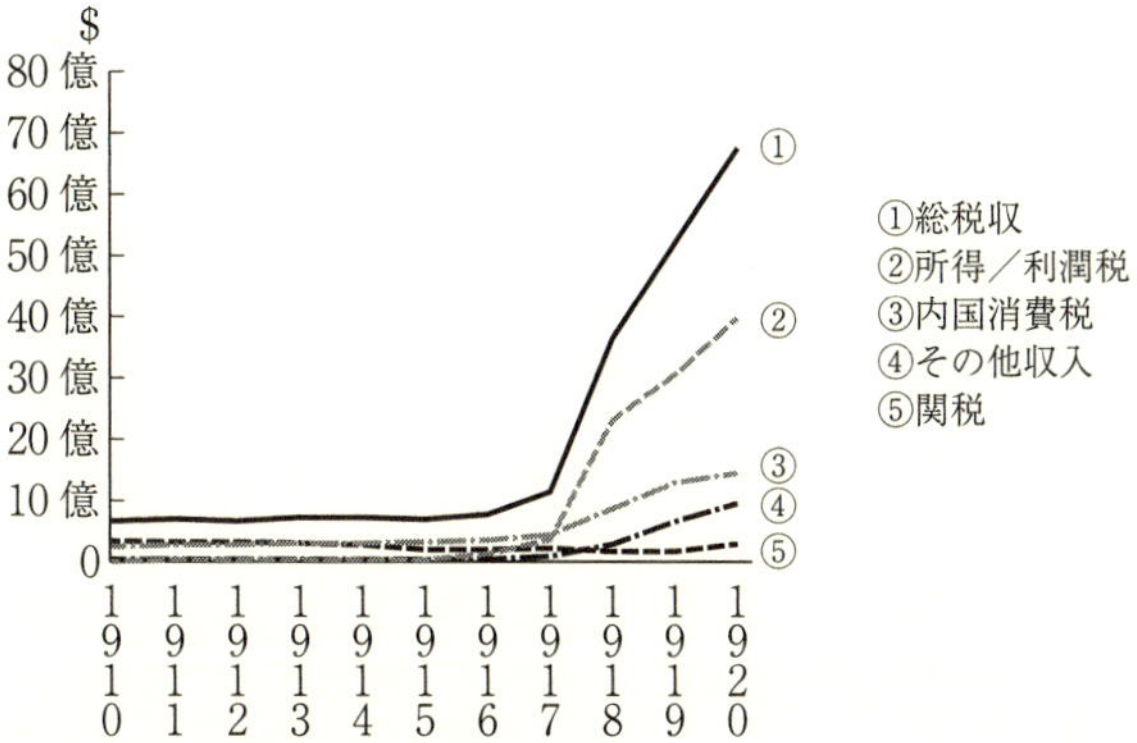

グラフ3　1910〜20年のアメリカの税収額

US Department of Treasury (1981), p. 6 および p. 8, Table 2 より作成（下も）

グラフ4　1910〜20年のアメリカの税収比率

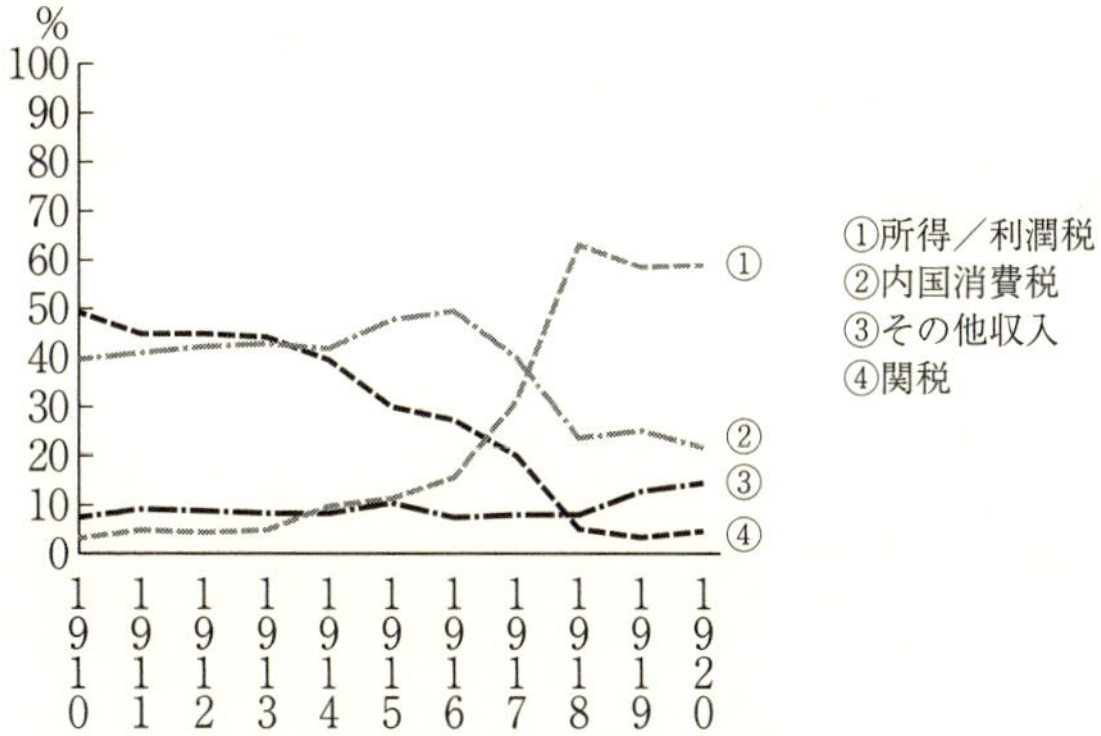

られる。

三つの関係

戦争、民主主義、資本主義

こうしてアメリカ税制の歴史を辿ってくると、租税について様々なことをあらためて考えさせられる。

まず、戦争との関係である。アメリカの税制は、南北戦争と第一次世界大戦のはざまで形成され、転変し、そして改革されていった。逆説的に聞こえるかもしれないが、仮にこの二つの戦争がなかったら、アメリカにおける公平課税実現に向けた足取りは、もっと遅いものになっていたのではないだろうか。

次に、民主主義との関係。いささか単純化していえば、第二章で見たようにドイツが「上から」の社会改革に向けて税制を実現しようとしたのに対し、アメリカは徹底的に「下から」の契機によって公平な税制を実現しようとした点で、際立った対照をなしている。十九世紀後半から二十世紀初頭を通じて、合衆国における二大政党間の主たる対立軸は、あるべき税制、より公平な税制とは何かという点に集中していたといえる。

北部や東部の資本家・富裕層の利害を代表する共和党にとって、高率関税で国内市場を保護し、アメリカ産業を育成していくことが経済の発展につながり、ひいては国内全体を豊かにすることにつながるはずであった。一方、南部や西部の農民、労働者、中小企業家の利害を代表する民主党は、間接税中心の税体系は納税者にその支払い能力に応じた負担を課していないから不公平であり、高率関税は国内企業の独占・寡占の形成を促進するとともに国民の生活コストを高めることによってむしろ経済の健全な発展を妨げており、したがって関税を引き下げて代わりに所得税を導入することこそ、人々の生活を改善し、アメリカ資本主義の健全な発展を取り戻す途であると主張した。こうして両政党の激突は、具体的には、「関税引き下げと所得税導入をセットとした税制改革」の是非に絞られてゆく。時代の趨勢は「是」に傾き、所得の多寡に応じた公平な税負担を求める運動はウッドロウ・ウィルソン政権下でようやく実を結んだ。このとりあえずのゴールに至るまでのおよそ半世紀——南北戦争後の所得税撤廃、一八九五年の最高裁違憲判決、そして一九〇九年の議会審議における所得税法案否決と、幾度となく挫折に見舞われたにもかかわらず、それに屈しないで公平課税を求め続けた人々の飽くなき姿勢に、私は感銘を受ける者のひとりである。累進的所得税は、ドイツのように「啓蒙的専制君主国家」が社会改革の手段として「上から」導入するのではなく、人々が選挙を通じて自らが支持する政党を多数派に押し上げ、議会における徹底した論争を経て「下から」獲得していく途がありうることを、アメリカ税制の歴史は教えてくれる。半世紀という期間はけっして短いものではない。こと税制にかぎらず、民主主義とはいかに時間と根気が必要なものなのか、という感慨に誘われもする。

そして最後に、税制と資本主義の関係がある。十九世紀末以来、アメリカ資本主義が抱え込んだ深刻な問題は、巨大企業による市場の独占・寡占だった。この「トラスト問題」は大統領選挙でも大きな論争点となったが、それが税制とリンクし始めたのは法人課税が導入された一九〇九年以降のことである。導入当初は財源調達手段以上の意味をもたされていなかったものの、一三年に成立したウィルソン政権が、一方で「新しい自由主義」を掲げて独占・寡占規制の方針を明確にし、他方で戦費調達の必要性から本格的な法人課税に踏み込んでいく際に、税制の設計と資本主義のあり方は明確に結びついていくことになる。言葉を換えるなら、「税制による独占・寡占のコントロール」という問題が、史上初めて提起されたのである。ウィルソン政権とそれを支えた知識人にとって、それは少数企業への経済権力の集中との闘いでもあり、危機に瀕する個人の自由を守る闘いでもあった。上述のように、ウィルソンはブランダイスの経済哲学に立脚し、独占・寡占を解体し、多数の企業からなる競争市場を回復させることにその解法を見出した。とりわけ一九一七年の超過利潤税は、独占・寡占に対して重課することでその膨張を防ぎ、それ以外の企業の競争条件を改善して育成していくための、きわめて有力な政策手段としての意味をになった。

しかしながら、独占・寡占については、むしろそれを望ましいとする意見も存在したし、仮に望ましくないとしても、その解体と競争的市場の回復という処方箋は非現実的だと考える人々がいたことも、また事実である。たとえば一九〇一年から〇九年まで大統領を二期務め、一二年の大統領選挙でもウィルソンと争った共和党のセオドア・ローズヴェルトは、資本主義経済が独占化・寡占化することは生産技術の大規模化、「規模の経済」の追求、市場シェアの拡大からくる必然的な潮流であり、むしろ強い企業が独占化してさらに強くなることは、アメリカ産業の発展にとって有益だとすら考えていた。ただ、それが公益に反する行動に出た場合は独占禁止法を積極的に活用しなければならないと考え、実際何度も活用した。つまりこれは、独占一般が問題なのではなく、独占には「良い独占」と「悪い独占」があり、後者を規制することが政府の役割だという考え方である。ローズヴェルトからすれば、ウィルソンのように独占・寡占の解体を叫んでやみくもに重課することは、十九世紀の古典的資本主義への懐古趣味であり、高度に発展した生産技術をどう有効に活用し、国境を超えて拡大しつつある市場をどう押さえるかといった観点を踏まえない、はなはだ時代錯誤的な政策だということになる。

独占・寡占をめぐる二つのビジョン

ところで、このような独占・寡占肯定論は、じつはリベラルと目される経済学者にも見られる。たとえばガルブレイスである。彼はその出世作『アメリカの資本主義』（一九五二）において、生産技術が非常に複雑・高度化してくると、それらを組み込んだ生産過程の全体を統合し、うまく機能させる担い手は大企業しかなく、高度な技術を生み出すために必要な膨大な研究開発資金を調達しうるのもまた、市場支配力を有する少数の独占・寡占企業とならざるをえないと主張した。このように独占を必然と捉え、資本主義発展の担い手としての肯定的側面を前面に押し出すとして、その反面である独占の弊害にはどう対処すべきなのか。そこで、ガルブレイスは新たな概念を持ち出す。名づけて「拮抗力（Countervailing Power）」。仮に市場が独占・寡占状態にあっても、そこには必ず「拮抗力」が現れて、独占・寡占の弊害を打ち消すというのである。彼は、いくつかの例を挙げている。消費財分野では、売り手としての大手寡占企業に対して、買い手としてのチェーン・ストアやスーパーマーケットが拮抗力となる。生産財分野では、売り手の大手鉄鋼メーカーに買い手の自動車メーカーが拮抗する。また労使関係においては、労働組合が拮抗力となる。ガルブレイスは、独占禁止法を適用するよりも、こうした様々な拮抗力を育てて独占・寡占企業の力を削ぐことがより有効な政策であり、政府の役割はむしろ「拮抗力の育成」にあるのではないかと問題提起したのである。ここからは、ウィルソン政権下で登場した「税制による独占・寡占のコントロール」という発想は、どう転んでも出てこないだろう。

独占・寡占の捉え方、そしてその処方箋をめぐって、アメリカの革新主義あるいはリベラルの系譜をひく人々の間で大きな見解の相違があったという事実は興味深い。現代資本主義の変貌を踏まえ、独占・寡占の現実を受け入れた上で、それらの長所を引き出しつつ短所を消していく二正面作戦を行うべきか？　それとも、独占・寡占はあくまでも認めず、その解体と競争的市場の回復へと誘導を図るべきなのか？　このビジョンの対立は容易には解消せず、一九三〇年代、すなわち世界大恐慌後のニューディール政策においても論争は引き継がれ、さらに白熱してゆく。

第四章　大恐慌の後で――ニューディール税制の挑戦

資本主義的な経済システムが直面する難題は大別して四つある。景気循環（恐慌）、失業、社会的不平等（貧困）、そして少数の巨大企業が市場を支配する独占・寡占の問題だ。経済学の教科書には、市場における競争メカニズムがうまく働かず、経済厚生の損失が発生する「市場の失敗」の一事例として独占・寡占の問題が今でも必ず取り上げられており、また古くはカール・マルクスが『資本論』（一八六七）のなかで、「資本主義経済が発展し、資本の集中・集積がすすむと独占・寡占が形成され、他方で労働者の貧困化が進んで購買力が低下するため、過剰生産能力を捌ききれず、恐慌の発生が不可避になる」という「理論的予想」を展開している。一九三〇年代のアメリカでは、この独占・寡占の問題が租税政策上の焦点となった。

直接のきっかけは大恐慌だった。一九二九年のニューヨーク証券市場における株価大暴落に端を発した世界大恐慌は、まるでマルクスの理論的予想が現実になったかのような様相を呈した。アメリカのGDPは四十五％減、失業率は二十五％に達して一二〇〇万人もの失業者が巷にあふれ、巨大な利潤を抱えこむ独占企業に対する怨嗟の声は高まり、「反独占（anti-monopoly）」が時代のキーワードと化してゆく。もちろん、大恐慌とそれにつづく不況の原因を独占・寡占の形成にだけ帰すことはできないだろう。しかしそもそもアメリカ経済において、独占・寡占のたえまない進行と、それによる所得と富の一極集中化傾向は、十九世紀末以来なんとしても解決しなければならない中心課題の一つであり続けた。大恐慌の発生は、この年来の宿題に緊急かつ本格的に取り組まねばならないことを、当時のアメリカ社会に迫ったのである。

もっとも、歴代の政権担当者たちが手をこまねいていたわけでは決してない。一八九〇年には米国最初の独占禁止法「シャーマン反トラスト法」が成立し、自由で平等な経済取引を妨げるような契約や企業合同、企業間での示し合せはすべて違法と定められた。ローズヴェルトとタフトの共和党政権がこのシャーマン法を何十回と発動し、つづくウィルソンの民主党政権が一九一七年の超過利潤税を反独占政策の手段として用いようとしたことはすでに述べた通りである。それに、独占禁止法の内容は一九一四年のクレイトン法の成立によって一段と強化されてもいた。しかし第一次世界大戦が終わり、一九二〇年代に共和党が政権を握ると、反独占政策はしだいに後退してゆく。独禁法が発動される機会はめっきり減り、この伝家の宝刀は錆びついていた。

そんな二〇年代の最後の年に、世界大恐慌が発生したのである。これは国民の間にくすぶる反独占感情に再び火をつけ、知識人たちの反独占意識を目覚めさせた。当時の経済学者たちはさっそく、大恐慌と独占・寡占との連関に目を向け始める。資本主義のあり方に関して今なお再読に価する著書が次々と世に問われた。アドルフ・バーリとガーディナー・ミーンズによる株式会社論の古典ともいうべき『近代株式会社と私有財産』(一九三二)、独占・寡占論の嚆矢となったエドワード・チェンバリンの『独占的競争の理論』(一九三三)、同じくジョーン・ロビンソンの

『不完全競争の経済学』(一九三三)、アメリカ資本主義の病巣を鋭く抉りだしたブルッキングス研究所による一連の報告書(一九三四)、そしてもちろん、大恐慌の原因分析とその処方箋を見事に提示して新たな経済学を切り開いたジョン・メイナード・ケインズの『雇用・利子および貨幣の一般理論』(一九三六)などである。

本章の主題は、民主党のフランクリン・ローズヴェルト大統領(任期一九三三〜四五)が推進したニューディール租税政策である。一般にニューディールといえば、アメリカ政府が従来の自由主義的な経済政策から、市場経済に積極的に関与する政策へと大きく方向を転じたものであり、また第二次世界大戦後の先進国の経済政策にも強い影響力を持ったことがよく知られている。NIRA(全国産業復興法)やAAA(農業調整法)などの新しい法律が続々と制定され、TVA(テネシー川流域開発公社)による公共事業、CCC(民間資源保存局)による大規模雇用の促進など、じつに多岐にわたる政策が実施された。しかし、その租税政策については意外と知られていないのではないだろうか。これはきわめて急進的な、アメリカ資本主義史上もっとも実験的な税制だった。ニューディールの中核的な役割のひとつを担ったと言ってよい。だが、政策の実際を詳しく辿ってゆく前に、右に列挙した著書・報告書の内容をあらかじめ二、三見ておこう。ニューディール政策の経済思想的背景を理解するために有益だし、なかには実際、ローズヴェルト政権の政策担当者たち自身が熟読したものもあるのだから。

らである。

株式会社とは何か

バーリとミーンズの『近代株式会社と私有財産』の刊行は衝撃的だった。当時のアメリカ経済の実情を、詳細な統計的分析によって、つまり「数字」によって有無を言わさず暴いてみせたか

バーリ（一八九五〜一九七一）は当時コロンビア大学法科大学院の教授、ミーンズ（一八九六〜一九八八）はハーバード大学大学院で経済学修士号を取得したばかりの少壮の研究者。彼らはその共著において、アメリカの産業用財産の相当部分が比較的少数の巨大企業の支配下にあること、現に世界大恐慌が起こったあの一九二九年には三十万社以上の非銀行業会社が国内にあったにもかかわらず、そのうちの二〇〇社、つまり全体のわずか〇・〇七％にも満たない企業が、株式会社すべての富のほぼ半分を支配していたという実態を明らかにした（Berle and Means 1932 邦訳版三十九頁）。しかも、このような集中化傾向は今なお進行中であり、独占・寡占企業の総資産額は、その他の会社よりも二〜三倍の速度で増大しているというのだ（邦訳版四十九頁）。

『近代株式会社と私有財産』の意義は、アメリカ資本主義における富の集中化傾向を提示したことだけにあったわけではない。むしろ、後年バーリとミーンズの名を世に高からしめたのは、本書が株式会社のあり方の変容を明らかにしたからである。それが有名な「所有と経営の分離」のテーゼである。彼らは、会社の規模が大きくなればなるほど株式は大衆によって分散保有されて

いるという実態を、例によって統計分析にもとづいて示した。これはどういうことだろう。会社というものは、たとえばロックフェラーのような単一の大資本家、つまり大株主によって支配されてはいない、ということである。会社にはもはや「支配的所有者」など存在しない。かといって、小口の大衆株主が会社を動かしているわけでもない。会社の経営、その実質的な権限は、自らは大株主ではない経営専門家集団の手に委ねられている。要するに「所有者＝経営者」というのは十九世紀的な会社像であり、二十世紀の会社においてはすでに「所有と経営の分離」が着々と進行しているというのだ。これは会社に関する世間一般の常識を、あるいは経済学者たちの暗黙の了解を鮮やかに覆すものだった。『近代株式会社と私有財産』の決定的な意義はそこにある。

なお、著者の一人であるミーンズは、大恐慌の原因に関して、右の共著刊行の三年後に農務長官の経済アドバイザーとして興味深い報告書を提出している。彼はそこで、アメリカの市場が二つに分断されていると述べている。一つは、独占・寡占企業によって価格が管理され、それゆえ価格が需給状況に対して硬直的になっている市場。一つは、農業のように無数の小規模市場参加者がいて、それゆえ価格は管理されず、結果として需給状況の変化に対してきわめて柔軟に変動する市場。前者では、大恐慌後の需要急減に直面した独占・寡占企業が利潤確保のために生産を減らす一方で価格を維持する行動をとっており、実際、生産量が七〜八割も低下したにもかかわらず、価格は一〜二割しか低下していない市場がある。まさしく「価格の硬直性」である。独占・寡占企業の強大な市場支配力がうかがえる。独占利潤を求める彼らのこのような行動は、雇用や他の産業を犠牲にしている。というのも、生産量の削減は当該産業の労働者たちを解雇して失業者を増大させることとなり、また同時に、原材料や資本財に対する需要を減らすことによって他産業の業績を悪化させることにつながったからだ。他方、農業のように誰も市場支配力を行使できない市場では、需要の急減に応じて生産量を簡単に調整できないので生産量はほとんど減少せず、完全に需給のバランスが崩れて、価格が約五割も暴落した市場さえある。これは貧しい農民層に著しい打撃を与え、彼らの購買力減少に、ひいては不況につながった。

一方に価格の硬直性が見られ、他方に価格の暴落が見られる。このアンバランスが大恐慌の発生をもたらした有力な要因である。独占・寡占の罪は深い。ミーンズはそう分析している。

所得格差の実態

これに対して、今もなおアメリカ有数の中道・リベラル系シンクタンクとして知られる「ブルッキングス研究所」から一九三四年に相次いで出版された二つの報告書は、アメリカ経済における所得の不平等に焦点を当てた（Leven, Moulton and Warburton 1934; Nourse and Tryon et al. 1934）。大恐慌は、一九二〇年代後半の好況に生産能力が追いつかなくなったから生じたのではなく、むしろ、高い生産能力によって次々と生み出される製品を消費する能力が市場に不足していたから生じたのだと分析してみせた。いわゆる「過少消費説」である。

たしかに一九二〇年代後半のアメリカは空前の好景気に沸いていた。文学でいえば『華麗なるギャッツビー』（一九二五）の時代だが、技術革新や労働生産性の増加を背景として利潤や株価が上昇し、キャピタルゲイン（資産価値上昇による利益）によって高額所得者の所得もかなりの勢いで伸びていた。しかし、その豊かさは必ずしも中間層以下の人々には還元されておらず、全体として所得不平等が拡大していった時代でもある。ほとんどバブル的な好景気だったにもかかわらず、中間層以下の購買力が伸び悩んでおり、それがアメリカ経済に暗い影を落としていく。ブルッキングス研究所の統計分析によれば、アメリカの上位〇・一%の家計が国民総所得の四十二%を取得する一方で、下位から六十%の家計は生活必需品の購入にも事欠いていた。同研究所はさらに、富裕な上位十%の家計にみる貯蓄額がアメリカの総貯蓄の八十六%を占める一方で、下位から八十%のそれはわずか二%という、驚くべき格差の実態も明らかにしたのである。

これらの統計分析結果は、民主党ローズヴェルト政権の政策担当者たちにも多大な影響を与えた。彼らは、独占・寡占を規制するだけでなく、所得分配を改善し、国民の購買力を増やすことが不況からの脱却に必要不可欠だと確信するようになっていったのである。所得分配の不平等を放置していると、総需要は停滞し、独占・寡占企業は自己防衛のために生産を抑制して価格を高止まりさせ、そのため雇用が減少し、さらには国民の購買力が低下して需要は冷え込む……という形で結局のところ、経済が奈落の底へ落ちていく悪循環に歯止めがかからない。一九二〇年代後半のアメリカは、その生産能力が史上最高の水準に到達していたにもかかわらず、所得分配が不平等であるために「過少消費」という実は非常に危うい状態にあったのであり、それが株価大暴落のようなショックを契機に大恐慌を招いたのだ。

過少消費説と同様の考え方は、二十世紀最大の経済学者ケインズの主著『雇用・利子および貨幣の一般理論』にも見られる。ケインズは一般的な歴史傾向として、社会が豊かになっていくにつれて、所得のうちより多くの割合が消費よりも貯蓄に振り向けられるようになるため、充分大きな民間投資が行われない限り、総需要不足によって不況が発生すると説いている。また、『一般理論』の第二十四章「一般理論の導く社会哲学に関する結論的覚書」には、アメリカ経済社会の顕著な欠陥として、完全雇用を提供できないでいることと、富と所得の分配が不公正であることの二点が指摘されているが、ケインズはこの欠陥を是正する手段として税制改革が有効だと考えていた。しかるべき税を課すことで所得と富の分配の不平等を改善できれば、人々の消費性向を高めることにつながり、ひいては国民所得を増加させ、経済を完全雇用状態に近づけられるはずだ、と（Keynes 1936　邦訳版三七五〜三七七頁）。

『フォーチュン』誌のアンケート

大恐慌の原因としては、こうして「独占・寡占化傾向」と「所得分配の不平等」の二点が大きくクローズアップされていった。しかも、これは経済専門家たちの間だけのことではなかった。たとえば独占・寡占の問題に関しては、興味深い世論調査が残されている。経済誌『フォーチュン』が一九三六年の十月号で読者に対して行ったアンケート結果である。「あなたは、独占に対して下記のうちどのような意見をもっていますか?」と同誌は問いかけ、答えとして四つの選択肢を提示した。①独占は経済にとって有益である、②便益が弊害を上回っている、③弊害が便益を上回っている、④有害である。回答結果の割合は——①が十二%、②は十三%、③は二十二%、そして④が四十五%に達した（"The Fortune Quarterly Survey IV, 'III. Monopolies'", Fortune,14（4),

1936, pp. 215-216)。人々の「反独占感情（anti-monopoly sentiment）」が強まり、そして確実に広がっていたことがうかがえる。

こうした世論の動向やさまざまな統計分析を踏まえて、ローズヴェルト大統領はある時期から明確に反独占政策を打ち出していく。その具体的な経緯は次節で詳述するとして、ここではまず政策の理念的な骨子ともいうべきものを、これはやや後年の資料になるけれども、一九三八年四月に下院の臨時国民経済委員会で公表された大統領メッセージ（Lynch 1946, pp. 24-25）のなかに確認しておこう。ローズヴェルトの主張は次の五点に要約できる。

①一般に経済権力が少数の手に集中することは民主主義に危機をもたらすが、アメリカ社会では目下、わずか〇・一％の法人が全法人の所得の五十二％を占めている。

②このような産業の独占・寡占化傾向が、国民の生活水準の維持に必要な雇用と所得の保障を妨げている。

③独占・寡占化傾向の背後には、産業界に対する金融界のコントロールが見られる。つまり、投資銀行が多くの企業を合同させたり、取りまとめてコングロマリットを形成したりすることによって、銀行支配のもとに「産業帝国」をつくり出そうとする動きが顕著である。

④独占・寡占企業の支配下にある市場の「価格硬直性」によって、大量の失業者が発生した（この論点は明らかにバーリとミーンズの統計分析を踏まえている）。

⑤これらの独占・寡占化傾向の弊害を除去するためにも、いまや法人が保有する経済権力は、直接的に公衆に移転されるか、あるいは公衆の負託を受けた責任政府に移譲されるべきである。

ローズヴェルトは明確な「反独占」認識のもと、独禁法のさらなる強化と厳格な適用を図り、独占・寡占の詳細な実態調査を命じた（これは後にＴＮＥＣ〔臨時国民経済調査委員会〕による「経済力の集中に関する調査」と題する膨大な報告書群として結実する。今なお参看すべき貴重な一次資料である）。こうして大統領は独占・寡占企業との全面対決をも辞さず、反独占・富の再配分・経済再建という三つの大問題を同時に解決するという歴史的使命を帯びて、ニューディール政策を打ち出し、その中核となるラディカルな租税改革に乗り出していったのである。

史上最強の政策課税

一九三四年の税制改革

ニューディール税制は大恐慌の五年後、ローズヴェルトの大統領就任の翌年、すなわち一九三四年五月の改革をもって始動する。大統領はまず、一九二〇年代の共和党政権下にあって財務長官アンドリュー・メロンが主導した「メロン減税」を排し、一九一〇年代の民主党ウィルソン政権時代の水準にまで税率を復元することから始めなければならなかった。もっとも、一九二一年から大統領が三代続いていた共和党政権においてさえ、その末期にあたる一九三二年には、大恐慌後の不況に直面して深刻化していた歳入欠陥を補うため、大幅な増税が実施されていた。所得税の最高税率を、二八年に定められていた二十五％から、一挙に六十三％へと引き上げざるをえなくなっていたのだ。ローズヴェルト民主党政権にとってニューディール政策最初の税制改革となった三四年法は、共和党時代のこの三二年法の最高税率水準を維持する一方で、中低所得者層への適用税率を引き下げ、高所得者層への適用税率を引き上げた。

しかし、このように所得税の累進性が高められると、今度は富裕層がその事業所得を給与や配当等の形で支払わずに、自らが保有する人的持ち株会社（個人もしくは数人が株式を保有する会社で、事業目的ではなく、脱税目的のために設立される会社）に留保したままにすることで人為的に所得を低く見せかけ、高水準の累進税率適用を免れようとする租税回避行動が起きやすくなる。これを防ぐため、三四年の改革では同時に、人的持ち株会社の留保利潤に対して累進的な付加税が導入された。相続税の最高税率も、二六年法では二十五％まで落ち込んでいたのを六十％にまで引き上げた。共和党政権下の大減税政策に終止符を打ち、それを明確に反転させる方向に舵を切ったのである。

もっとも、その程度では手ぬるいという声も強かった。ＮＩＲＡを中心とするローズヴェルト政権の経済再建策は、公正競争規約は策定したものの、その実施を産業界の自発的な取り組みに委ねていた。それでは結局のところ、独占・寡占の問題に深くメスを入れることにはならず、単に産業界が望んでいた製品価格引き上げに手を貸しているだけではないか。しかも、肝心の景気回復の足取りは弱く、一九三四年時点で失業者はなお一〇〇〇万人を超える状態で、貧困問題は何ら解決されていないではないか、という不満が高まっていったのだ。そこから、さまざまな職種・階層のあいだで社会運動が台頭し始める。ルイジアナ州選出の民主党上院議員ヒューイ・ロングによる「富の再分配運動（"Share-Our-Wealth" Movement）」、チャールズ・コグリン神父率いる「全国社会正義連盟」、地主による土地追い出しに抵抗する「南部小作農業者連盟」、フランシス・タウンゼント医師による「高齢者保護運動」などである。さらに、いささか皮肉なことに、ニューディール政策自体の後押しを受けた恰好で、長年低迷していた労働運動も息を吹き返す。主要産業で労働者の組織化が進んだ結果、三四年には全米各地で大規模なストが頻発するようになっていた。ニューディール政策の進展に飽きたらないこれら一連の社会運動の高揚は、ローズヴェルト政権に大きなプレッシャーをかけた。

一九三五年の大転換

三五年に入ると、政権はあらたな痛手を蒙る。NIRAの第一部が違憲であるという、最高裁判決が出たのだ。これは、保守的な傾向の強い司法が進歩的な政策に歯止めをかけただけでなく、連邦政府の行政権力肥大化への根本的な批判をも意味していた。また、ニューディール政策に対する批判が、司法界と思想的基盤を共有する保守層にひろく拡がっていることを示唆しているようだった。さらに、当初は政権と協調していたはずの産業界にも、激しいロビイングによって政策推進阻止の動きが活発化していた。

ローズヴェルトはこの最高裁判決を機に、政権が拠って立つべき基盤を再考し始める。一方に保守層の反発や産業界との亀裂があり、他方に世論の反独占感情や社会運動の高揚がある。もし後者の意向に沿う方向へ政策を修正し、彼らの政治的エネルギーを取り込めれば、風当たりの強まった政権に求心力を取り戻せるという、大統領なりの読みもあった。こうしてローズヴェルトは、政権の支持基盤と政策の路線を大きくシフトする。初期ニューディール政策において保持してきた産業界との協調路線を断念し、反独占政策へと明確に方向を切り替えるとともに、労働者、農民、失業者、貧しく虐げられた人々の不満と正面から向き合い、彼らとともに歩むことを決意したのである。

ローズヴェルトは反独占路線の中核に租税政策を据えた。折しも、財務長官ヘンリー・モーゲンソーが財務省内をほぼ掌握し、ニューディール政策の新たな方向に沿った租税政策を立案できる人的ネットワークと、それを現実に実施しうるだけの人的スタッフを整え終えていた (Brownlee 2004, pp. 88-89)。たしかにこの当時の財務省アドバイザーには、錚々たるメンバーがずらりと名をつらねている。シカゴ、コロンビア、ジョンズ・ホプキンズで法科大学院教授を歴任した法務官ハーマン・オリファント。コロンビア大学法科大学院教授で、共和党員であったにもかかわらずその比類なき租税学識を買われて政権入りし、後には財務次官にもなるロズウェル・マギル。そしてジェイコブ・ヴァイナー (シカゴ大)、カール・シャウプ (コロンビア大)、ロイ・ブロウ (シカゴ大)、ローレンス・セルツァー (ウェイン州立大) といった一級の経済・財政学者たちである。彼らの協力を得て財務長官モーゲンソーが大統領に提示した税制改革案は、実に急進的なものだった。法人税・所得税・相続税という直接税の三本柱それぞれにおける累進税率構造の徹底的な強化と、所得隠しの温床たる持ち株会社を狙い撃ちする法人間受取配当課税の導入である。この素案は、政権がアメリカ史上かつてない規模と強度で独占・寡占企業に立ち向かうことを、つまり政界と財界の全面対決を宣言したに等しい内容だった。

ローズヴェルトはこの改革案を受け入れ、「本税制改革法案を本会期で成立させるように」との大統領メモを添えて、閣僚と民主党の議会指導者に送付。そしてモーゲンソーには、ラディカルな税制改革案を発表するための、大統領教書の作成準備を命じた。教書の草案が出来ると、二人の法学者がホワイトハウスに呼び寄せられ、コメントを求められたという。政権発足以来のブレーン・トラスト（大統領への助言者集団）のメンバーだったレイモンド・モーリー（コロンビア大）と、メンバーではなかったものの大統領とは旧知の親しい間柄だったフェリックス・フランクフルター（ハーバード大）である。独占・寡占の弊害を強調する「ブランダイス主義者」でもあったフランクフルターが、草案に盛られた「反独占・富の再分配」的な色彩のきわめて濃い税制改革案をみて即座に賛同を示したのに対し、産業界との協調関係の維持に尽力してきたモーリーはその内容を知った途端、言葉を失った。政権内のパワー・バランスはもはや発足当初とは一変しており、自分が政権内のアウトサイダーになりつつあることを悟ったのだ。それでも彼は、反独占的色彩をなんとかして薄めようと大統領に食い下がったが、無駄だった（Edsforth 2000, pp. 237-238）。

大統領教書の衝撃

大統領教書は一九三五年六月、議会に送付された。主な内容は、①個人所得税の累進性強化による所得再分配の促進、②相続税とそれを補完する贈与税の導入による富の再分配促進、③法人税への累進税率導入による市場の独占・寡占化の抑制、④法人間受取配当への課税による累進法人税回避行動の防止であった。

この教書の打ち出した方向性は鮮明である。すなわち所得税、法人税、相続税といった基幹税を、単に財源調達手段としてだけでなく、所得や富の再分配、そして法人（独占・寡占）のコントロールといった政策目的実現のための手段として用いること。前章で述べたように、たしかに「租税を政策手段として用いる」という発想は、一九一七年の超過利潤税導入時のウィルソン政権にも見られた。しかし、これほど全面的に用いることを表明した大統領は、かつていなかった。ニューディール税制は、アメリカ租税政策史上、もっとも革命的なものだったと言ってよい。この大統領教書は、まず税制改革の正当性に関してやや抽象的に、次のように述べている。

> 富の巨大な蓄積は、個人と家族の保護という観点から、正当化できない。最新の分析によれば、そのような蓄積は、比較的少数の人々の手に、きわめて多くの人々の雇用と福祉を左右する大きな権限を望ましくない形で永続的に集中させる傾向があるからだ。このような経済権力が相続されることは、われわれの世代の理想と矛盾する。それは、政治権力の相続が、われわれの政府を創設した世代の理想に合致しないのと同様である。（中略）相続された経済権力に税を課すことは静態的な富に対して課税しているのであって、経済的福利を健全な形で普及させることに寄与する動態的な富に対して課税するわけではない。
> （74th Congress 1936, pp. 2-3）

ここにいう「われわれの世代の理想」とは、経済社会における公平のことだろう。そしてそれを裏打ちするかのように、「われわれの政府を創設した世代の理想」、すなわちアメリカ建国時における政治的な自主・平等の共和国理念が持ち出されている。注目すべきは、政策課税によって経済発展が阻害されることはないと強調されている点である。「相続された経済権力」とは要するに巨大利潤を貯めこむ独占・寡占のことであり、そのような法人に対する課税を強化しても、現実の経済活動の活性化には支障をきたさないと言うのだ。

つづいてローズヴェルトは、独占・寡占の弊害を取り除くために、租税による反独占規制を実施するとともに、小企業の競争環境を整え、彼らの発展を後押ししていく方針を、今度は具体的に表明する。

不況による企業積立金の枯渇は、控えめな資本金しか持たない小企業に対して不釣合いなほど大きな圧迫を加えている。しかし、このような小企業がなければ、われわれの競争的経済社会も消滅してしまうだろう。単なる規模（の追求）は独占を招きよせるだけである。さらに、総体としてこれらの小企業は、大量生産型産業の成功を保障する全国市場を成り立たせるために、必要不可欠な地域基盤を整えるという重要な役割を担っている。今日、これら小企業は単に自らの地域福祉のためだけでなく、大企業の存立を可能にする、公平に配分された国民的豊かさのために闘っているのである。したがって、われわれの税制を（納税者の）

経済的能力、優位性、そして実情に合わせて調整していくことのみが公平性にかなうように思える。より小さな企業は、その能力を超えて負担を担うべきではない。逆に巨大企業は、その能力と優位性にふさわしい負担を負うべきである。われわれは個人所得、贈与、そして遺産に関して累進課税の原理を確立した。その同じ原理を法人にも適用すべきである。

(74th Congress 1936, pp. 3-4)

教書はこう述べて累進法人税の導入を勧告するとともに、法人間受取配当課税を合わせて導入することで、累進法人税に対する法人の回避行動を封じようとした。ここで特徴的なのは、小企業の重要性を強調するローズヴェルトの市場観である。全国市場を相手にして大量生産を行う大企業は、実は全国各地に分散して地域に根付く中小企業によって支えられている。中小企業が各地で技術を育て、人々を雇用し、地域社会に貢献するという営みが重層的なネットワークを形成していてこそ、市場にも「厚み」が生まれ、それが全国市場を成立させる基盤となっていくという認識である。これは、かつてのウィルソン政権における「新しい自由主義」と同様、ブランダイス主義に立脚した経済・社会哲学の表明にほかならない。独占を制御することで競争的な市場構造を維持することは、単純な小企業保護ではなく、健全な市場の育成を通じて結局は大企業自身にとっても利益になるはずだ、という資本主義観である。

大統領教書は、ただちに大きな反響を巻き起こした。公衆を熱狂がつつみ、大統領のメッセージを歓迎する何千通もの手紙・電報がホワイトハウスの郵便室に舞い込んだという。「富の再分配運動」を主導していた上院議員ヒューイ・ロングも、心から満足の意を表明した。ローズヴェルト自身は後年、「私がそれまでにやってきたことの中で最善のことだった」と述懐している。

他方、産業界や保守派は強烈なショックを受け、危機感を抱いた。即座にマス・メディアを通じて反対キャンペーンを張り、「金持ちから富を吸い上げる税制」「成功者を叩く税制」、さらには「共産主義」などとレッテルを貼って、この税制改革案を激しく非難した。ローズヴェルトは、自分が巻き起こした反響の大きさと非難の嵐を、まるで楽しんでいるかのようだったという（Edsforth 2000, pp. 238-239）。しかし深刻だったのは、足許への影響である。この大統領教書は議会にイデオロギー的な亀裂を生み出し、民主党を分断することになった。民主党リベラル派と共和党進歩派が大統領のメッセージを歓迎する一方、民主・共和両党の保守派は、そこに含まれる再分配的・反独占的色彩に対して強い警戒感を示し、大統領と距離を置き始めたのである。これは後年、新たな法人税の存続をめぐって激化する大統領と議会、上院と下院、さらには民主党内の進歩派と保守派の対立の伏線となっていく。

さて、大統領教書を受けて、議会は実際にどのような税制を実現しただろうか。法人間受取配当課税に関しては九十％の課税控除が認められてあまり実効性のないものに後退してしまったものの、成立をみた一九三五年歳入法は、おおむねローズヴェルトの税制改革構想を実現した。個人所得税の最高限界税率は五十九％から七十五％へ引き上げられ、法人所得税の税率構造は十三・七五％の単一税率から四段階の累進構造（十二・五～十五％）へと切り替えられ、資産課税については既存の遺産税の課税最低限が五万ドルから四万ドルに引き下げられるとともに、最高限界税率が六十％から七十％に引き上げられた（Ratner 1967, pp. 469-474; Blakey and Blakey 1940, pp. 381-382, 424-427）。一言でいえば中低所得者に優しく、大企業には厳しい改革である。ここに、ニューディール租税政策は一つのピークを迎えた。

最も過激な法人税

ニューディール租税政策におけるもう一つの、そして最大のピークは一九三六年の留保（未分配）利潤税（undistributed profits tax）の導入である。

これは法人税の一種だが、「一種」という言葉がそぐわないほどユニークで実験的な税だった。いや、アメリカ税制史を通じて、最もラディカルな法人課税と評して間違いない。いうまでもなく、通常の法人税は各企業の所得に対して課される。一方、留保利潤税は企業の留保利潤、いわゆる「内部留保」に対して課される。内部留保とは、企業の純利益から、株主への配当や役員賞与、そして税金（法人税）などの社外流出分を差し引いた残りを、社内に留保したものである。ひらたく言えば「税金も含めてあれこれ支払ったすえに、企業の手許に残る儲けの貯え」である。そこにも税を課すぞ、というのが留保利潤税なのだ。個人の感覚でいえば、貯金に課税されるようなもの。税率は七〜二十七％と定められた。産業界が猛反発したことは言うまでもない。

それにしても、ローズヴェルトはなぜ、これほど過激な法人課税に踏み切ったのだろうか。繰り返すが、租税には国家の財源調達手段としての側面と、経済・社会政策手段としての側面の二つがある。たしかに、この留保利潤税も例外ではない。前者の側面に関していえば、一九三六年初頭に最高裁が農産物加工税に違憲判決を出し、また退役軍人へのボーナス即時支払い法案が議会で成立したこともあって、六億二〇〇〇万ドルもの歳入欠陥が発生すると見込まれており、その穴埋め財源が緊急に必要とされていた。しかし、それだけなら臨時税としたり、他の新税導入や増税を図ったりする手があっただろう。ローズヴェルト政権は、後者の色彩がきわめて濃厚な税として、留保利潤税を導入したのだ。

では、この過激な法人税には政策上、どのような目的があったのか。第一に、課税における「水平的公平性」の追求。第二に、租税による「市場システムの統御」である。水平的公平性とは「等しい経済状態にある者には、等しい税負担を課すことが公平だ」という考え方のことだが、これについては別稿（諸富二〇〇八a、十六～十八頁）を参照していただくとして、ここでは第二点に的を絞りたい。というのも、「市場システムの統御」とは端的には「反独占」のことであり、これはニューディール政策の要の一つであって、またそもそも独占・寡占の問題はアメリカ資本主義にとって年来の懸案だったからである。

前章でもすこし触れたように、この問題をめぐっては二つのビジョンの対立があった。独占・寡占の弊害は甚だしいのだから、これを解体し、無数の小企業による自由競争市場の回復を図るべきだという考え方と、現代資本主義の進展にともなって独占・寡占化は不可避であり、もちろん弊害はあるにせよ、それはうまくコントロールしながら、やはり巨大企業の力を活用していくことのほうが経済発展につながるという考え方である（Sternsher 1964, p. 109）。独占否定論者はおおむね「ブランダイス主義者（Brandeisians）」である。一方、肯定論者は「計画主義者（planners)」と呼ばれた。独占・寡占の弊害をコントロールするためには、政府が市場のあり方を積極的にデザインしていく何らかの「計画化」が必要と考えていたのである。この相対立するビジョンは、実はローズヴェルト政権そのものの内部にあった。

計画主義者とブランダイス主義者

政権内の計画主義者のグループには、大統領のブレーン・トラストだった農業経済学者のレックスフォード・タグウェル、『近代株式会社と私有財産』の著者のひとりである会社法の専門家アドルフ・バーリ、大統領をニューヨーク州知事時代から支えてきたコロンビア大学教授のレイモンド・モーリーなどがいた。彼らは、十九世紀的な「市場経済」がもはや終焉し、少数の独占・寡占企業が生産技術の発展や価格のあり方を主導しコントロールする「管理経済」の時代に移行しているという認識を共有しており、そのような現行の経済システムを否定するのではなく、それを前提にしたうえで、いかにして公共的な利益を「計画化」を通じて追求できるか、という問題の立て方をしていた。「計画化」の主体としては、国家以外には考えにくい。政府組織そのものが独占・寡占に対して、後年のガルブレイスの言葉をかりるなら一種の「拮抗力」として機能しなければならない。計画主義者たちは「大きな政府」あるいは「強い政府」を求めた。

これに対してブランダイス主義者たちは「計画化」概念に不信感を抱き、民主主義と個人の自由を破壊するおそれがあるとして「大きな政府」にも反対で、ブレーン・トラストのオリジナル・メンバーとは距離を置いていた。その中心人物がフェリックス・フランクフルター、あの一九三五年の大統領教書草案に関してレイモンド・モーリーとともに意見を求められたハーバード大学の法科大学院教授である。ブランダイス主義者のグループには財務長官モーゲンソー、財務省法務官オリファントも属していた。彼らの哲学をひとことで言い表すなら、それは「分散化」ないしは「分権化」である（Hawley 1995, pp. 286-295）。資本主義の発展にともなって富と所得の集中、経済権力の集中、そして人口と経済活動の都市への集中が生じていたが、このような傾向を逆転させ、分散化・分権化の方向に向かうことが望ましい。独占・寡占化は、計画主義者が主張するような経済発展の必然的な結果では決してなくて、むしろ数多くの企業による自由な競争を避け、少数の巨大企業がより大きな利潤を独占しようとする私的欲求の帰結にすぎない。産業にとっての効率性は小規模企業によってこそもっともよく達成されるのであって、公共的な利益を実現するためには独占・寡占企業を分割し、無数の均質な小企業からなる競争市場を再興しなければならないと、彼らは考えていた。

留保利潤税は何をもたらすか

独占・寡占問題の捉え方とその処方箋に関して、両陣営のビジョンは相容れない。では、留保利潤税についてはどうだったろう。

ブランダイス主義者、なかでもモーゲンソー長官ら財務省の幹部は、この新税が反独占政策のための非常に有効な手段になるのではないかと考えていた（Blum 1959, pp. 306-309; Brownlee 2004, p. 95）。彼らは、独占・寡占企業が内部に貯め込んだ巨額の資金を銀行からも機関投資家からもチェックされることなく活用し、いっそうの規模拡大による経済権力の集中を図っているため、経済のさらなる不均衡が作り出されていると見ていた。中小企業にはそんな資金余力はない。株主に高い配当を約束することによって、株式市場から資金調達を図らざるをえない。内部留保でコストをかけずに資金調達が可能な大企業と、高い資金調達コストにあえぐ中小企業の格差。これが投資余力の格差を拡大させ、大企業の優位性をさらに高め、独占・寡占体制を強化している。このような趨勢を食い止めるためには、法人の留保利潤に課税することで、その内部留保を吐き出させなければならない。

財務法務官のオリファントなどは、さらに一歩先のことまで睨んでいた。留保利潤税を導入すれば、企業はどう動くか。税金に取られるくらいならば、株主への配当の支払を促進し、増やすことになるだろう。だとすれば、この新税は独占に対する規制以上の効果が見込める。それまで企業内に貯め込まれていた原資が株主の手に配当の形で分配されるようになると、内部留保の使途に関する決定権は次第に一般の株式投資家の手に委ねられてゆき、「投資決定権の分散化」、つまり経済民主主義の促進につながるとオリファントは考えたのである（Sternsher 1964, p. 319）。これは、二十世紀アメリカの株式会社において「所有と経営の分離」が進行し、株主と経営者の力関係が変化したというバーリ&ミーンズ『近代株式会社と私有財産』の分析を踏まえつつ、ブランダイス主義の観点から留保利潤税の導入根拠を論理づけた、大変興味深い議論である。

これに対して、計画主義の観点から留保利潤税を根拠づけた代表的な論者は、レックスフォード・タグウェルである。独占・寡占企業は、生産を増大させれば価格下落を招いてしまうので、生産量を自ら制限し、価格を競争均衡価格よりも高い水準に維持しようとする（「価格の硬直化」）傾向をもつ。そして、生産量の制限は必然的に過剰設備を発生させる。タグウェルによれば、ここから次のような問題が生じるという（Tugwell 1933, pp. 203-204）。

第一に、消費財価格の高止まり。過剰設備を抱えていると、設備は休眠中でも、その維持管理には固定費用がかかってしまう。これを回収しようとすれば、その費用部分を製品価格に上乗せせざるをえず、結果として製品価格は上昇してしまう。

第二に、消費者の需要の冷え込み。これは製品価格の上昇による必然的な帰結であり、不況を深刻化させる一因ともなっている。

第三に、資源配分の非効率性。一九三〇年代のアメリカにおいて、独占・寡占企業は過剰設備を抱えながらも留保利潤を急増させていたことが知られているが、物的投資に必要な資金需要を大幅に上回る内部資金の蓄積は、当時「自己金融化」現象と呼ばれていた。企業にしてみれば、不況下で需要が縮小するなかで内部資金を用いて新たな設備投資を行えば、生産量は増大するけれども価格下落を招き、利潤をさらに減少させてしまう。したがって、資金に過剰なほどの余裕があるとはいえ、そのまま内部に留保・蓄積しておくほかない。内部留保は、独占・寡占企業にとっては合理的な行動であった。しかし、独占・寡占にとっての合理性が社会全体の合理性と合致する保証はない。いや、むしろ背反しているのではないだろうか。潤沢な資金が活用されていない以上、そこには資源配分の非効率性による社会的な損失が発生してしまっているのだから。

タグウェルによれば、留保利潤税はこれら三つの問題を解決してくれるという。なぜなら、この新税導入によって多額の配当を得ることになる株主たちが、より高い収益性を示す他の企業に投資するだろうから。これは第一に、長期的には新しい企業が成長し、独占・寡占企業もまた、彼らの挑戦を受けてより競争的な市場環境が育成されることになるので、消費財価格の低下が生じる。すると第二に、消費者需要が顕在化し、ひいては景気回復につながる。また第三に、株主がより収益性の高い投資先に資本を振り向けることは、それ自体が資源配分の効率化を意味している。

　そんなに上手くゆくものだろうかと疑念を抱く向きもあるにちがいないが、留保利潤税の効用はまだ他にもあるとタグウェルは説く。右に述べたような「価格効果」だけでなく、「支出効果」もあるというのだ。この場合の「支出」とは政府支出のこと。つまり、企業内部に無為に貯めこまれている余剰資金を国家が吸収し、留保利潤税による新たな税収を原資として「産業準備基金」を設け、これを用いて財政支出を拡大することによって経済の安定化を図るという構想である（Tugwell 1933, pp. 213-214）。経済的不均衡を拡大しがちな独占・寡占の私的投資から、経済安定化に資する公的投資へ。このような資金の流れの、いわば転轍手としての役割をタグウェルは留保利潤税に期待したのだ。租税をマクロ経済安定化のための政策手段として用いること。これは、ブランダイス主義者にはない発想であり、非常に大胆な提案だったと言えるだろう。ちなみに、これと本質的に同じ考え方を、日本でもかつて経済学者の都留重人が「フローの社会化」という概念によって、提唱したことがある（都留一九五九、五十一～五十四頁、二九〇～三〇〇頁）。都留は一九三五年にハーバード大学を卒業、四〇年に博士号を取得、四二年に日米交換船で帰国するまで同大学講師を務めていたから、アメリカ滞在時にタグウェルの思想にふれていたかもしれない。

留保利潤税の運命

ブランダイス主義者と計画主義者が、将来のアメリカ経済のあるべき姿として見据えていたイメージはずいぶん異なっていた。前者は独占・寡占企業の弱体化ないしは解体を目指し、後者は独占・寡占をいわば柔らかくコントロールしながら、マクロ経済の発展と安定化を目指す。しかし、両者には一つの共通認識があった。独占・寡占の弊害、端的には生産量の制限と価格の硬直化である。この問題を是正しなければならないという大前提を共有していたからこそ、留保利潤税の導入に関しては見解の一致をみた。経済政策の究極目的において同床異夢だったとはいえ、租税を通じて経済システムに影響を与えることは可能だと信じ、また実際にそれを敢行したことにおいて、両者は共通の知的基盤の上に立っていたと言えるだろう。こうしてローズヴェルト政権は「租税による経済システムの制御」という、歴史的にも稀にみる実験に打って出たのである。

しかし、実験の実験たるゆえんだろうか、ニューディール税制の革新的象徴ともいうべき留保利潤税の運命は儚いものだった。

一九三六年、留保利潤税導入を含む税制改革法案は議会で可決された。もちろん産業界からはかつてないほどの反発・批判が湧き起こったが、これはローズヴェルト政権にとって織り込み済みの事態である。想定外だったのは、景気の動向だった。

一九三七年、ローズヴェルトは一月から大統領として二期目に入っていたが、前年まで順調に回復基調にあった経済が、再び不況に陥ってしまったのである。政権内の展望としては、留保利潤税の導入は中長期的にアメリカ経済の回復に資し、それをより強靱化することに貢献していくはずだった。しかし、このラディカルな法人税が本格的に実施に移されようとするまさにその矢先に不況が始まったことは、新税の門出に暗い影を落とすことになった。仮にそれが真実でないとしても、「留保利潤税こそ不況の元凶」とレッテルを貼られる恐れがあったからである。実際、産業界はその線で大々的な反対キャンペーンを張った。

一九三八年、共和党ばかりか民主党議員の一部も、留保利潤税廃止へと傾きだす。三五年の大統領教書を契機に広がっていた、民主党内における保守派・進歩派の亀裂が、この動きを加速した一面もある。税の継続か廃止か、議会での論戦は激化した。財務省の公式スポークスマンとしてはロズウェル・マギル財務次官が答弁に立ち、留保利潤税が不況の原因になっているという確定的な証拠はないと述べ、継続を議会に対して訴えた。そして下院のロバート・ドートン歳入委員長（民主党）が最終的に、この税が企業活動を阻害しているという非難のほとんどはその妥当性が証明されていないとして廃止案を却下し、免税点を高くして適用除外となる中小企業の範囲を拡大する修正を加えたうえで継続法案をまとめた。これは、留保利潤税がたしかに当初の狙い通り独占・寡占企業に対して配当支払を促すことに成功しているものの、一方で、大企業よりも中小企業により重い負担を与えている問題（中小企業は銀行からの多額の借り入れが困難で、再投資の原資として内部留保を抱えざるを得ない）を改善しようとしたものである（諸富二〇〇八

b)。

しかし、下院よりも保守的な議員構成だった上院では、風当たりはもっと強かった。民主党議員の間にも留保利潤税慎重論、さらには否定論が政権の予想以上に広がっており、ミシシッピ州選出のパット・ハリソンに率いられた民主党保守派は下院法案の大胆な書き直しを行い、留保利潤税の全廃を上院法案に盛り込んだのである。真正面から対立することになった上下院は、両院協議会を開催し、妥協点を探った。結果は、税の継続。だが、これは明らかに、上院と保守派の勝利だった。なぜなら、留保利潤税の残り課税期間は一九三八年と翌三九年に限るとされ、税率は従来の七〜二十七%から二・五%へと大幅に引き下げられ、しかも免税点が五〇〇〇ドルから二万五〇〇〇ドルへと一挙に引き上げられたため、大部分の企業が課税免除となってしまったのだから。この税は事実上「骨抜き」にされたうえで、その存続法案が可決されたのである。ローズヴェルトはただちに、ラジオを通じて表明した。ただし、法案に含まれていたいくつかの改善要素を認めて、法案の内容は承認できないと、拒否権は発動しなかった。せめてもの抵抗は、法案に自らの署名を入れることなく成立させるという極めて異例の措置を取って、不承認の証拠を残すことだけだった（Ratner 1967, p. 479）。

一九三九年、瀕死の留保利潤税に、とどめが刺される。この年の議会公聴会には、チェース・ナショナル銀行のウィンスロップ・オルドリッチやジェネラル・エレクトリック社のオーエン・ヤングなどが産業界を代表して次々と証人として召喚され、留保利潤税が企業内の原資を取り上げて企業投資を阻害し、不況への耐性を失わせたと証言し、この税を延長させることなく三九年末で失効させることを異口同音に求めた。対してローズヴェルトは、代替財源が用意されないかぎり撤廃は認められず、継続すべきだと強く主張した。けっして諦めずに闘ったのである。しかし議会における廃止論の大勢は如何ともしがたく、大統領の影響力をもってしても覆すことはかなわなかった。数カ月にわたる議会との交渉は結局暗礁に乗りあげ、ローズヴェルトはついに、法人による余剰資金の過度な蓄積へのペナルティーの強化と、現行税制が生み出している税収水準の維持を条件に、留保利潤税保持の主張を取り下げると議会に通告せざるを得なかった（Blakey and Blakey 1940, pp. 471-472）。

大統領にとって、これは取り返しのつかないほど手痛い敗北であった。ローズヴェルトは戦時のリーダーシップを訴えて一九四五年まで大統領の座を保ったものの、この間に議会では共和・民主両党の保守派の影響力がいっそう高まり、税制改革の主導権は保守化した議会へと移ってゆく。それが大統領の手に戻ってくることは二度となかった。一九三四年の税制改革に始まり、三五年の「反独占」路線への転換を経て、三六年の留保利潤税導入によって最大のピークに達した革新的なニューディール租税政策は、三九年の留保利潤税撤廃によって終焉を迎えたのである。

年数にすればわずか五年間——たしかに短命だった。にもかかわらず、ニューディール租税政策の意義は大きく、また多面的である。本書ではもっぱら法人課税における急進的な試み、すなわち「反独占」的政策手段としての挑戦的な側面に焦点を絞ったが、他にも、①一九二〇年代の共和党政権下における間接税重視路線を再び直接税中心主義に戻したこと、②高所得者に限定されていた所得税を大衆課税へと転換させて税収を飛躍的に伸ばし、これを基幹税として定着させたこと、③所得税の累進性を高めて税制の所得再分配機能を強化し、これに相続税を組み合わせることによって、富の集中を避けるための現代的税制の基盤を整えたこと、以上三点が銘記されるべきだろう。実際、所得税・相続税・法人税という三つの直接税を基幹とするシステムは、ニューディール期に確立されたものが骨格となって、第二次世界大戦後のアメリカの高度成長と福祉国家化を支え、税制の基本構造を今も担い続けている。このうち所得税は近年さまざまな批判にさらされ、それにとって代わる支出税（所得から貯蓄額を差し引いた、消費に充てられるはずの額に課税する直接税）の導入が提案されているものの、実現する見通しは立っていない。

ところで、ニューディール税制は、財源調達手段としてはどう機能しただろうか。つまり、税収の推移である。

グラフ5を見ると、それまでほぼ横這いだった線が、ある時期を境に突如鎌首をもたげたように上を向き始めている。読者にはすでに見覚えのある光景だろう。一九四一年は、アメリカが第二次大戦に参戦した年。戦費調達の必要性が飛躍的に高まり、著しい税収増加のほとんどは「所得・法人税」によって賄われることになったのだ。グラフ6からは、ニューディール期の直接税シフトにもかかわらず、それまでの間接税重視政策が効いて、概ね一九三〇年代は「内国消費税」比率が、「所得・法人税」比率を上回っていたことが分かる。「所得・法人税」比率は三四年以降、徐々に高まっていくが、本格的に「内国消費税」比率にとって代わるのは、やはり一九四一年のことである。それからは「所得・法人税」比率が「内国消費税」比率を逆転し、四四年には総税収の約八割を占め、戦後も直接税中心の税収構造が定着していく。

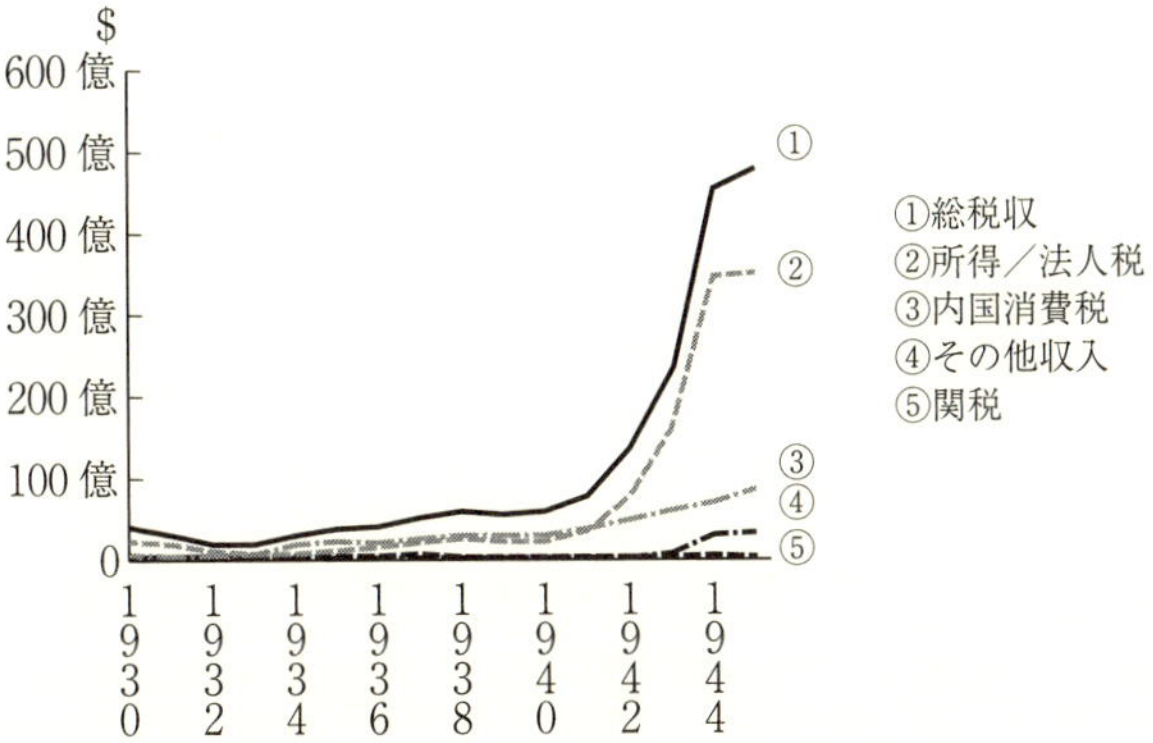

グラフ5　1930〜45年のアメリカの税収額

US Department of Treasury (1981), p. 8 および p. 10, Table 2 より作成（下も）

グラフ6　1930〜45年のアメリカの税収比率

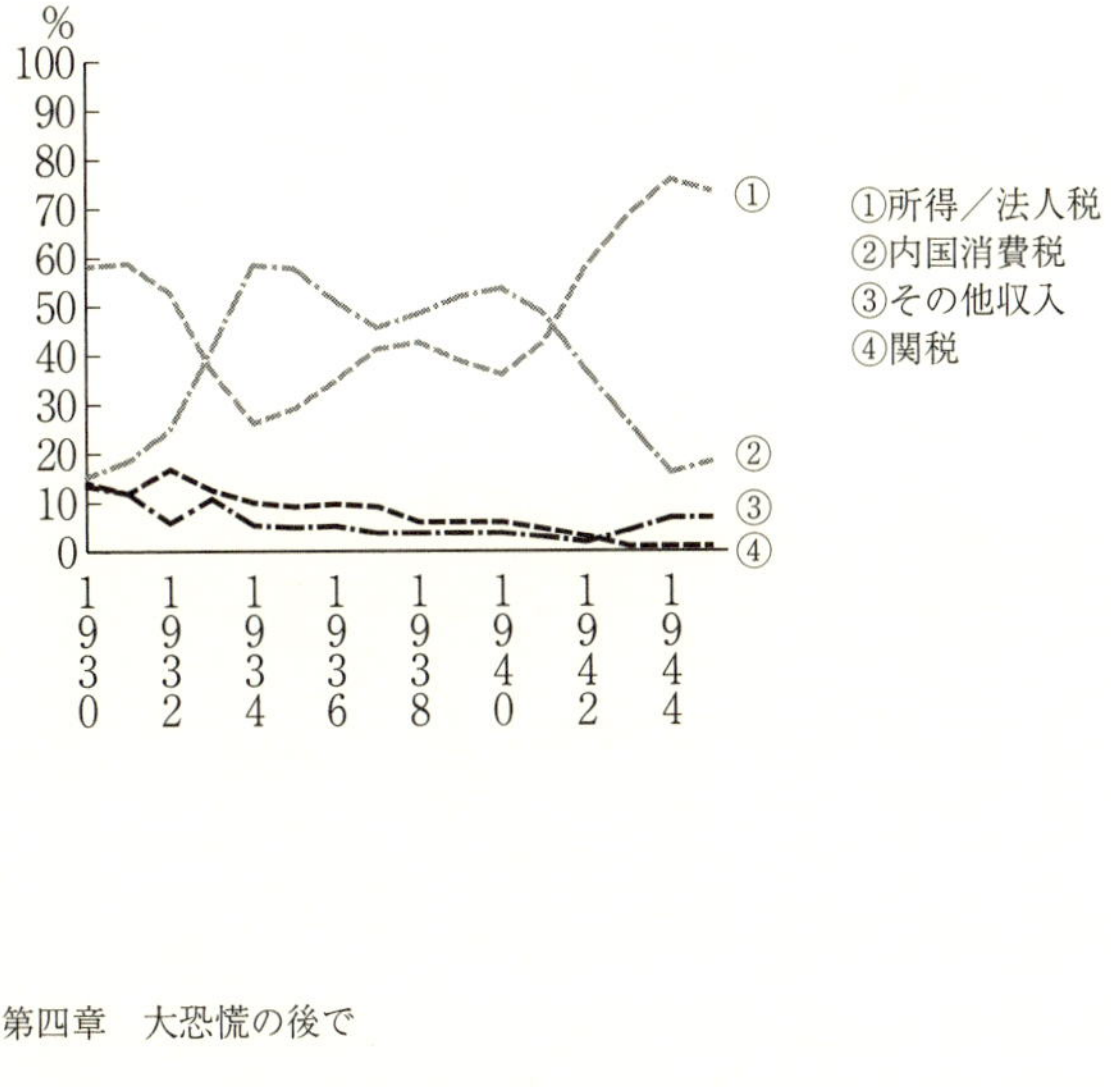

資本主義の無政府性

マルクスは『資本論』の第一巻において、資本主義社会が直面する主要な問題（恐慌、失業、貧困、独占）の根源には、この経済システムがもつ「無政府性」があると指摘している。システム全体を管理するものがいないというのだ。たとえば景気の波を平準化する役割を誰も引き受けないから、景気が過熱して供給過剰になると好景気の絶頂で需給のバランスが崩れ、今度は景気が反転して奈落の底に落ちるように下降局面をたどるという繰り返しを防ぎようがない。したがって周期的に不況が発生し、そのたびに大量の失業者が街に放り出され、貧困問題も悪化する。また、企業は激烈な市場競争に勝ち残り、生き延びるために合併・合同を繰り返すけれども、それを誰もチェックできないので独占・寡占の形成を許してしまう。

このような「無政府性」を克服する途はどこにあるのだろうか。マルクス自身は社会主義経済、つまり計画経済への移行を唱えた。しかし具体的に、誰がどのようにして社会主義経済をつくり、運営すべきなのかについて多くを語らなかった。一方、ドイツ社会民主党やイギリス労働党など、マルクスの考えを受け継いだ社会主義者たちは、「産業の国有化」こそ計画経済を実現するために不可欠な手段だと考えた。つまり、（少なくとも主要な）産業を国有化することで、国家が経済運営の主導権を握り、需給を常に一致させるよう生産計画を立て、国有企業に実行させることで景気循環を克服しうるはずだという論理である。そうすれば失業の大量発生も貧困問題の悪化も未然に防止できるし、独占・寡占化については政府があらかじめ防ぐ手立てをとるか、仮に独占・寡占が成立してもそれを国有化できれば、企業が勝手に生産量を抑制して独占利潤を追求できないようコントロールできる。

こうして、二十世紀ヨーロッパの社会民主主義政党は、経済政策上の最大目標として「産業の国有化」による経済のコントロールを綱領に掲げた。もちろん旧ソビエト連邦をはじめとする社会主義国が崩壊した現代では、欧州の社会民主主義政党もすべて、国有化政策を放棄している。しかし、ちょっと驚かれるかもしれないが、彼らが最終的に「国有化」の旗を降ろしたのは、実は比較的最近のことなのだ。たとえばイギリスの労働党が最終的に「国有化」の文字を党綱領から削除したのは、トニー・ブレアが党首となった翌年、すなわち一九九五年のことである。また、フランスの社会党は綱領に国有化を掲げて一九八一年に政権を獲得したが、国有化政策は経済運営上さまざまな軋轢を生んで壁に突き当たり、ミッテラン政権は早くも八三年には路線を放棄し、欧州統合を推進するための新自由主義政策へと「転回」していった（吉田二〇〇八）。

ともあれ、社会主義が資本主義に対するオールタナティブたりえたヨーロッパでは、「産業の国有化」をスローガンとして掲げることが可能だった。しかし、アメリカでは事情が異なる。社会主義労働党（一八七七年創設）やアメリカ社会党（一九〇一年創設）によるムーヴメントはあったものの、結局のところ共和・民主の二大政党に代わる存在とはなりえず、少数派にとどまった。二十世紀のアメリカでは、社会主義は現実的な政治プログラムとはならず、産業の国有化も政策上の選択肢とはなりえなかった。したがって、マルクスのいう「無政府性」に対処するためには、あくまでも資本主義制度を前提としたうえで、いかに有効な政策手段を考案・実行できるか、という問題の立て方がなされることになる。反独占的政策としては、見てきたように二つの途があった。一つは独禁法による法的規制、もう一つは課税による法人のコントロール。前者は二十世紀初頭にセオドア・ローズヴェルト、ウィリアム・タフト両大統領が好んで用いたものであり、後者は第一次世界大戦中のウッドロウ・ウィルソン政権下で萌芽的に試された。一九三〇年代ニューディール期のフランクリン・ローズヴェルト政権が特筆されるべきは、後者の手法を初めて本格的に用い、国家の政策課税によって市場経済を積極的にコントロールしようとした点にある。

政策課税の問題点

だが、租税を経済政策上の手段として用いることは、そもそも可能なのだろうか。

ここまで本書を読んでこられた読者にとって、「政策手段としての租税」という考え方には、もはやそれほど違和感がないかもしれない。しかしここでは、政策課税が孕むいくつかの大きな問題点に関して、あらためて注意を促しておきたい。

まず、租税の主要目的は国家が必要とする財源を調達する点にあること。租税には財源調達手段と政策手段の両面があることは何度も述べてきたが、主たる側面はあくまで前者である。租税を経済政策上の手段として用いることは、「邪道」ではないにしても、この主要目的と矛盾しないと言い切れるだろうか。たとえば現代的な政策課税、「政策手段としての租税」の典型ともいうべき「環境税」の場合を考えてみよう。これは一九六九年に世界で初めてフランスが「排水課徴金」として導入し、当初は水質汚濁や大気汚染や廃棄物問題に対する比較的小さな課税だったけれども、一九九〇年以降は地球温暖化問題に対処するための「炭素税」、すなわち化石燃料にひろく課税される比較的税収の大きな税として、スウェーデン、イギリス、ドイツなどの先進諸国でも定着していった。日本でも長い議論のすえ二〇一二年に、事実上の炭素税である「地球温暖化対策税」が導入されたことはまだ記憶に新しいところだろう。個々の名称は別にして、環境税は、地球温暖化を防ぐためにCO_2など温室効果ガスの排出に対してかけられる。すると、温室効果ガスを排出している企業は、この新たな税負担をできるかぎり節約するため、CO_2排出の削減を考えるようになるだろう。そして実際そうなれば、環境税の政策目的は達成される。ところが、環境税の狙い通りにCO_2の排出が短中期的に減少してしまうと、今度はその時点で、肝心の税収が上がらなくなってしまう。言い換えると、租税の副次目的（政策の遂行）が主要目的（財源の調達）を阻害してしまう。あちらを立てればこちらが立たず。政策課税にはつねにこの問題がつきまとうのだ。

次に、代替手段の問題がある。つまり、他に手はないのかということである。たとえ政策課税の目的が正しいとしても、その実現のために税制を用いることが望ましいのか。他の法的手段や行政的手段による規制を課すことで、同じ目的がより効果的に達成できるのではないのか。この問題は、そのつど慎重に検討されるべきだろう。

さらに、政策課税の導入が経済にもたらす副作用も考慮しなければならない。一般に税制には「経済に対する中立性」が求められる。租税はそれ本来の目的である財源調達に特化されるべきであり、経済への副作用はできるかぎり最小化しなければならず、課税によって労働供給が減少したり、企業の経済活動や金融の流れが阻害されたりすることのないようにしなければならないという要請である。この種の考え方は、第二次世界大戦後のアメリカで、とりわけ法人税に関して主流となっていった（戦前に導入された超過利潤税、累進法人税、そして留保利潤税はいずれも第二次大戦の終了までに撤廃、ないしは下方修正されている）。一方、政策課税は、新たな税制によって市場に関与し、特定の政策目的に沿った方向へと企業活動を誘導し、場合によってはマクロ経済のあり方をもコントロールしようとする点に、その最大の特徴がある。これはたしかに、経済に対して「中立的」ではない。だが政府のこのような非中立性は、市場メカニズムが何らかのかたちで機能不全を起こしているとき、いわゆる「市場の失敗」が認められるときには、経済学的にも正当化されるべきだろう。一例を挙げれば、環境問題が発生したときである。この場合、政府は環境問題の発生原因者に、汚染物質の排出量に応じて課税し、企業行動を排出削減に誘導することが必要になる。税制があえて中立性を放棄し、課税によって経済を一定の方向に誘導することで初めて、経済的な最適状態を回復させられる場合が確かにある。独占・寡占に関しても同様に、その弊害を是正するために、独禁法のような法的・行政的な規制手段よりも税制の方が有効な場合があるだろう。

最後に、そしてもっとも重要な問題点は、課税権力と民主主義の関係である。ニューディール期の文献を読んでいると、頻繁に「課税権力（Taxing Power）」という言葉が出てくる。これは、「国家は市民や企業から租税を強制的に徴収する権力をもっている」という意味だけでなく、「国家はその政策目的を達成するために、租税を政策手段として積極的に行使できる権力をもっている」という意味で用いられている。当時のアメリカの経済学者や財政学者が、租税を政策手段としても承認しつつあったことを示す、きわめて象徴的な言葉である。たとえば、のちに「シャウプ勧告」（一九四九、五〇）によって戦後日本税制の基礎を築いたあのカール・シャウプが研究主幹を務めた「二十世紀財団租税委員会報告書」（一九三七）などは、一九三〇年代のアメリカ税制を展望し、政策課税がいまやアメリカ税制の切り離せない一部として定着したことを認め、政策目的の達成を、財源調達と並ぶ租税の主要目的の一つとして位置づけている（Committee on Taxation of the Twentieth Century Fund 1937）。

しかし、課税権力は諸刃の剣となりうる。政府はつねに賢明とは限らないし、いったん課税権力を握った政府が暴走しないとも限らないからだ。もし政府が思いのままに課税権を濫用するなら、それはジョン・ロック以前、すなわち近代以前の世界への逆戻りを意味するだろう。そもそも、政府によるそのような暴走を許さないためにこそ、かつてのイギリス市民社会は「租税協賛権」を獲得したのだった。課税権力をもつ政府に対しては、議会というもう一つの権力、市民社会から直接選ばれた代表からなる権力が拮抗し、チェック・アンド・バランスを効かせなければならない。たとえば独占・寡占企業の弊害を是正しようとする場合、市民社会はその仕事を課税権力に委託せざるを得ないけれども、また同時に、いったん政府に委託した課税権力が不正に行使・濫用されることのないよう、議会を通じて監視しなければならない。ときには政府の課税権力を停止する権利（ロックのいう抵抗権・革命権）を行使しなければならないかもしれない。一方で委託、他方で監視ないしは停止。企業活動のコントロールをめぐって、市民社会と政府の関係は両義的なものとなる。

市民の「道具」としての租税

課税権力の問題は、「租税とは何か」について、これまでより広い視野のもとで考え直すきっかけを私たちに与えてくれる。つまり、国家・法人・市民という三者の関係のなかで、租税を位置づけ直してみることである。まず、三者の関係を簡単な概念図として描いてみると、左のようなものになる。

この三者のうち、資本主義経済を実際に動かしていく主導的役割を担っているのは、法人（企業）である。法人は多種多様な財・サービスを人々に供給することで所得と富を創出する源泉となっているが、他方で利潤最大化を目指すため、結果として独占・寡占を形成したり、環境問題を引き起したりして、「市場の失敗」をもたらす元凶になることもある。つまり、法人にとっての私的な最適性は、必ずしも社会全体の最適性と合致しない。

このとき市民は、法人に対して少なくとも二つのルートで影響を与え、その私的行動を社会全体の最適性と合致させるよう誘導することができる。一つは法人に対して直接働きかけるルートであり（図の①）、もう一つは国家を通じて間接的に働きかけるルートである（図の②→③）。市民は消費者、納税者、投資家といったさまざまな顔をもっているわけだが、①の場合、そのさまざまな特性にそくした働きかけがなされる。たとえば、市民は消費者として自らの消費行動を変化させ、あるいは消費者運動を通じて企業に影響を与えることができる。また、投資家として自らの投資対象を、社会にとってより好ましい行動をとる企業へとシフトさせ（いわゆる「社会的責任投資」）、あるいはもっと直接的に、株主として株主総会で議決権を行使したり株主代表訴訟に訴えたりして、企業に影響を与えることもできるだろう。

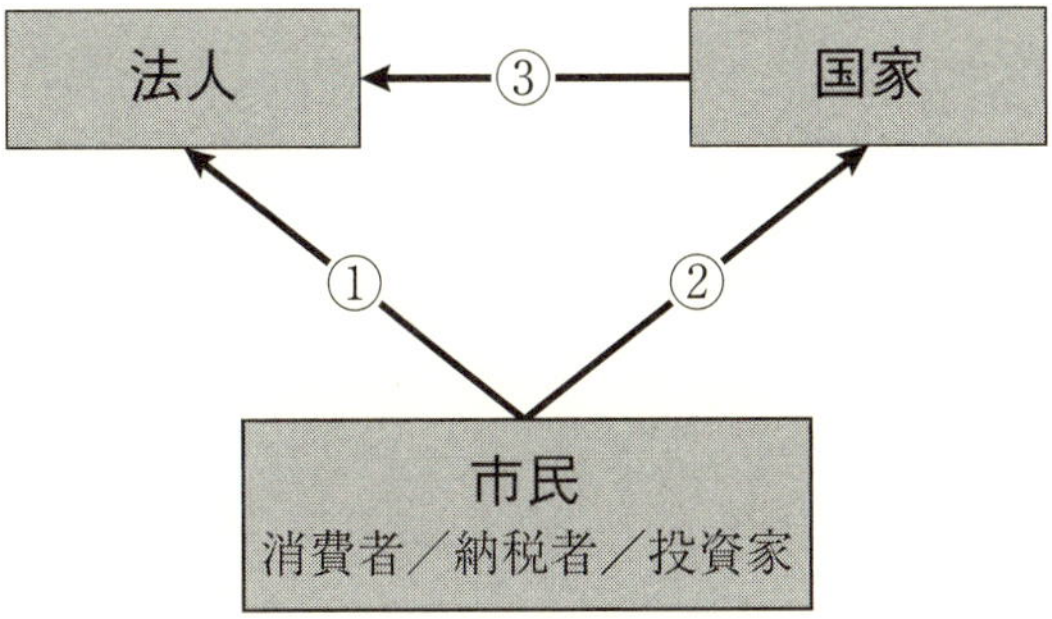

　もっとも、これら直接的な方法は標的とする企業や産業セクターが特定されている場合には有効だが、広く法人部門全体にわたって継続的な影響を与えていくには、当然ながら法人課税を用いる方が効果的である。それが②→③のルートである。ただ、この場合は、法人課税を政策手段として用いることについて議会で合意形成を図らなければならない。議会はさまざまな利害の集合体なので、これまで見てきたアメリカ税制史でも明らかなように、必ずしも合意が得られるわけではないけれども、一定の条件下では合意形成がなされるだろう。たとえば大恐慌後のニューディール期のように、少数の法人（独占・寡占企業）による市場支配が失業や貧困など市民社

会に深刻な影響を与えていることが一般に広く認識されており、問題解決のために法人税を政策手段として用いることが有効だと示されているような場合である。

さて、租税をこのように国家・法人・市民という三者関係のなかに位置づけ、しかも「市民からの法人への働きかけ」という視点に立つと、租税に対する見方がかなり変わってくるのではないだろうか。

いささか図式的に腑分けすることになるが、これまで租税については次のような考え方があった。第一に、国家から提供される便益（生命と財産の保護）への対価として市民が支払うもの。この租税観は市民革命期のイギリスで確立された、いわば「権利」としての税である。第二に、国家が市民から強制的に徴収するもの。これは十九世紀のドイツで強調された租税観であり、いわば「義務」としての税。ただし、国家の側からすれば、いずれも財源調達手段としての側面に重きが置かれている。対して第三に、経済・社会政策を実施するために必要であり、有効なもの。これは一九三〇年代のニューディール期にもっとも先鋭化した租税観であって「政策手段」としての税である。たしかに「社会政策としての租税」という考え方自体は十九世紀ドイツの財政学者アドルフ・ワーグナーにも先駆的に見られたが、ワーグナーの議論はあくまで国家による「上から」の社会改良のためのものだった。一方、ニューディール税制は国民の強い反独占感情を背景に、経済学者たちの理論的・実証的分析を踏まえ、議会での論戦を経て、「下から」の民主主義的手続きによって実施された。

この「下から」の方向性を徹底させ、そして「市民からの法人への働きかけ」という視点に立つならば、「政策手段としての税」は政権の手にあるだけでなく、たとえ間接的な形ではあれ、私たち自身の手にあると考え直すことができるだろう。つまり、「市民社会が租税を自らの道具として使いこなして経済をコントロールする」という租税観、新たな政策課税論への転換である。納税者たる市民は、議会を通じて、課税権力の行使を国家に委託する。そのとき、租税は市民にとってさまざまな社会問題を解決するための間接的な「道具」になりうる。それはまた、国家をも、市民社会がよりよい社会を形成するために使いこなすべき「道具」として把握し直すことにもつながっていくだろう。

もちろん言うは易く、行うは難しである。課税権力が実際にどう行使されているのか、そのチェック・アンド・バランスにしてからがむずかしい。また、そもそも国家を人為的に「製作」（ホッブズ）したという自覚のないわが国では、それを「道具」として使いこなすという発想は馴染みが薄い。しかし、「税金とは仕方なく納めるもの」といった義務的納税倫理から自由になるだけでも、私たちの社会意識はずいぶん変わってくるのではないだろうか。

第五章　世界税制史の一里塚——二十一世紀のＥＵ金融取引税

税のあり方は時代とともに変わる。現代の私たちにとって所得税はあたりまえのことだが、この税制がアメリカで今からちょうど一〇〇年前に恒久化されるまで、二大政党のあいだには激しい意見と利害の対立があった。「政策手段としての租税」という考え方にしても、一九三〇年代にはまだ新しい挑戦的なものだった。市場経済に積極的に関与していくというニューディール期に確立された租税国家のあり方は、たしかにその後も先進諸国にとってひとつのモデルであり続けたわけだが、しかし資本主義という経済システムは変貌を遂げてやまない。税のあり方は時代の流れや経済のあり方にどこまで追いついているだろうか。あるいは、追いつこうとしているのだろうか。

その意味で今もっとも注目すべき新しい税といえば、それは「金融取引税（Financial Transaction Tax）」だろう。わが国の一般消費者にはまだなじみの薄い税かもしれないけれども、これは、金融機関による株式・債券・金融派生商品（デリバティブ）などの取引に課されるものである。

先頃（二〇一三年一月二十二日）、ＥＵ（欧州連合）の「経済・財務相理事会」は、ドイツやフランスを含む十一カ国の加盟国が共同でこの金融取引税を導入することを承認した。日本のように株式取引に税を課している国は多いが、イギリスや台湾のように株式にとどまらず全ての金融取引を対象に金融取引税を導入している国はきわめて少なく、まして複数の国家が国際的に協力して共同導入するのは世界でも初めてであり、租税史上、あらたな画期となるにちがいない。実施は早ければ二〇一四年一月、この新税によって見込まれる税収は最大で年間四三三九億ユーロ（約五十二兆円）に達するという。割合は未定だが、税収をEUと加盟諸国が分け合う「共通税」の形をとることも特筆すべきである。というのも「課税権力」とは従来、国家主権の中核的要素の一つであり、いわば近代国家の存立根拠そのものだったからだ。しかし、今回の金融取引税導入は、EU加盟国がその課税権力の一部をEUという超国家組織に移譲することを意味しており、資本主義国家が大きな歴史的転換点を迎えつつあることを示唆している。税制という側面から見ても、私たちは今、近代国民国家時代の終わりの始まりを生きているのかもしれないのである。

それにしても、金融取引に課税するというアイデアは、なぜ生まれてきたのだろうか。直接のきっかけは勿論、二〇〇八年のリーマン・ショックである。本書で何度も見てきたように、これまではもっぱら戦争のような国家的危機が租税システムを激変させてきたが、今回は様相がいささか異なる。国際的な金融危機が引き金となったのである。さらに、その淵源にあるのは経済のグローバル化と金融化、すなわち一九七〇年代以降に加速した資本主義的経済システムの変貌である。EUによる金融取引税の導入は、このような時代の移り変わりに必死で対応しようとしているのだ。では、それは一体どんな「移り変わり」だったのか。そして、従来の租税思想は、この移り変わりをどの程度予期していたのだろうか。

資本主義経済システムの変貌

ニクソン・ショック

「グローバル化(Globalization)」という用語は、とりわけ一九九〇年代以降、時代のあり方を指し示すキーワードの一つとなった。最近では政治から芸術までさまざまな領域でグローバル化が議論されるが、その中核ともいうべき「経済のグローバル化」とは一般に、貿易・直接投資・金融という三つの局面で、国境を超える相互影響が強まる現象を指している。

その強まり具合は数字が如実に物語っている。たとえば世界貿易の規模は一九八〇年から二〇〇五年の間に、実質ベースで五倍に、また世界のGDPに占める比率は三十六%から五十五%に拡大した(IMF 2007)。対外直接投資も同様に顕著な拡大傾向にあり、なかでもサービス(電子商取引やコンサルティング・サービス、保険・金融業など)の対外直接投資に占める比率は、七〇年代初頭には二十四%だったのが八〇年代には五十%にまで伸びている。しかし、なんといっても劇的な拡大傾向がみとめられるのは金融である。国境を超える金融取引は八〇年代以降倍増し、一九九〇年には世界のGDPの五十八%にすぎなかったのに、二〇〇四年には一三〇%にまで拡大し、今や実需にもとづく取引(実物経済)をはるかに上回っている。経済のグローバル化にとって、金融こそ最大の推進力なのである。

　こうしたグローバル化の端緒は、一九六〇～七〇年代における多国籍企業の成長だった。企業は多国籍化すると、当然ながら国境を超えて頻繁に資本を移動させなければならない。一方、第二次世界大戦後の高度成長期を支えた国際通貨システムは、固定相場制であった。日本の場合でいえば、一ドル＝三六〇円の相場で為替レートが固定されていた時代である。この固定相場制は、国際的な資本移動に対する規制を前提として成立するシステムだったため、多国籍企業はこれを嫌い、より自由な資本移動が可能な変動相場制の支持へと傾いていった。

　一九七一年八月、当時のアメリカ大統領ニクソンは、ドルと金の交換廃止を発表した。ニクソン・ショックである。第二次大戦直後の一九四五年十二月以降、四半世紀にわたって戦後の国際通貨システムを安定化させてきた「ブレトンウッズ体制」が、ここに崩壊する。ドルを世界の基軸通貨とし、金一オンス＝三十五USドルと定め、そのドルに対して各国通貨の交換比率を固定的に定めたこの国際通貨体制は、西側諸国の政府にそれぞれの国内で裁量的な財政金融政策を実行する条件を整え、未曾有の高度成長をもたらした。また、ブレトンウッズ体制は、完全雇用を目指す各国の経済政策の実施とも表裏一体となって運用されていた。アメリカ国内ではいわゆる「ケインズ連合」、つまり進歩的な連邦政府官僚と実業家、そして労働組合からなる連合体がこの体制を政治的に支持し、フランクリン・ローズヴェルト政権以降、盤石の政治的基盤を誇っていた。ケインズ連合の下では、金融はいわば産業社会の僕《しもべ》として取り扱われ、実物経済の発展を下支えすることがその役割だという共通了解がなされていたのである。今から振り返るなら、ブレトンウッズ体制の本質は、金融が実物経済から離れ、実物経済に対する支配者となることがないようコントロールする点にあったと言えるかもしれない。しかし、一九六〇年代のベトナム戦争などで疲弊し、大幅な財政赤字を抱えたアメリカの国力低下によって、ドルはもはや世界の基軸通貨の役目を果たせなくなり、固定相場制は変動相場制へと途を譲る。

金融が資本主義を変えた

変動相場制への移行は、一見すると企業活動の妨げになるように思われるかもしれない。為替相場は日々変動するようになり、場合によっては乱高下するため、血のにじむような努力で企業が生み出した利益が一瞬にして吹き飛んでしまうこともあるのではないか。しかし、企業はやがて、金融機関の協力を得ながら、日々変動する為替レートと巧みに付き合う術を身につけていった。さまざまな金融派生商品を開発することによって、為替変動のリスクをあらかじめ回避できるように努め、さらにはそこから莫大な利益さえ生み出すようになっていったのだ。ちなみに金融派生商品の起源とされる通貨スワップ債（異種通貨間で異なる金利を交換する取引）を一九八一年に初めて創り出したのは、ＩＢＭの求めに応じたアメリカの投資銀行ソロモン・ブラザーズ（当時）だったという。

これら金融派生商品の開発にともない、投機的な通貨取引がいちだんと白熱していった。現在では、実需取引（貿易や対外直接投資の決済のための通貨取引）をはるかに超える投機取引が行われており、全通貨取引の七十~八十%を占めるとすらいわれる程である。このように増大したグローバルな資金移動は、国境で資金の流出入をコントロールする各国政府に対して、大きな圧力を加えることになった。ときにその圧力は、「通貨危機」という形で何度か表面化することになるわけだが、各国政府は国際的な資本移動に対するコントロールを維持しつづけることに困難を感じ、一九七〇年代後半から八〇年代にかけて次々に規制を撤廃していく。もはや国境を超える大規模な資本移動を抑えるのではなく、それと整合的な金融制度に、国内システムを造り変えていくことを目指し始めたのである。その帰結が、八〇年代に各国で行われた「金融自由化」である。

金融自由化の要点は三つある。国内的には、①金利に対する規制を廃止して市場の自由な決定に委ね、「規制金利システム」から「自由金利システム」への移行を促すこと。②銀行と証券の業態間の垣根を取り払って相互乗り入れを促進し、競争を促すこと。また対外的には、③資本の国内外移動に対する制限を撤廃し、国際的な資本移動の自由化を促すこと。一九八〇年代以降の各国の金融政策は、対外的な「金融のグローバル化」と国内的な「金融自由化」が不可分な形で推進されていく。

金融自由化は、資本主義的な経済システムのあり方を、予想以上に大きく変えていった。金融自由化が金融のグローバル化と相まって進行することによって、国際的な資本移動が飛躍的に増大したのだ。その様子は左のグラフに明らかである。世界の通貨取引高は、二〇〇〇年の「ITバブル」崩壊でいったん縮小するが、二〇〇八年のリーマン・ショックにもかかわらず、二〇一〇年まで一貫して右肩上がり。一九八九年からの約二十年間で八倍ちかくにまで飛躍を遂げてい

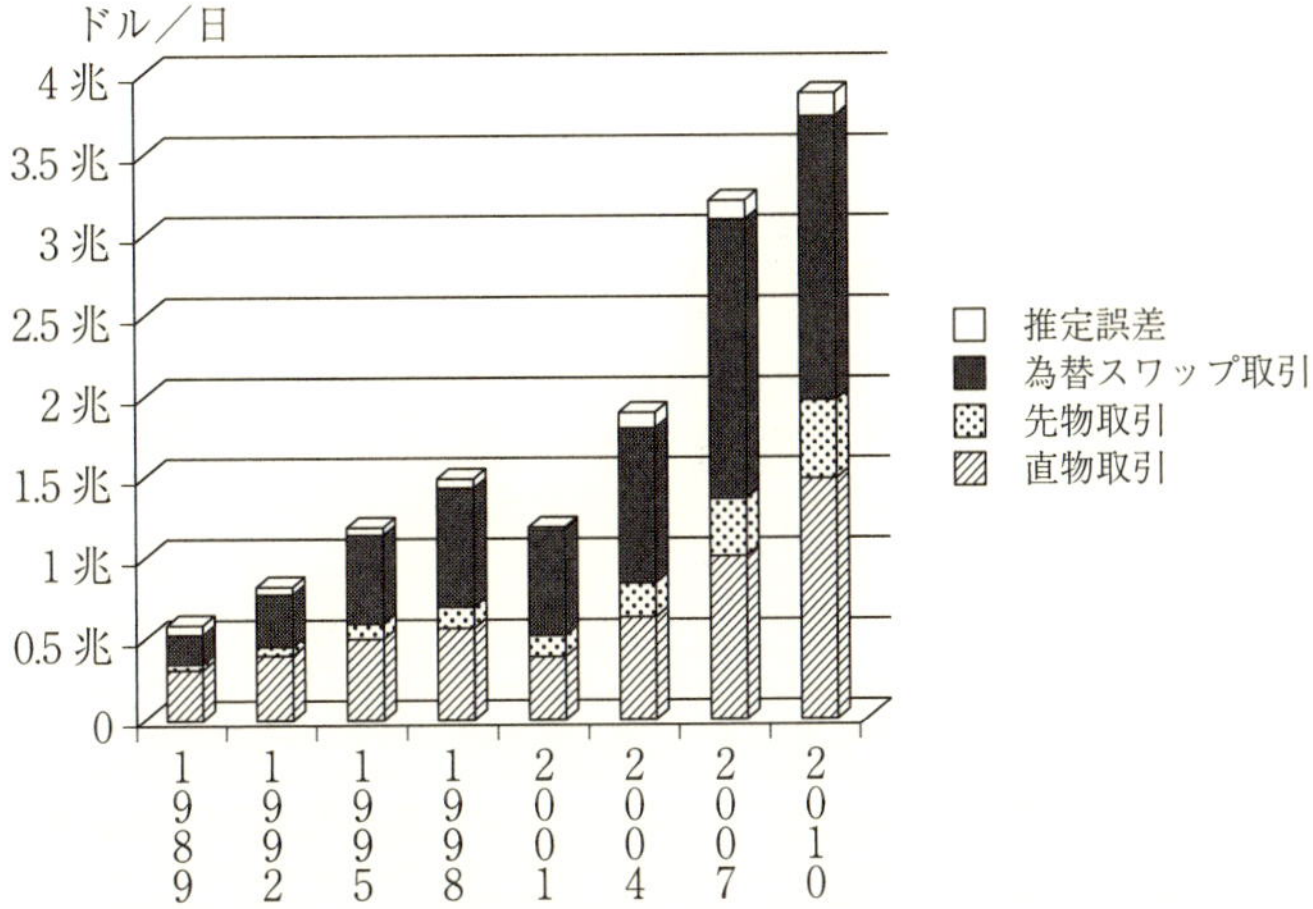

グラフ7　この四半世紀の世界の通貨取引高　Bank for International Settlements (2002), p. 5, ibid. (2007), p. 4, ibid. (2010), p.7 より作成。ただし、2010 年版では統計の集計方式がこれまでとは異なっているので、筆者にて 2002 年版および 2007 年版と整合がとれるよう調整を図った。このため、通貨取引高総量が現データとは若干異なっている。

る。

通貨取引には①直物取引、②先物取引、③為替スワップ取引の三種がある。①は、たとえば円と外貨を交換する約束を締結したら、その時の為替相場で直ちに行われる取引のこと。一方、②と③はどちらも、通貨価値変動リスクに対処するための手法として発達してきた。②は、将来の一定日時に一定の価格で売買することを現時点で約束する取引で、これは将来のある時点で通貨価値が変動して思わぬ損失を被るリスクを回避するための工夫である。③は、直物の売りと先物の買い、あるいは直物の買いと先物の売りを同時に同額で取引することによって、リスクを回避しようとするものだ。近年はとくに③の伸びが目をひく。

金融自由化は実物経済に多大な影響を与えた。一九八〇年代のスウェーデンと日本、二〇〇〇年代のアメリカと欧州など、金融自由化を進めた先進各国はいずれも、資産バブルの発生とその崩壊に見舞われている。これらの事例に共通してみられるのは、バブルが発生し、それが崩壊した後に金融ショックが生じ、それが今度は実物経済に悪影響を与え、経済を不況に巻き込んでいくという構図である（宮崎一九九二）。リーマン・ショックを契機に世界大不況と金融危機にまで発展したあの混乱も、そもそもはアメリカのサブプライム・ローン問題、すなわち住宅資産をめぐるバブルの生成とその崩壊から始まった。これは金融ショックが実物経済を動かすようになった時代の象徴的な出来事であり、経済を規定する力が「実物経済」から「金融経済」へと移ってしまったことを私たちにまざまざと見せつけたのだった。

ケインズの「美人投票の論理」

変動相場制への移行や金融自由化は、金融に関する諸決定を市場に委ねることによって非常に好ましい結果をもたらすと、従来の経済学では強調されてきた。その代表的論客は、一九七六年にノーベル経済学賞を受賞したミルトン・フリードマン（一九一二～二〇〇六）である。彼は、変動相場制の下では為替レートが市場の需給条件を反映して決定されるので、固定相場制の場合よりも効率的な資源配分を達成できると主張した（Friedman 1953）。ただしこの主張には、為替レートはつねに速やかに変動して通貨に対する需給の不均衡を迅速に調整でき、また市場はつねに経済の基礎的条件（ファンダメンタルズ）を正確に反映している、という二つの仮定が前提となっている。いわゆる「効率的市場仮説」である。もしこの仮説が成り立つなら、バブルの生成と崩壊はありえず、通貨危機も発生することはない。

ところが、現実はむしろ逆の兆候を示し、金融は不安定性を増しているようにみえる。なぜだろうか。この問題に関しては、ケインズが『雇用・利子および貨幣の一般理論』（一九三六）で披瀝した洞察が、今なお傾聴に価する。同書の第十二章「長期期待の状態」で、二十世紀において金融市場が著しく不安定性を高めた一要因は「所有と経営の分離」にあるとケインズは述べている。先に紹介したバーリ＆ミーンズ『近代株式会社と私有財産』のテーゼを踏まえながら、ケインズが注目したのは、株式保有の分散化が二十世紀の「大衆社会化」と相まって進展した点だった。素人の投資家が大量に参入し、一九二〇年代のニューヨーク株式市場は活況を呈したのだが、他方でそれが危機の芽を育てることにもなったと言うのである。

ケインズによれば、株式市場に参入した素人投資家の大部分は実業に関わっておらず、彼らの下す評価は往々にしてビジネスの実情から乖離したものであり、その結果、市場の本質にとって明らかに重要でない情報が株価形成に影響を与える傾向が顕著になってゆく。すると、たとえ経済的基礎条件には影響を与えない要素であっても、それをめぐる市場参加者の突然の意見の変更が生じれば、「群集心理」に巻き込まれて市場価格は激しい変動にさらされ始める。このような株式市場の大衆化を踏まえると、職業的投資家にとっての最適な行動はもはや彼らの専門知識を生かした長期投資を実行することではなく、群集心理に影響を与える諸要因を分析し、三カ月先とか一年後の相場がどうなるかをよりよく見通して、他人を素早く出し抜いて儲けることになるはずだ。

これがケインズの有名な「美人投票の論理」である。つまり、美人コンテストで誰が優勝するかを当てるゲームで勝利を収めるには、自分の好みにしたがってはならない。自分が真の美人だと判断する女性に一票を投じるよりも、むしろ他の投票参加者の好みを予測し、いかにも最大得票を獲得しそうな女性に賭けることの方が勝利への近道になる。大衆化した株式市場で勝利を収める方法は、これとまったく同じなのである。「美人投票の論理」は、金融市場の価格形成がなぜ「効率的市場仮説」のようにつねに経済的基礎条件を正確に反映したものとはならず、ますますそれから乖離する傾向があるのかを、二十世紀前半に始まった株式保有の分散化・大衆化の側面からじつにうまく、そして先駆的に説明してみせている。

ケインズの議論でもう一つ重要なのは、「不確実性下での意思決定」である。現代の投資家は先行きの見通しにくい状況のなか、きわめて不完全・不確実な情報の下で意思決定せざるをえないことをケインズは強調している。投資家はそこで、現在の状態が将来も継続するであろうという意味での「慣行」に頼ることになるが、この場合、彼らは自己資金を、いったん決定すると取り返しのつかない長期投資よりも、いつでも変更可能な短期投資に振り向けようとするだろう。リスクを回避したいからである。投資家たちはまた、さほど重要とは考えられないような情報に対してもひどく敏感に反応するようになる。こうして、短期志向の強まる株式市場において資金の流れは変動性を高め、金融市場の不安定性は増大していく。

では、金融市場の過剰な変動性にはどう対処すべきか。「投資物件の購入を、あたかも結婚のようなものにすること、死やその他重大な原因による以外には解消できない恒久的なものにすることが、おそらく今日の害悪を救う有効な方策になるだろう」と、ケインズは述べている。このように強制されれば、人々は投資決定に際してあたかも人生の一大事を前にしたかのように慎重になるだろうし、短期志向から長期志向に転じ、また長期収益をじっくり見極めて判断するようになるはずだというのである。もちろん現実には、人々の意思決定をこのように強制的に縛ることはできない。どうすればよいのか。

ロンドン株式取引所における取引に付随するジョバーの「売買差益」、ブローカーの高い手数料、大蔵省に納める重い移転税は市場の流動性を減少させ、ウォール街の特徴となっているような取引の大部分を取り除いている。合衆国において投機が企業に比べて優位である状態を緩和するためには、政府がすべての取引に対してかなり重い移転税を課することが、実行可能で最も役に立つ改革となるであろう。

（Keynes 1936　邦訳版一六〇頁）

ケインズが現実的に実行可能な方策として提案したのは「証券取引に対する課税」だった。EUの「経済・財務相理事会」が先頃導入を承認した「金融取引税」の租税思想的な起源を、ここに見定めることができる。

リーマン・ショックを予言したミンスキー理論

一九三〇年代になされたケインズの洞察は、経済を規定する力が「実物経済」から「金融経済」へと移った現代資本主義の本質を、すでに見抜いていたようにさえ思われる。この洞察を踏まえ、さらに豊かな理論化を図ったアメリカの経済学者がいる。ハイマン・ミンスキー（一九一九～九六）。その「金融不安定仮説」（Minsky 1982; 1986）を見てみよう。

ミンスキー理論の特徴の一つは、ケインズの「不確実性下での意思決定」という考え方を引き継ぎながら、なぜ景気循環が生じるかをうまく説明してみせた点にある。この特徴はとくに彼の投資理論において明らかである。ミンスキーの「金融不安定仮説」の議論の要点は、企業が投資を行うにあたって、その原資を金融機関のような外部から調達することから始まる。

景気拡大局面では、その企業の将来における収益性について、人々は楽観的な見通しをもっている。実際、この局面では企業活動は順調に拡大して収益も増加し、借入金の返済も順調に行われるため、楽観主義は現実によって裏づけられ、さらに強化される。たしかに企業は投資を活発化させ、工場などの実物資産も増加させるが、しかし一方でそれを賄うための借入金をそのつど増大させ、資金調達構造においては必然的に借入金比率が高まる。この規模拡大は「貸し手リスク」を高めることになるので、金融機関はそれを抑制すべく、流動性の高い資金、返済期限の短い資金を供給しようとする。つまり企業側からいえば、多額の債務を短期で借り換えながら事業拡大資金を賄っていくことを迫られるわけである。こうして企業は、流動性が低い実物資本を膨らませる一方、流動性の高い債券をより多く発行するという財務状態になる。

こういう状態に入ることを、ミンスキーは「投機（Speculation）」と呼んだ。ただし、景気過熱が続く限り、金融機関の側にも投機を支えて自らの収益を最大化する動機づけが働く。彼らはさまざまな金融商品を開発し、短期金融市場を発達させて企業の投機を支えるばかりでなく、彼ら自身も投機ポジションを強めることになる。この結果、リーマン・ショックの引き金となったサブプライム・ローンがまさにそうだったように、金融市場では全体の債務構成が複雑化して見通しが利かなくなり、金融取引主体が相互に短期債務の発行で依存しあう「短期債務の重層化」が進行する。この状態はきわめて脆弱で、投資家にとっては「意思決定の不確実性」を確実に高める。もし何らかのきっかけ、時にはほんのちょっとしたきっかけで楽観主義が悲観主義へと転化すれば、市場参加者はわれ先にと市場から逃げ出し、たちまち大混乱が引き起こされる可能性が高まる。

実際、このような景気過熱は永遠には続かない。企業の投資拡大から得られる追加的な収益は徐々に低下する。それにつれて、企業の債務返済能力は次第に疑わしいものになっていく。これをいち早く察知した市場参加者（近年ならスタンダード＆プアーズのような格付会社）が当該企業の評価を引き下げるとき、景気の下降局面が始まる。資金の借り手である企業は、短期で債務を借り換えることが非常に困難になっていることに気がつく。不安を感じた市場参加者は、国債のようなより安全な運用先を求めて、危険な短期金融市場から逃げ出し始める。投資拡大を支えていた短期資金はこうして枯渇し、投資抑制の引き金となって景気は本格的な下降局面に入る。業績の悪化した企業は自らの手元資金を債務返済に振り向けることで生き残ろうとするが、命脈の尽きた企業は倒産せざるをえない。重層化した市場では、回収不能な債務が折り重なって累増していき、危機がそれこそ燎原の火のごとく他の市場参加者に伝播する。金融市場はパニックに陥る。悪循環が始まり、実物経済もまたこの金融ショックに引きずられて、奈落の底に落ちてゆく……。

ミンスキーが一九七〇〜八〇年代に提示したこのような分析は、リーマン・ショックに端を発する世界的な不況と金融危機のプロセスを、あたかも予言していたかのようだ。金融が実物経済を揺さぶるさまをうまく理論化している。もちろん、ミンスキーが当時前提としていたさまざまな短期金融市場や金融商品の発達は、その後いちだんと加速化し、投機的金融の破壊力は彼が想定していた以上に成長してしまった。しかし、ミンスキー理論の現代的意義は、「投機」が資本主義の例外現象ではないことを明らかにし、むしろ「金融化」の進展した現代資本主義にとって必然的なプロセスですらあることを示した点にある。

もっとも、このような理論化をなし遂げながら、彼の政策提言は意外と平凡なものだった。景気循環が極端にならないよう市場機能をある程度制約し、政府が所得分配の平等化政策をとることで消費を喚起し、社会の総需要を安定的に保つべきだというのである。これはケインジアンなら誰でも提唱する政策であり、独自性は感じられない。ケインズが『一般理論』で提示したあの「証券取引税」構想を発展させたのは、ミンスキーと同時代のアメリカを生き、一九八一年にノーベル経済学賞を受賞した人物だった。その名をジェームズ・トービン（一九一八〜二〇〇二）という。

トービン税とは何か

頻発する通貨危機

国際的な通貨取引に課される税のことを、一般に「トービン税（Tobin Tax）」と呼ぶ。ジェームズ・トービンが提唱した税制だからである。EUが導入を決めた「金融取引税」は広義のトービン税、あるいはトービン税の発展・拡大版と言ってよい。トービンが「ある通貨と他国通貨との現物交換のすべてに、たとえば一％といった、国際的に合意された一様な税を課す」というアイデアを初めて示唆したのは一九七二年のことである。それはプリンストン大学ジェンウェイ講座のための講演だった（Tobin 1974 邦訳版一一二～一一五頁）。七二年といえば、ブレトンウッズ体制崩壊の翌年である。変動相場制に移行した世界経済において国際通貨取引がますます活発化するであろうことを見越し、トービン税を導入すれば投機的な通貨取引を抑制でき、ひいては通貨価値の安定がもたらされるのではないかと考えたのである。

この斬新な税制構想は一九八〇年代半ばまでは、およそ「非現実的」なプランだとして経済学者たちのあいだでは問題とされず、ほとんど無視されていた。しかし近年、トービン税に対する関心は国際的にも高まる一方である。その背景には通貨危機や金融危機の頻発がある。

この四半世紀をざっと振り返ると、まず一九八七年に「ブラック・マンデー（暗黒の月曜日）」と呼ばれる株式市場の世界同時崩落があった。ニューヨーク市場における株価暴落のショックが瞬時にロンドン市場や東京市場にも広がっていったことから、金融市場がもはや国際的に統合されてその価格形成が相互作用を及ぼしつつあること、すなわち金融のグローバル化を人々に強く印象づけた出来事だった。ついで一九九二年にはＥＭＳ（欧州通貨制度）が巨大投機によって危機に陥り、イギリスのポンドとイタリアのリラがＥＭＳから離脱する。イギリスの中央銀行の介入は史上空前の規模に上ったが、強烈な通貨アタックの前には無力であることが白日の下にさらされた。逆に、中央銀行に対して投機を仕掛けたヘッジファンドのジョージ・ソロスなどは、この時のポンド売りで十億ドルを稼いだといわれている。

その後も通貨危機は容赦なく世界各国を襲った。一九九四年のメキシコ・ペソ危機、九七〜九八年のアジア通貨危機、九八年のロシア・ルーブル危機、そして九九年のブラジル・レアル危機……。なかでもアジア通貨危機は、その規模の大きさばかりではなく、ロシアそしてブラジルへと他国市場に危機が飛び火していくその「伝染効果」によって、まさに強烈な危機感を私たちに与えた。二〇〇八年のリーマン・ショックがそんな危機感を決定的なものにしたことはいうまでもない。トービン税にたいして注目が高まるのも当然といえるだろう。

トービン税の射程

トービンが国際通貨取引税の構想を本格的に展開したのは、「国際通貨改革への提案」と題された一九七八年の論文においてである（Tobin, 1978）。その冒頭で彼は、問題はもはや「変動相場制か固定相場制か」ではなく、国境を超える民間金融資本の過剰な運動そのものだと明言している。ブレトンウッズ体制崩壊後の経済システムにおいて、各国政府は国際的な資本移動に直面した結果、国内経済政策に関する自律性を失ってしまった。たとえば、国内民間投資を促すためには利子率を金融政策によって低く誘導する必要があるが、金融のグローバル化が加速しつつある状況下では、このような低金利政策が困難になる。投資家にしてみれば、金利の低い国内で資金を運用するよりも、金利の高い海外で運用するほうが高収益を上げられるからである。こうして低金利国から資金が流出すると、かつてのように国内景気対策の観点から他国よりも利子率を低く保つような金融政策がとりにくくなるのだ。

同様に財政政策も、国際的な資本移動が自由化された下では、もはや有効ではない。国際的な資本移動の自由を前提とする標準的な国際マクロ経済モデルである「マンデル＝フレミング・モデル」によれば、仮に財政拡張政策を行ったとしても、それによって生じる経済効果は為替レートの変動によってすべて吸収され、ＧＤＰにはなんら影響を与えない。ブレトンウッズ体制下とは異なって、各国政府はＧＤＰや雇用といった実物的な経済政策目標を追求することに困難を覚えるようになる。グローバルな資本移動をコントロールしない限り、この困難から本質的に逃れることはできない。

解決策はあるだろうか。トービンは二つの選択肢を挙げている。一つは、後にＥＵがユーロを導入したように、国際的な共通通貨を創出すること。もう一つは、こちらがトービン自身の推奨するものだが、「あまりにも効率的な国際金融市場の車輪に、いくらかの砂を撒くこと」。猛スピードで回転する車輪に、いささかなりと抵抗を与えようというわけである。「砂」とはもちろん「税」のことだ。具体的には、国際通貨のすべての直物取引（売買契約と同時に決済が行われる取引）に対して、一律税率で課税する。

トービンの設計はさすがによく考え抜かれたものだった。そのもっとも精妙かつ重要な点は、もっぱら短期取引に対して重い負担を課す仕組みになっていることである。長期取引に対しては、ほとんど無視しうるほどの負担しか課さない。なぜそうなるかというと、税率そのものは低いのだが、取引による利益の有無にかかわらず、一回毎の取引に課税するからである。トービンの挙げている数字で具体的に示すと、もし国際通貨取引税が取引一回あたり〇・二％の税率で導入されれば、税負担は次のようになる。週五日の毎営業日に一回の取引を行った場合には、〇・二％×五日×四週×十二カ月で税は年率四十八％にまで達するが、週に一回の取引なら年率十％、月に一回なら二・四％の低率で済んでしまう。投機家は、往々にして利ザヤを最大化しようとして裁定取引を高頻度で繰り返すので、税負担が累積的に重くなる。他方、財・サービス取引の決済など実物経済を動かすために行われる通貨取引や、長期的観点から行われる直接投資のための通貨取引であれば、取引回数はさほど頻繁ではないので、税負担はごくわずかなものとなる。トービンが構想した国際通貨取引税構想の主たる目的は、投機の抑制にあった。

投機の抑制が主目的であることからも明らかなように、トービン税は「政策手段としての租税」である。では、この政策課税には租税思想的にどのような根拠を与えられるだろうか。現代的な政策課税の典型として前章で環境税を紹介したが、その租税論上の根拠をめぐる議論（諸富二〇〇〇）が、トービン税に関してもほぼそのまま適用できるように思われる。「社会リスク」と「私的リスク」の両面から根拠づけは可能だが、ここでは前者についてだけ述べよう。その際、キーワードとなるのは、「外部不経済の内部化」である。

「外部不経済」とは、消費者や企業など経済主体の行動によって、他の経済主体が環境悪化などの悪影響を被ってしまう状況を指す。たとえば汚染物質を排出し、周辺の住民に被害を与えながら操業している企業があった場合、経済学では「この企業は外部不経済を発生させている」という言い方をする。しかしこの企業は、自らも環境悪化の被害者でない限り、従来どおり操業を続けようとするだろう。汚染物質の排出はタダであり、その削減には費用負担がともなうからである。とりわけ、ライバル企業との激しい競争のもとで利潤を追求している企業は、環境改善のための費用負担を惜しむ。そこで政府が市場に介入し、汚染物質の排出に対して課税することで、外部不経済の発生を抑制することが必要になる。汚染物質の排出が多ければ多いほど税負担が増大するようになれば、企業は外部不経済を自分自身にはね返ってくる内部問題として対処せざるを得なくなる。具体的には、税負担節約のために汚染物質の排出削減へと動機づけられる。これを「外部不経済の内部化」と呼ぶのだが、このような「内部化」が行われるなら、「外部不経済」は解消の方向に向かい、ひいては経済厚生が最大化されるという理由から、政策課税としての環境税は経済学的にも正当化されることになる。

では、金融変動性あるいは短期的な資本移動がもたらす「外部不経済」とは何か。いちばん分かりやすいのは通貨危機である（IMF 1999, pp. 64-67; Hayward 2002）。一九九七年に始まったアジア通貨危機を例にとるなら、危機に襲われた多くの国では翌九八年にマイナス成長率を記録した。この通貨危機によって失われた「累積産出額」は、インドネシアで「危機が来なければ実現できたであろう潜在的産出額」の八十二%、韓国で二十七%、マレーシアで三十九%、タイで五十七%に達したと見積もられている。それだけではない。不良債権処理や金融セクター改革のために各国政府が負担した財政支出額は、韓国でGDPの十五%、タイで四十一%、インドネシアでは四十五%にものぼったという。タイでは二倍、韓国では三倍と失業率も急増した。以上のような統計的数値として表すことのできない、衛生・健康状態の悪化や環境の悪化も生じた。このような状況に対処するための費用は、通貨危機を引き起こした原因者によっては負担されず、結果的に通貨危機の被害国の市民によって広く負担されることになる、まさに「外部不経済」である。トービン税は、通貨危機（外部不経済）の原因となる投機的取引に重課する（内部化）ことによって、いったん発生すると莫大な外部費用をもたらしかねない通貨危機や金融危機を、未然に防止する役割を担いうるといえるだろう。

しかしながら、トービン税の射程は、政策課税としての側面に限られるものではない。税である以上、当然ながら税収を生むのだから、財源調達手段としても充分に有効なはずである。提唱者であるトービン自身は、この税の究極的な目的はあくまで通貨価値の安定化であり、それがもたらす税収ではないことを強調した。しかし、トービン税に対する注目が近年高まった一因は、その財源調達力にある。実際、国連や国連開発計画などの国際機関も、そこに期待を寄せている。財源調達手段といっても、従来のように国家が占有するものではなく、国際的な共同行動を賄うための税という新しい捉え方が芽生え始めているのだ。経済のグローバル化によって生じている南北間格差の諸問題を解決するために必要な「国際公共財」（途上国の貧困撲滅、衛生・医療制度の改善、環境保全等）の一部に、トービン税による税収を充てられるのではないかというわけである（Kaul and Langmore 1996; Kaul, Grunberg and Stern 1999）。

国際公共財は、必ずしも各国の国益に合致するとは限らないので、現在の国家主権を前提としたODAや国際機関への拠出金に依拠した財源調達制度の下では、過少供給に陥ってしまう。したがって、トービン税のようなグローバル課税がその財源調達手段としての役割を担う必要が出てくる。ただし、税収のすべてが国際公共財の財源に充てられると想定しているわけではない。たとえば総税収の七割か八割を徴税国の独自財源として残し、残りの税収を国際公共財の財源とする方法がありうる。実際そうしなければ、各国にはトービン税を導入し、執行する動機づけが働かないからである。

トービン税は非現実的か？

トービン税の実施はこれまで非現実的だと考えられてきた。仮にある国でトービン税が導入されたとしても、課税を免れるために資金の流れはその国を回避しようとするだろう。それゆえトービン税を効果的に実施するには、国際的な協調の下で一斉に導入しなければならないが、それは政治的にきわめて困難である。たとえ主要国間で導入の合意がなされたとしても、資本を他国に流出させることによって租税を回避したり、トービン税が課されないような通貨取引形態に資金が振り向けられたりすることになるかもしれない。これらの租税回避行動は、それほど大きな取引費用をかけることなく実施可能だと考えられるだけに、トービン税実施の前に立ちはだかる大きな障害になりうる。この問題に対してはピーター・ケネンが一定の解決策を提示しているが（Kenen 1996）、租税回避の抜け道が完全に防止される保証はまだない。

また、仮に租税回避行動をうまく防ぐような制度設計が可能だとしても、トービン税に対しては次のような根本的な疑念も呈されている。トービン税によって税負担が増大し、それによって国際通貨取引に関わる費用が引き上げられたとしても、はたして本当に金融変動性の抑制につながるのか？　これは理論研究の問題であると同時に実証研究の問題でもあり、現にさまざまな実証研究が積み重ねられてきているのだけれども、その結果は真っ二つに割れて意見の一致をみていない。トービン税が理論通りの効果を発揮するとの結論を引き出している多くの研究がある一方で、そのような効果はない、あるいはかえって変動性を高めてしまうという結論を引き出している研究も多いのである。

このように経済学の理論研究と実証研究の結果が一致した見解を引き出せないでいる限り、その効果について確証を持てないトービン税はまだリスクが大きいとして、各国の政策担当者が導入を思いとどまったとしても不思議ではない。実際、そうして多くの国々が導入を見送ってきた。この流れが変わり始めた直接の、そして最大の契機はリーマン・ショック後の金融危機だった。トービン税が伝統的に一定の支持を得てきた欧州では、とりわけ状況の変化は急激だった。その端的な現われが、先のＥＵによる「金融取引税」の導入承認である。ケインズによる証券取引税の提唱からおよそ七十年、トービンによる国際通貨取引税の提唱からおなじく四十年――「提唱」はより拡充された形で、いよいよ「実践」へと向かい始めている。

EU金融取引税の挑戦

二つの目的

欧州委員会（EUの政策執行機関）は二〇一二年、金融取引税導入の目的に関して次のように明言していた。

①リーマン・ショック以降の金融危機への対処費用のうち、その公平な割合を金融機関に負担させ、他の経済セクターとの課税上の公平性を回復すること。
②金融市場の効率性を阻害する投機的取引を抑制するための適切な政策手段を創出すること。
（European Commission 2012, p. 2）

このうち①は、厳密には「対処費用」の「負担」に関する部分は、金融取引税の財源調達手段としての側面を明らかにしている。EU加盟国は、「リーマン・ショック以降の金融危機への対処」のため、金融機関の救済も含めて、四兆六〇〇〇億ユーロ（約五五二兆円）もの巨額を要したといわれている。これはEUに加盟する二十七カ国のGDP総計の実に三十九％にあたるのだが、その財源のしかるべき割合を、危機をもたらした張本人に負担させなければならない。この税を導入することによって、もちろん一定の年月は要するだろうが、金融機関から応分の費用を回収しようというわけである。

一方、「他の経済セクター」以下の文言には、この税の政策手段としての側面も含まれている。「課税上の公平性」とは、EU加盟国における金融取引には付加価値税が免除されるという現行の規定（EU付加価値税指令第一三五条第一項）に係わる問題である。金融機関は、その生み出す付加価値（利潤や役員報酬）を定義することが技術的にむずかしいという理由から、他の経済セクターとはいわば特別扱いされて付加価値税を免除されているのだが（日本でも金融取引は消費税を免除されている）、この不公平性を回復するためにも、金融取引税は有効だと考えるわけである。欧州委員会によれば、この現行の免除規定によって、EU域内で年間三三〇億ユーロ（約三兆九六〇〇億円）の税収の損失があるという。

導入目的の②は、この新税の二十一世紀的な特徴、きわめて現代的な政策手段としての側面をストレートに物語っている。先に述べたように、金融取引税は「金融機関による株式・債券・金融派生商品（デリバティブ）などの取引に課される」ものである。取引によって得られる「利益」に課されるものではない。「取引」自体に課される。しかも、一回毎に。これはまさにトービン税の構想そのものである。トービンは一九七〇年代に「あまりにも効率的な国際金融市場の車輪に、いくらかの砂を撒く」と述べたが、その車輪の回転速度は、当時と今とでは桁違いである。

高頻度取引に砂を撒く

二十一世紀の今、証券市場では高性能コンピューターを用いた「高頻度取引」（High Frequency Trading: HFT）が支配的な取引形態となっている。それにともなって金融資産の保有期間も劇的に短期化しており、たとえばアメリカにおける平均株式保有期間は、一九七〇年代には七年間だったのに対し、二〇〇〇年には二年に満たず、二〇〇七年にはついに一年を切って七カ月にまで低下した。

高頻度取引とは、自らの収益を最大化できるよう証券売買に関するルールや手順をあらかじめ定め、その計算式をプログラムの形でコンピューターに読み込ませた上で、実際に取引が始まると市場取引の一切をコンピューターによる自動制御に任せる取引形態を指す。ナノ秒単位で高速かつ頻繁に行われるこの取引は、シカゴ連邦準備銀行の推計によれば、二〇〇九年のアメリカ証券市場における取引の実に七割を占めたという（Clark 2010）。

この取引はたとえば次のような手順で進む。取引の主導者はまず、他の市場参加者の支払意思額を探るために「偽の売り注文」を出す。買い注文がどの程度の規模で、また価格帯で入ってくるのか、情報を収集するのだ。あくまで情報収集が主たる目的なので、それが済めばこの種の売り注文の九割ちかくはただちにキャンセルされ、入手した情報をもとに相手の出方を分析・予測したうえで、利益を最大化できるような売買プログラムを作成し、今度は真の注文を出す。これら一連のプロセスが、高性能コンピューターを駆使して瞬時に行われる。高頻度取引一回分がもたらす利益はきわめて小さいといわれているが、一分間に数千回（！）もの取引を繰り返すことができるため、巨額の利益を生み出すことも充分に可能である。ここで市場参加者に求められるのは、他の参加者に先駆けてより高速で情報を処理し、売買注文を出していくことである。他の市場参加者よりもつねに一歩先んじて市場動向を把握できれば、実際の市場取引において優位な立場に立てるし、収益を上げる確率も当然のことながら高まる。

似たような話をきいたと思われる読者も少なくないだろう。そう、これは、ケインズの「美人投票の論理」そのものである。高頻度取引において証券市場で勝利を収めるための条件は、経済成長や企業の収益性に関する自らの将来見通しを立てることではなく、他の市場参加者がいま何を考えているかをいち早く察知した上で、彼らを出し抜くことだからである。もちろん、ケインズの時代と現代とでは、その「早さ」が算盤とスーパー・コンピューターほどに違う。そうであるだけにいっそう、市場の不安定性を高める要因になっている。

金融取引税は、まさにこのような時代状況においてこそ、大きな効果を発揮すると考えられる。取引税が導入されれば、これら瞬時の取引の一回一回すべてが課税対象となるので、取引にともなう費用は税負担分かさみ、取引一回ごとの薄い利益を、塵も積もれば山となるその塵の一つ一つを吹き飛ばしてしまうからである。金融取引税はこのように、高頻度で投機的な売買を繰り返す金融機関には非常に重い税負担を課すことになるが、一方、安定的で長期的な資産運用を心掛け、取引頻度も低い年金基金などの金融機関には、それほど大きな税負担にはならない。トービンが「砂」の効果に関して、具体的な数字をあげて税の年率を例示したのと同じ理屈である。しかも、高頻度取引を用いる金融機関の顧客の多くは高所得者だから、金融取引税の負担は主として彼らに転嫁され、所得分配上も累進的な効果が期待される。

金融派生商品に対抗する

金融取引税はさらに、二〇〇〇年代以降顕著になった「金融派生商品の重層化（cascading of derivatives）」に対する政策手段としても有効と考えられている。

二〇〇七年にアメリカでサブプライム・ローン問題が噴出した時にはすでに、この重層化は金融市場で常態化していた。ご存じのように、サブプライム・ローンとは、通常はローンを組めないような信用力の低い低所得層の人々に対して、ほとんど無審査で高利のローンを組ませる手法を指す。貸し手は、借り手が返済不能に陥る事態を予想して高利率を付けるほか、実際に返済不能となった場合には、担保にとった住宅を転売することで債権を回収するという仕掛けになっていた。これは、二〇〇七年までの状況がそうだったように、住宅価格が毎年右肩上がりで上昇し続けている場合には貸し倒れも少なく、またたとえ貸し倒れが発生したとしても担保物件の売却による債権回収が容易だったので、ビジネスモデルとして機能していたのだ。

サブプライム・ローン問題を複雑かつ深刻なものにしたのは、金融イノベーションの加速である。元々のローン債権を別の証券と組み合わせて新たな金融商品を創出し、その商品をまた別の証券と組み合わせ、さらにまた……という具合に次々と「派生」し「重層化」してゆく金融商品開発の渦にサブプライム・ローンも巻き込まれ、投資家たちに売り出された。本来このローン債権は、高利回りだが貸し倒れリスクの高い「ハイリスク・ハイリターン」債権であるにもかかわらず、他のより安全な債権や証券と、もともとの借り手が誰であるのかさえ判然としないくらい複雑に組み合わされていたため、あたかも「ローリスク・ハイリターン」商品であるかのように思われた。なるほど最新の金融工学的なリスク管理がなされているとのふれこみだったが、実際にはアメリカで住宅バブルがはじけると貸し倒れ率は高まり、またたく間に不良債権化していった。また、住宅価格の下落にともない担保物件の売却による不良債権の回収も進まず、貸出金融機関は危機に陥り、さらにはサブプライム・ローン債権を組み込んでいた金融商品の信用性にも火がつき、これを大量に所有していた欧米の金融機関の経営を揺るがす事態へと発展、世界的な金融危機へとつながっていったことはまだ記憶に新しい。

ところで、金融派生商品の「重層化」には、直接的に何が付随するだろうか。さまざまな債権が分割され、証券化され、他の安全な証券と組み合わされていくのだから、当然ながらそのつど契約も重層化してゆく。つまり、「取引」の回数が増大する。だとすれば、高頻度取引の場合と同様に、ここでも金融取引税は有効に働くだろう。派生商品が重層化すればするほど、取引税による税負担の累積効果が発揮され、当初は魅力的に思われた金融派生商品の経済的優位性は弱まり、ひいてはサブプライム・ローンのような投機的金融取引は抑制されるはずである。

「世界税制史の一里塚」へ向けて

このように見てくると、金融取引税は財源調達手段としても、また最新の政策手段としても申し分のない税のように思われる。だが、欧州委員会は当初、導入には消極的だった。リーマン・

ショックの二年後の二〇一〇年の時点では、金融に対して何らかの新税導入が必要と認めながらも、金融取引税ではなく、それよりも穏和な「金融活動税（Financial Activities Tax: FAT）」のほうが望ましいとしていた（European Commission 2010）。この活動税は、取引税のように金融取引自体に課されるのではなく、取引によって生じた付加価値に課される。金融活動税を望ましいとする欧州委員会の見解は、当時のＩＭＦ（国際通貨基金）やＧ20（主要二十カ国）のそれに同調するものでもあった（IMF 2010）。彼らは共通して、金融取引税は国際的に一斉導入されるならば最善の選択肢だが、各国や各地域が単独で導入すれば金融活動が国外や域外に移転してしまい、肝心の税収が上がらなくなるなどの副作用が発生するリスクも高く、導入は時期尚早と主張していたのである。ところが二〇一一年、欧州委員会は一転して取引税導入へと舵を切り替える。この大きな方針変更には、どのような背景があったのだろうか。

一つには、ヨーロッパにおける世論の高まりがあった。リーマン・ショックに直撃されるまでは本来の役割を忘れて投機的金融活動に没頭し、金融危機の原因を創り出しておきながら、自らが危機に陥ると途端に政府の救済を求め、巨額の公的資金を受けて生き延びた金融機関に対する怒りである。これは日本でも同様だが、しかしヨーロッパ市民の金融機関への反発感情は、より具体的な行動としても表わされた。たとえばドイツでは、ドイツ銀行のような大手銀行の投機的行動に嫌気がさした預金者たちが口座を閉じる。そして、地元に密着して堅実な投資を続けてきたフォルクスバンク、シュパールカッセなどの地域金融機関へ、あるいは環境・福祉・教育など社会的価値の高い案件に優先的に投資するＧＬＳ銀行へと口座を移し始めている。実際、ボッフム市に本店を置くGLS銀行は、いま急速な勢いで成長しているという。

金融機関に対する風当たりの強さは、欧州議会（EUの立法機関）が二〇一二年に実施した、金融取引税に関する大規模な世論調査からも、統計的に確かめることができる。この調査結果報告（European Parliament 2012, pp. 20-23）によれば、EU加盟二十七カ国在住の二万六五九三名の有効回答者のうち、六十六％（前年比五％増）が金融取引税導入に賛意を示しており、居住地域をユーロ導入国に限れば、その比率は七十三％（前年比十％増）にまで上昇する。ギリシャ、イタリア、ポルトガル、スペインといった、金融危機によって強い打撃を受けた国々では支持率はさらに高く、ギリシャなどは八十一％にまで達した。また、支持理由としては「過度な投機と闘い、将来的な危機の発生を防ぐ」がもっとも多く、導入支持者のうち四十二％を占め、つづいて「金融機関に金融危機を処理するのにかかった費用を支払わせる」が三十六％だった。これは先に引用した、欧州委員会の掲げた取引税導入の二大目的そのものと言えるだろう。

欧州委員会が金融活動税から金融取引税へと路線変更したもうひとつの背景には、欧州議会からの直接的なプレッシャーがあった。委員会がまだ活動税を志向していた二〇一〇年三月に、議会は委員会に対して、取引税の導入可能性に関する評価を行うよう要求する決議案を採択している。翌一一年三月には、EU加盟国の国家元首などで構成される「欧州理事会」の席上で、ユーロ導入国首脳たちが、ユーロ圏・EU・グローバルの各レベルにおける金融取引税導入の可能性を探り、その現実的な課税方法を開発しなければならないという点で合意した。同時期に欧州議会はさらに踏み込んで、グローバルレベルでの金融取引税の導入がもっとも望ましいが、しかし第一歩としてまず、EU単独でも導入すべきだという決議案を採択。欧州委員会に対しては、取引税をEU予算の財源調達手段として捉え、税率や徴税方法などに関する複数の具体案の作成・比較検討・評価作業を行うよう要求した。こうして委員会も同年六月にはEUの独自財源としての金融取引税について言及し、九月には導入提案をなすに至ったのである（European Commission 2011a）。

だが、この導入提案から二〇一三年の導入承認までには、それなりの曲折があった。最大の障害は、この種のEU全体レベルの法案については、欧州理事会で「全会一致」の賛成を得なければならないという取り決めがあることだった。しかも、取引税導入に関しては、共通通貨ユーロを採択していないイギリスとスウェーデンが、ロンドン市場への悪影響や資本の域外流出を招く恐れがあるという理由から強く反対した。提案こそなされたものの、この斬新な税も結局はお蔵入りか、という雰囲気が当初は濃厚だったのである。事態が大きく動いたのは二〇一二年の十月だった。ユーロを採択している加盟国のうち十一カ国（オーストリア、ベルギー、ドイツ、エストニア、フランス、ギリシャ、イタリア、ポルトガル、スロバキア、スロベニア、スペイン）が、相互に協力して金融取引税導入の意向を表明し、ついては「強化された協力」条項を用いると旗幟を鮮明にしたのである。

話がすこし細かくなるけれども、「強化された協力」条項は、EU条約第二十条およびEU機能条約第三二六～三三四条に、その法的根拠を有する。合理的な期間内にEU全体としての共通目的を達成することが困難と判明した場合には、「少なくとも九カ国」からなる加盟国が、他の加盟国に対して排他的にならない形で、その共通目的を追求できるという規定である。簡単にいうと、「全会一致」でなくてもよい一種の例外規定（実際、この条項が用いられたことは、一九九九年のEUアムステルダム条約発効以来、わずか二例しかない）。イギリスやスウェーデンには、ユーロ採択諸国の一致団結に抗するほどのパワーはなかった。「強化された協力」条項を用いた導入提案は欧州議会でも同意が取り付けられ、ついに二〇一三年一月二十二日、EU経済・財務相理事会は、十一カ国が他の加盟国に先駆けて金融取引税導入のための具体的作業に入ることを承認した（イギリスは棄権）のである。これを受けて、欧州委員会のアルギルダス・シェメタ税制担当委員は、次のようなコメントを発表した。

EU租税政策にとっての一里塚となるだけでなく、……世界の税制史にとっての一里塚でもある。なぜなら、世界史上初めて金融取引税が、国家を超える地域《リージョン》の枠組みで導入されることになったからだ。

もちろん、現実的な問題はいくつも残されている。具体的な税率や徴税法は何がベストなのか、予測されるさまざまな租税回避行動をいかに防止するか、取引税導入によって金融取引そのものがEUの域外へとどの程度移転してしまうのか、またそれにともなって域内の景気や雇用にどんなマイナス影響が生じるのか……。しかし、ともあれ、「世界史上初めて」の税は実施に向けて大きな一歩を踏み出したのである。

イギリスの複雑な心境

　ＥＵ加盟国のなかで、金融取引税の動向をもっとも複雑な心境で見守っている国はイギリスである。かつての大英帝国は今なおＥＵでは域内総生産の十四％を占め、ドイツ、フランスに次ぐ主要経済国としての地位を保ってはいるものの、リーマン・ショック以降は独仏の協調でＥＵの合意形成が進められる局面が目立ち、孤立を深めがちである。国内ではＥＵ脱退論が急速に高まっており、欧州委員会が取引税の導入を承認した翌日には、二〇一七年までにイギリスのＥＵ残留の是非を問う国民投票に踏み切るとの方針を、保守党のキャメロン首相が発表した。

　金融取引税は、今のところこれを導入する意思のないイギリス経済にも、またＥＵとイギリスのこれからの関係にも、少なからぬ影響を及ぼすだろうと見られている。焦点となるのは、ロンドン市場である。これは単なる金融セクターではなく、イギリス経済の牽引車であり、雇用創出の源になっている。具体的にはイギリス総税収の十一・二％に貢献し、国内の金融サービス従事者の三分の一、ロンドンの総雇用者数の三十六％がこの市場に属しているほどだ。また、ロンドン市場は世界一の外国為替市場であり、ヨーロッパ最大の金融派生商品市場にして資産管理ビジネスの市場でもある。

　イギリス国内では金融取引税に関して活発な議論が交わされている。たとえば、取引税のもたらす負の影響に関しては、次のようなショッキングな証言が貴族院でなされている（House of Lords European Union Committee 2012）。これはイギリスも含め全ＥＵ加盟国が取引税を導入した場合の推計なのだが、強力なロンドン市場を抱えるイギリスにおいて、この税によってもたらされる収入はドイツの四・六倍、フランスの十・九倍となり、総税収の七十一・三%に達するというのである。国家の財源調達という観点からだけみれば上手い話のように見えるかもしれないが、しかしこれほどの税負担を強いられるとしたら、金融セクターはどうなるだろう。世界屈指の金融市場とて縮小を余儀なくされてその国際的地位を失い、また牽引車を失ったイギリス経済そのものが疲弊してしまうかもしれない。もっとも、欧州委員会などは、金融取引税によって最大の打撃を蒙るのは高頻度取引であり、これは労働集約的な業態ではないから、雇用への影響は小さいはずだと指摘している。

一方、イギリス労働組合会議は、取引税には正の影響があるという見解をとっている。この税は金融機関の超過利益を吸収することによって、富の再分配効果が期待され、国民経済にとってはむしろ歓迎すべきだというのだ。また、金融取引税を支持する「スタンプ・アウト・ポバティ(貧困を根絶せよ)」のようなNGOによれば、ロンドン市場は高水準のインフラと人材を備えており、アメリカ市場とアジア市場を媒介しグローバル市場の連携を図るうえで地理的にも好位置にあるため、金融市場としての優位性は容易には揺るがないという。

悲観論もあれば楽観論もあるわけだが、早ければ来年(二〇一四年)一月にもドイツやフランスなど十一カ国で金融取引税が実施された場合、イギリスにとってはジレンマというか一種理不尽な事態が発生する。というのも、イギリスの金融機関が税を納めるにもかかわらず、イギリスの国庫には一銭も入らないからである。EU金融取引税は、金融取引の売り手と買い手の双方に課される。イギリスの金融機関のほとんどは、取引税を導入する国々の金融機関と取引を行っているから、たとえ本国イギリスがこの税を導入していなくても、税負担の義務がある。他方、イギリスの課税当局は、この税を導入していないため、自国の金融機関から徴税できないのだ。では、イギリスの金融機関が納める税はどこに行くのか。

結論からいえば、十一カ国のいずれかの国庫、そしてEUに行く。欧州委員会の「金融取引税指令案」によれば、金融取引を行う売り・買い双方の金融機関に対して、金融取引税を連帯して納める義務が課されている。簡単に次のようなケースを考えてみよう。取引税を導入しているドイツの金融機関Aと、導入していないイギリスの金融機関Bが取引を行った場合。AもBもドイツの課税当局に税を納めなければならない。この税は先述のとおりEUとの「共通税」なので、その税額のうち何割かはドイツからEUへと移される。もし何らかの理由で仮にBが納税しなかった時には、Aが連帯責任を負ってBの分まで納税しなければならない。その場合、Aはしかるべき事前の契約にしたがって、ただちにBに対して補償を請求し、Bはこれに応じなければならず、結局のところ間接的な形で金融取引税を負担することになるだろう。イギリス国家にしてみれば、たとえ取引税導入を政治的に拒否し続けたとしても、自国の経済活動(の一部)は国際的な租税システムの内部に否応なく組み込まれてしまうのである。

金融取引税問題は、イギリスがEUの内部で置かれている状況を象徴的に示している。イギリスは今後、EUとどのような距離を取って生きていけばよいのだろうか。ユーロ圏諸国とは微妙に一線を画しながら、EUにいわば消極的に参画し続けるのか。それとも積極的に参画し、金融危機に揺れる欧州経済をさらなる統合深化で乗り切ろうとしている独仏と協力していくのか。あるいは、脱退してしまうのか。イギリスの悩みはこれからもしばらく続くだろう。

しかし、これはイギリス一国に限った問題ではない。二十一世紀の国民国家が遅かれ早かれ直面することになるだろう、きわめて普遍的な問題である。経済のグローバル化が進展するなかで、国家主権をどの程度保持し、またどの程度放棄しながら、国境を超える課題に対処するべきかという問題である。経済のグローバル化が歴史の不可逆な潮流であり、世界経済が今後もますます統合化の傾向を加速させていくのであれば、私たちの取りうる選択肢は二十世紀とはかなり異なったものになっていくことだろう。すでに経済がここまで国境を超えている以上、政治も旧来の国民国家の枠組に留まってばかりはいられなくなるに違いない。そのとき、近代国民国家の存立基盤ともいうべき課税権力のあり方、租税システムのあり方は一体どこへ向かっていくのだろうか。

第六章　近未来の税制——グローバルタックスの可能性

経済のグローバル化と金融化は、資本主義社会のあり方を大きく変えた。と同時に、世界各国の租税システムにも深甚な影響を及ぼし続けている。

そもそも、第二次世界大戦前後に確立された先進諸国の税制は、所得税を中心とするものだった。そして、この所得税には二つの特徴があった。一つは「包括的所得」という考え方である。つまり、一定期間内に多様な所得源から生じるものだけが所得ではなく、これに加えて保有資産の価値増加分をも包括したものを所得とみなすのだ。こうして課税ベースはより広範なものになった。もう一つの特徴は、富裕層には中低所得者よりも重い税負担を課すこと、すなわち累進的な税率構造の適用である。たとえば日本では現在、課税所得額（総所得金額からさまざまな所得控除を差し引いた金額）を六つの段階に区分し、下から順に一九五万円以下の所得なら五%、一九五万一円~三三〇万円は十%、三三〇万一円~六九五万円は二十%……と所得税率が累進し、一八〇〇万円を超えた者に課される税率四十%が最高限界税率となっている（なお、念のために言い添えれば、二〇〇〇万円の課税所得者はその四十%にあたる八〇〇万円の税を納めるわけではない。二〇〇〇万円のうち最初の一九五万円分はその五%、三三〇万円までは十%……となり、最高限界税率四十%が課されるのは一八〇〇万円を超えた二〇〇〇万円分に対してである)。

しかし、アメリカのレーガン政権(一九八一~八九)、イギリスのサッチャー政権(一九七九~九〇)の登場以降、このような累進的所得税を中心とする租税体系は変貌する。税制の世界的なトレンドは、所得税の累進化からフラット化へと移り変わっていったのである。所得税のフラット化とは、所得の多寡に応じた税負担の累進性を弱め、より平坦なものに均らしてしまうこと。具体的には所得区分の段階数を減らす一方、富裕層に適用される最高限界税率を引き下げることである。後者については、グラフ8が近年の趨勢を如実に物語っている(十二カ国だけを抽出したが、それ以外のOECD加盟主要国においても、以下に述べる傾向はほぼ同様である)。ご覧のとおり、一九七〇年代後半にどの国々も最高限界税率を五十%以上に、イギリスなどは八十%以上に設定していた。注目すべきは、レーガン・サッチャー両政権が揃い踏みした一九八〇年代に最高限界税率の引き下げが一気に加速したことである。この下方シフトは九〇年代初頭に底を打ち、二〇〇〇年代にはほぼ横這いになるものの、一九七〇年代後半に六十~八十%の幅に集中していた最高限界税率は、二〇一二年時点ではグラフの線が恐縮ながら区別のつかないくらい四十~六十%の幅に集中しており、全体として約二十%も引き下げられた。最高限界税率が引き下げられれば、当然ながらその分、中低所得者に課される税率との差は縮まっていく。

このような所得税のフラット化とともに、もう一つ、税制の世界的なトレンドがある。法人税率の引き下げである。これについてはグラフ9から傾向をつかめるだろう(十二カ国を抽出)。法人税率の引き下げは、とりわけ一九八〇年代から九〇年代初頭にかけて進行した。また、この

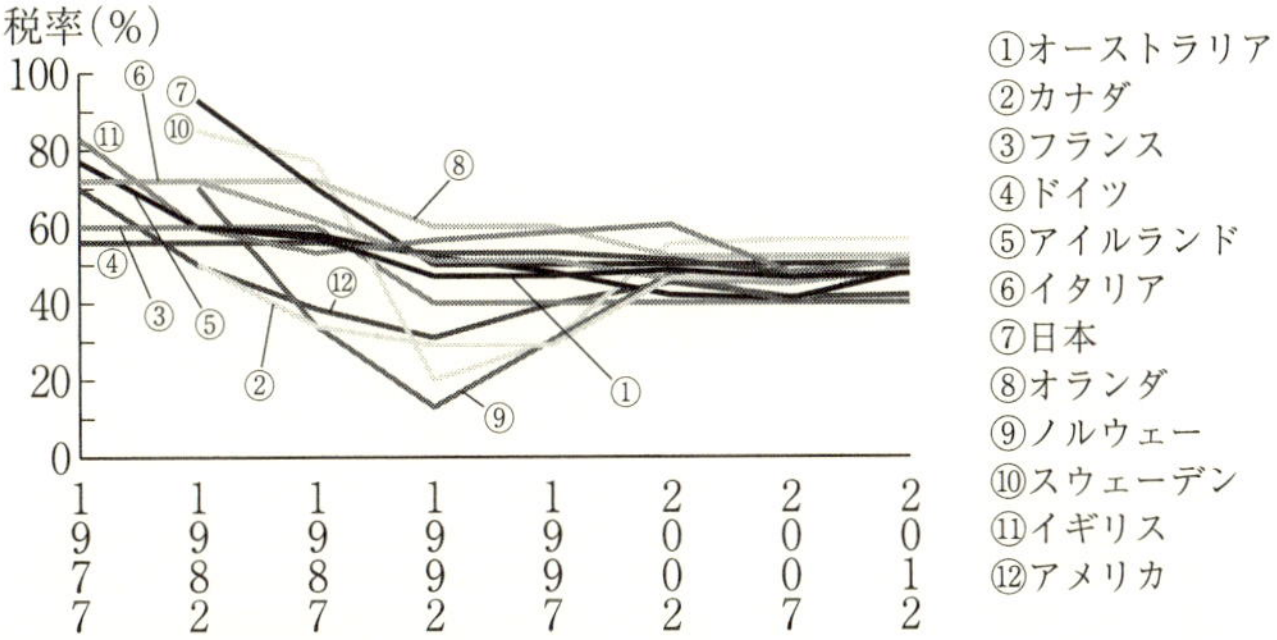

グラフ8　所得税最高限界税率の下方シフト
OECD Tax Database より作成

グラフ9　法人税率の下方シフト
The Institute for Fiscal Studies, Fiscal Facts/Tax Tables より作成

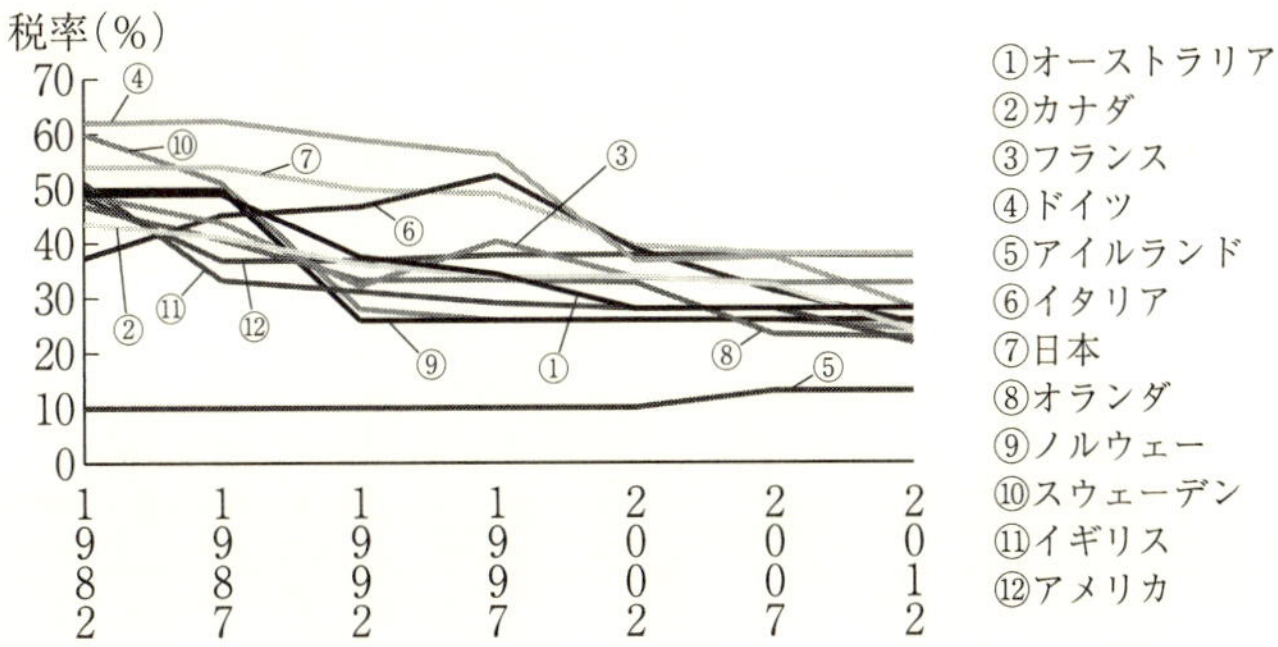

グラフで目をひくのは、アイルランドの法人税率の異様な低さである。実はアイルランドも一九八〇年までは法人税率四十五％だったのだが、八一年に十％へと驚異的な引き下げに踏みきり、いわばこれが口火となって各国の引き下げ競争が始まったのだ。最近でも二〇〇八年にドイツがさらなる引き下げに踏み切り、日本もまた二〇一二年に三十％から二十五・五％へと法人税率を引き下げている（ただし日本では目下「復興特別法人税」が臨時的に課されているため、この減税の一部は相殺されている。また、グラフ9における日本の法人税率は、国税の法人税と地方税の法人事業税の負担を足し合わせたものになっている）。一九八二年に四十〜六十％付近に集中していた各国の法人税率は、二〇一二年には二十〜四十％付近に集中しており、全体としては所得税のフラット化と同様に、二十％ほど下方にシフトしている。

所得税と法人税に共通してみられるこのような下方シフト現象は、いったい何を物語っているのだろうか。

世界の税制にいま何が起きているのか

下方シフト現象の背景

所得税のフラット化が望ましいのは、「累進税率だと勤労インセンティブを妨げるから」だと、従来説明されてきた。しかし、この命題を支持する経済学の実証研究結果は、これまでのところほとんど見当たらない。むしろ実際はと言えば、人々は「勤労」に関して、さまざまな意味づけを行っているのではないだろうか。生活のため、面白いから、やりがいがあるから、人生の意味追求のため、仕事の成果による対社会的な価値実現のため……。累進税率のフラット化によって勤労意欲が左右されてしまうほど、私たちのインセンティブは単純ではないはずだ。では、なぜフラット化なのか。

この世界的な趨勢の背景には、富裕層の「節税」意識の高まり、法人の「租税回避行動」の高まりがあった。たとえば、どの国でもたいてい住宅ローンの元利償還は、経費として所得税から控除される。そこで高額所得者たちは節税対策として、自宅だけでなくセカンドハウスなど複数の不動産を購入し、その元利償還費を経費として所得から差し引くことで所得税負担を圧縮する（場合によってはゼロ負担！）という、租税回避行動を盛んに行ってきた。これにはそれなりの時間と工夫と経費を要するが、それでも高い累進税率を負担するよりはずっと割に合う。

これは主に国内での行動だが、じつは経済のグローバル化の進展によって加速し、複雑化した節税法がある。所得の海外移転である。個人の例でいえば、世界でも最高水準の限界税率を適用していたスウェーデンではかつて、テニスの世界的プレーヤーであるビヨン・ボルグが重い税負担を嫌ってモナコに移住したことが話題になった。つい最近（二〇一三年一月）もフランスで、オランド社会党政権が富裕層への課税強化（年収一〇〇万ユーロ＝約一億二〇〇〇万円超の高額所得者に最高限界税率七十五％を適用）を打ち出したところ、有名俳優で富豪のジェラール・ドパルデューが反発し、ロシア国籍を取得して移住を表明したと報じられた（ロシアの所得税は累進税制ではなく、十三％の均一税率）。

もっとも、実際には、租税回避のために納税者が他国に移住するケースは稀である。もっと広範に行われているのは、所得を税率の低い国々に設けた銀行口座に移すことで節税を図る手法。ヨーロッパではスイスやルクセンブルクがこの種の節税法の本場として知られている。これらの国は、低い税率適用で外国人が自国銀行に口座を持ち、預金を行うことを優遇しているほか、預金者情報の秘密保持を口実に、口座に関する本国政府からの照会に回答しないことによって、富裕者層の租税回避行動を助長している。さらに、グローバル化の進展と情報通信技術の発展が、金融自由化の進展と相まって国境を超える所得移転を飛躍的に容易にし、低税率国や租税回避地（タックス・ヘイブン）の利用をより広範な層の人々にアクセス可能なものにしてしまった。

このような租税回避行動を抑制し、税源を自国内にとどめ置くためにこそ、各国政府は所得税をフラット化せざる得なくなっていったのである。それはいわば、「節税対策」への対策であり、「租税回避」の回避だった。法人税の引き下げについても事情は同様である。前章でも述べたように、企業はグローバル化にともなって、本国での立地にこだわらなくなり、最適立地戦略に基づいて多国籍化を推進する。法人税収の減少を恐れる各国の課税当局は、税率引き下げで国内企業を引き止め、場合によっては他国よりも大幅に法人税率を切り下げて海外企業を呼び込もうとし、アイルランドから始まった法人税引き下げの潮流に乗り遅れまいとして「租税競争（Tax Competition）」に突入していったのである。

下方シフト現象のゆくえ

このような下方シフトがさらに徹底して進行すると、何が起こるだろうか。

まず懸念されるのは、いわゆる「底辺への競争（Race to the Bottom）」が始まるのではないかということだ。企業が多国籍化を推し進めて次々と低税率国に立地しようとするのに対抗して、各国は他国よりも低い税率適用を提示し、これをみた他国も負けじと税率をさらに引き下げる。こうして租税競争の下方スパイラルが始まり、最終的には世界各国の税収が限りなくゼロに近づいていくという、まるで悪夢のようなシナリオを思い描くことさえできる。

次に考えられるのは、経済のグローバル化によって生じる租税構造の変容である。具体的には、金融所得のような移動性の高い税源に課される税率の低下と、労働所得や消費や土地・不動産のような移動性の低い税源に課される税率の上昇である。グローバル化で国際的な資本移動が激しくなると、金融所得への課税はますますむずかしくなっていく。簡単に国境を超えることのできる金融所得に高税率を適用すると、低税率国への資本逃避が促進されてしまうからだ。典型的なのは、ドイツが一九八九年に利子に対する源泉課税制度を導入した事例だろう。これを嫌った富裕層は、利子非課税のルクセンブルクなどに預貯金を逃避させたため、ドイツから大量の資本流出が引き起こされ、ドイツ政府は導入後わずか半年で制度廃止に追い込まれた。一方、たとえ高税率を課されても、労働所得や消費や土地・不動産はそう簡単には国外に移動できないから、一定の税収をあげようとすれば、国家は税負担を徐々にこれら移動性の低い税源にシフトさせていかざるをえない。こうして租税構造が変容し、金融所得が軽課されて労働所得が重課されるようになると、全所得のうち金融所得の占める割合の多い富裕層の税負担が軽くなり、もっぱら労働所得によって生計をたてている低所得者層の税負担が重くなる。また、付加価値税（日本では「消費税」）の税率引き上げは、やはり低所得者層の負担を相対的に重くする点で「逆進的」な効果をもつことがよく知られている。

税制には、「水平的公平性」と「垂直的公平性」の二つの公平性基準が存在する。前者は、同じ金額の所得を稼ぐ人は同じ税負担を担うのが公平だという考え方。後者は、所得が高ければ高いほど、生計費を除いた残余所得部分がより大きくなって余裕が生まれるのだから、所得一単位あたり、より大きな税負担を担うのが公平性にかなうという考え方である。戦後先進各国の所得税制は、金融所得であろうと労働所得であろうと一円の所得は同じ一円として取り扱い、所得源によって税制上異なる取扱いをすることを極力排除し、水平的公平性を保つよう努めてきた。しかし、経済のグローバル化の圧力には各国とも抗しがたく、労働所得よりも金融所得のほうを軽課する規定が、ますます顕著に取り入れられるようになってきている。公平課税の原理の一つである「水平的公平性」がこのような形で切り崩され、現実の税制が「包括的所得」税の理念からますます遠ざかっていくのは望ましい事態ではないだろう。もう一つの公平課税原理である「垂直的公平性」もまた、一九八〇年代以降の「所得税のフラット化」によって切り崩されつつある。

税制の現実

ここでまた、グラフを見ていただこう。「底辺への競争」と「租税構造の変容」が、現実に起

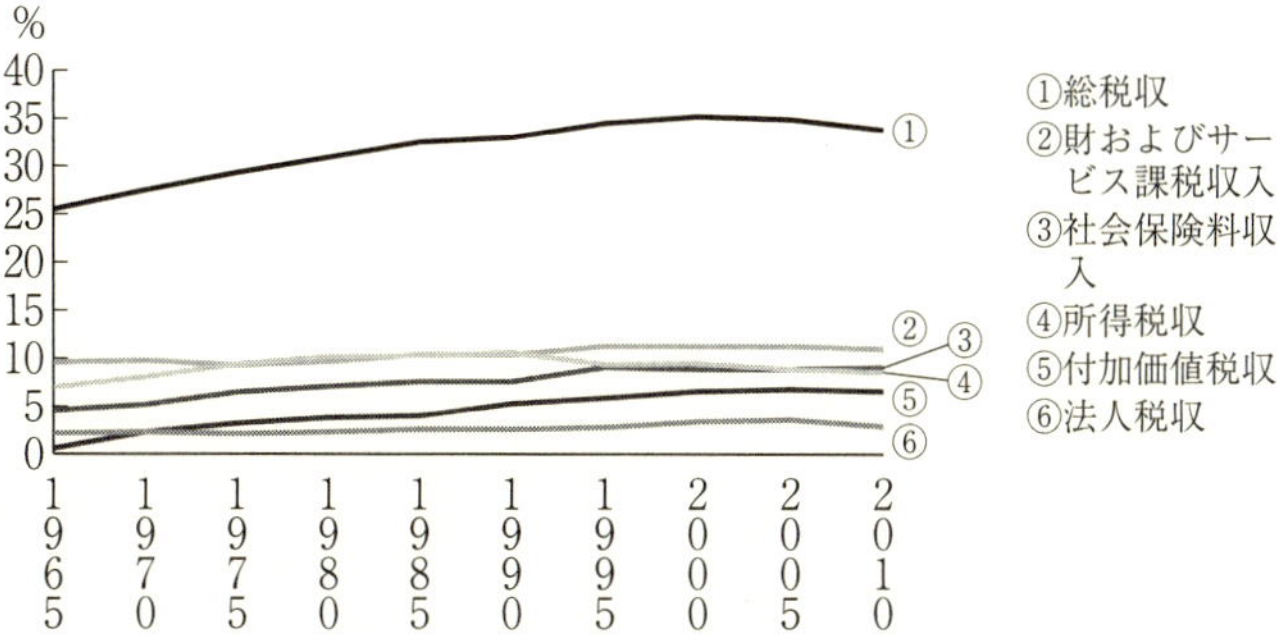

グラフ10　各税収の対GDP比率　OECD（2008）より作成

こりつつあるのかを確認するためである。

グラフ10は、OECD加盟国全体の総税収および税目ごとの税収がGDPに対して占める比率の、過去半世紀における推移を示している。まず総税収の対GDP比率を見ると、一九六五年の二十五・五％から二〇一〇年の三十三・八％へと、なだらかではあるけれども、基本的に右肩上がりの上昇線を描いている。経済のグローバル化が本格化し始めた頃、たとえば一九八〇年時点における三十・九％と比較しても、なお上昇している。これは「底辺への競争」が、国家間の「租税競争」を通じて税収を限りなくゼロへ向けて落ち込ませるというシナリオが、現実には演じられていないことを示している。それどころか、政府の規模は、経済のグローバル化が進展した期間も一貫して拡大してきたことがわかる。

次に税目ごとの税収の対GDP比率に目を転じて、租税構造のあり方の推移を追ってみよう。経済のグローバル化の影響を検証するために、一九八〇年と二〇一〇年の数字を比較してみると、所得税収は十・二％から八・六％へと低下しているが、労働所得にかかる社会保険料収入は七・一％から九・一％へと上昇している。消費にかかる税は、一般消費税と個別消費税を合わせた「財およびサービス課税」で見ても（九・七％→十一・〇％）、付加価値税で見ても（三・八％→六・六％）、上昇している。これは、移動性の低い税源の比重が高まったこと、労働や消費への税負担が増大したことを示しているだろう。だが、法人税収に着目すると、その対ＧＤＰ比率は一九八〇年の二・三％から、リーマン・ショック後の悪化した経済状況にもかかわらず、二〇一〇年の二・九％へとむしろ上昇している。グローバル化の進展が法人税収の下落を導くどころか、その税収上の重要性を逆に高める結果となっている点が興味深い。これは、各国とも「租税競争」のただなかで法人税率を引き下げながら、他方でさまざまな租税特別措置を廃止・縮小して課税ベースを広げる努力を行ってきたからである。

租税構造の変容をより明確に理解するために、グラフ11では、各税収の推移を対ＧＤＰ比ではなく対総税収比で示している。これを見ると、所得税の比率が低下しているのに対し、社会保険料の比率は増加し、二〇〇〇年以降になると両者の比率が逆転したことがわかる。他方、顕著にその比率を上昇させているのが付加価値税である。この勢いでゆくと、いずれ付加価値税比率が所得税比率を上回る可能性が高い。

このように見てくると、一九八〇年代以降の資本主義社会の変貌にともなって、世界の税制に何が生じたのか、その概略が明らかになる。経済のグローバル化と金融化の進展は、たしかに所得税のフラット化と法人税率の引き下げという形で、各国間での租税競争を引き起こした。しか

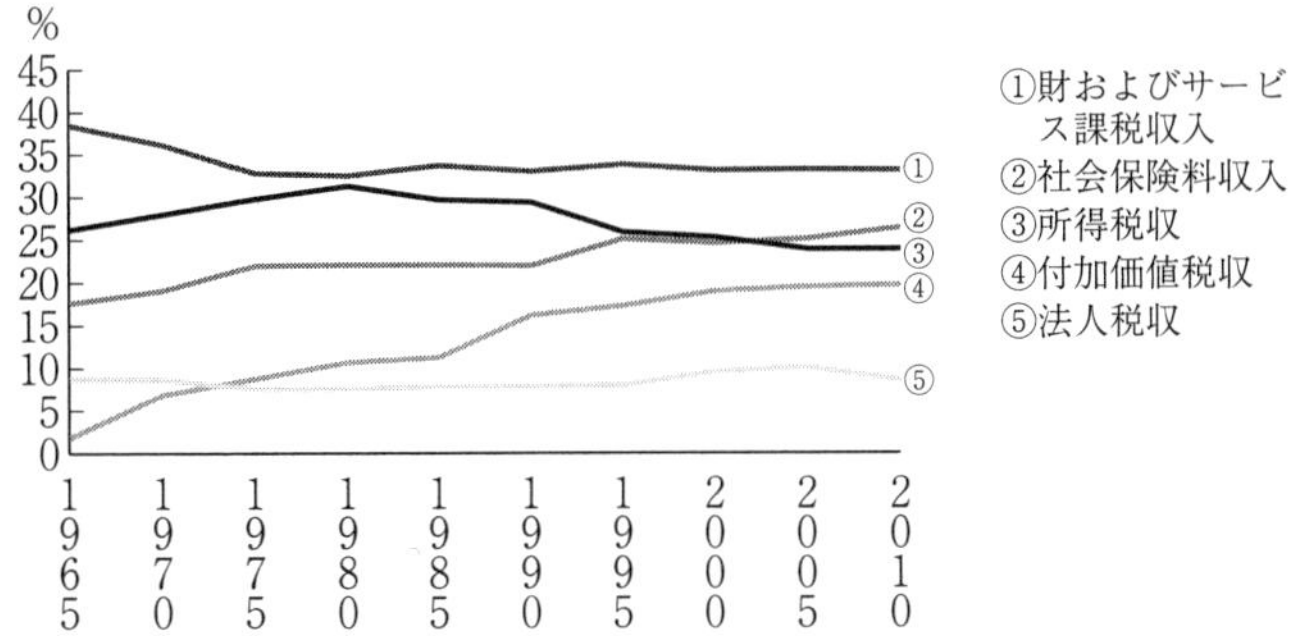

グラフ11　各税収の対総税収比率　OECD（2008）より作成

し、それは必ずしも税収減には直結せず、恐れられていた「底辺への競争」は起きなかった。現実には、総税収の対GDP比率は増加傾向にあり、国家の財源調達能力はけっして低下していない。だがその一方で、各国の租税構造はあきらかに変容を遂げつつある。国家は、金融所得など移動性の高い税源から、労働所得や消費など移動性の低い税源へと、税負担をシフトさせつつある。

つまり、経済のグローバル化は国家の規模を縮小させることこそなかったものの、課税権力としての国家は、移動性の高い所得源に対する課税能力を徐々に喪失しつつあり、移動性の低い税源への依存度を高めることによって、国家運営の源ともいうべき税収をなんとか維持し、グローバル化に対抗してきたといえるだろう。経済のほうが常に一歩先を進み、その加速する足取りに、国家は息を切らしながら必死で追いすがろうとしているかのようだ。また、一般納税者の感覚からすると、税制全体の負担構造が以前よりも逆進性を強めていることが、大いに懸念されるところである。もちろん、財政構造が所得分配に及ぼす影響を評価するには、課税面だけでなく支出面をも見なければならないというのは正論である。税制がかつてのような格差是正機能を失いつつある今、社会保障支出がどの程度この逆進性を緩和できるかによって、たしかに財政が所得分配にどのような影響を与えるかは大きく変わってくるだろう。

国際課税のネットワーク

居住地原則と源泉地原則

前節では、世界「各国」という言葉を、結果として頻用することになった。経済のグローバル化に抗して、たしかに世界の国々はさまざまな税制改革をとおして、それぞれ一国単位で問題に対処しようとしてきた（諸富二〇〇九）。しかし、各国単独での対応能力にはやはり限界がある。租税においても国際的な協力の枠組みは必要だし、現にそれなりの枠組みは作られてきた。本節では一国単位ではなく、二国間における租税システムのあり方を見ておきたい。

国際課税は、主権国家同士が取り結ぶ「租税条約」という形態をとる。これは基本的に二国間で締結される。課税権力の法的根拠はあくまで国家主権にあるため、それぞれの国家は、自らの国家主権を離れて国際課税のネットワークには参画できない。基本的には二国間の条約、主権国家同士が締結した租税条約を幾重にも重ね合わせることで、多国間の租税協力の枠組みが形作られているのだ。

租税条約は、締結国がその課税権力を行使できる範囲とルールを定めることを目的としている。すこし別の言い方をするなら、各国が異なるルールにもとづいて課税することによって、同一の個人や企業が二重に課税されることのないよう、国家間で課税権力を配分するという目的をもっている。また、国際課税の領域では、居住地原則と源泉地原則という二つの課税原則が認められている。

居住地原則とは、個人や企業がたとえばAという国に居住・立地している限り、個人や企業の所得がどの国で生み出されたものであろうと全てを合算し、A国政府が包括的に課税する権利を有するというものである。「居住・立地」国とは、個人の場合はその住所地が属する国を意味し、企業の場合はその経営をつかさどる中枢管理機能、すなわち本社が置かれている国を意味する。居住地原則は、所得源を問わず世界のあらゆる場所で生み出された世界所得の総計に課税ベースを設定するのだから、先に述べた累進的な「包括的所得税」の考え方と親和的である。ただし、国家が個人や企業の海外所得を網羅的に把握することは、当然ながら困難をきわめる。したがって、個人・企業には世界所得の自己申告をしてもらうことになるわけだが、申告の真偽に関するチェックは、課税当局が他国の課税当局から得た情報と突き合わせる形で行うしかなく、脱税の摘発は容易ではない。

一方、源泉地原則とは、個人や企業の所得が発生したその場所で、源泉地国の政府が課税する権利を有するというものである。つまり、当該所得の所有者が、自国に居住・立地する個人・法人なのか、それとも他国に居住・立地する個人・企業なのか、その区別を問わない。この原則の下では、納税者の海外所得も含めた世界的な総所得を把握できないので、累進的な包括的所得税は実施できない。そのかわり、自国が管轄する地理的範囲に限定して課税を行うので、世界所得を把握しなければならない居住地原則に比べると、課税に必要な所得情報を獲得することはずっと容易になる。

この二つの原則のうち、どちらを採用するかは国ごとに違う。日本やアメリカは居住地原則を採用しているが、フランスやベルギーは源泉地原則を採用している。原則の異なる国同士が租税条約を締結する際には、どうしても二国間での調整が必要となる。たとえば、源泉地原則を採用している新興国に海外子会社をもつ日本企業は、もし日本とその現地国との間に何も取り決めがなければ、居住地原則によって日本政府から、源泉地原則によって現地国政府から、二重に課税されてしまう。この問題を回避するため、日本政府は、企業の海外子会社が立地する源泉地国政府に対して、一定の源泉地課税を許容した上で、日本企業に二重課税が発生しないよう、その企業の利潤から源泉地所得を差し引いて法人課税するか（「所得控除」）、あるいは自国法人税額から源泉地国での納税済み税額を差し引いたものを本国での納税額とする（「税額控除」）といった調整を行う必要があるのだ。

能動所得と受動所得

こうした国際課税ルールの起源は、一九二三年にエドウィン・セリグマンやジョサイア・スタンプら四人の経済学者からなる専門委員会が、国際連盟の経済財政委員会に提出した報告書に求められる。彼らが提案した国際課税上の租税原則は、九十年後の今も依然として国際課税の支柱になっており、その意味できわめて先駆的なものだった。その報告書は、「居住地原則」と「源泉地原則」を掲げたうえで、二重課税を排除するために以下のようなルールを提案した。つまり、源泉地国に工場が立地しており、それが操業して生み出した利潤（「能動所得」）に対する課税権は源泉地国にあるが、その国で行われた投資に対する配当、利子、特許料などの収益（「受動所得」）に対しては、源泉地国の課税権が制限され、主として居住地国に課税上の優先権がある、という整理を行ったのである。

「能動所得」の場合は、源泉地国に課税の優先権があるので、居住地国の側に二重課税を避ける義務が生じる。逆に「受動所得」の場合は、居住地国に優先権があるので、源泉地国の側が課税を控える義務がある。もっとも、このような調整をいちいち行うぐらいなら、いっそ世界中の国々が同一の課税原則を採用すればよいではないかと思われるかもしれない。ところが、それは現実には困難なのだ。というのも、たいていの居住地国は先進国で、源泉地国は新興国や途上国であることが多いのである。もし世界が居住地原則で統一されてしまうと、新興国や途上国は、自国で操業している外国企業に一切課税できなくなる。逆に源泉地課税で統一されてしまうと、今度は先進国側が自国企業の海外利潤に一切課税できない。当該企業の利潤創出には双方の国の公共財・サービスが寄与していると考えられるので、どちらか一方の国が企業利潤に対する課税上の請求権を放棄すべきだとは言えないのである。

国際課税ルールを定めるということは、単に企業への二重課税を避けるためという消極的な目的だけでなく、国境を超えて展開されている経済活動から生み出される所得への課税権を、各国間で配分するためのルールを形成するという、より積極的な目的ももっている。そこで国際連盟の専門委員会報告書は、「能動所得」と「受動所得」という二つの概念を創り出したうえで、前者に対する課税権を主として源泉地国に、後者への課税権を主として居住地国に付与するという形で、課税権力の配分のルール化を提唱したのである。こうして資本輸出国側（主として先進国）と資本輸入国側（主として新興国、途上国）の双方を納得させることに成功したことが、報告書の提言した課税原則が、その基本的な骨格において現在まで保持されていることの大きな理由と考えられる。

現在、このような二国間租税条約の数は、およそ三〇〇〇にのぼると見られている。いってみれば、三〇〇〇本の糸で網を編み上げて地球にかぶせ、グローバルな所得への課税を行っているわけである。もちろん、一本の糸を撚ること自体が、外交上の駆け引きの結果である。居住地側からの請求権と源泉地側からの請求権の衝突を回避し、両原則の妥協を図り、また企業の国境を超える経済活動を妨げないよう工夫しなければならない。国際課税の枠組みとは、まさに針の穴を通すような作業の集大成でもある。

ただし、ここで留意しなければならないのは、租税条約が各国政府に最大限の自由度を許容している点である。つまり、課税に対する国家主権の保持をあくまで前提としたうえで、当事国同士の利害のすり合わせの結果として、一つ一つの国際課税のあり方が定められているのだ。国際課税とはいえ、各国から独立した国際課税権力が形成されているわけではない。国民国家の主権という制約から解き放たれた、超国家的な組織が課税権力を行使するという仕組みにはなっていないのである。その意味で、租税条約がもっぱら二国間で結ばれているという現状は象徴的である。それは、気候変動に関する「京都議定書」のような、多数の国々が共通の条約に批准するという多国間アプローチをとっていない。

多国籍企業のタックス・プランニング

各国の税制は、課税ベースの定義や税率や控除制度に関してさまざまに異なる規定を設けているため、二国間の租税条約のあり方もきわめて多様である。このような多様性、裏返せば不統一性は、租税回避行動をもくろむ側からすれば、大いに付け入る隙があることを意味するだろう。実際、多くの国々に支社や工場を立地している多国籍企業は、複数の国々に支払う税金をいかに最小化できるか、国際課税の網の目をいかに掻い潜るかを常に考えている。そしてそれは、海外子会社を使った「タックス・プランニング（節税対策）」を実施することで、容易に達成できてしまうのである。多国籍企業は非常に高額な給与を払ってタックス・プランニングに専念する公認会計士や、各国の税法に精通した法律家を雇っている。タックス・プランニングは通常「合法的」な範囲内で行われるが、場合によっては違法と疑われるケースや、あからさまな脱税行為も含まれている。国際課税の領域では「居住地」や「所得」に関する規定、条約や法律の条文に関する解釈の余地が大きく、合法と違法を分け隔てる明確な線引きを行いにくいのが実情である。世界各多国籍企業のタックス・プランニングの一つに、「移転価格」と呼ばれる手法がある。

国に散らばる子会社を利用するのだが、たとえば次のような国際的な手順で事は進められる。多国籍企業はまず、高税率国に立地する子会社に資材調達を担当させる。この子会社は原材料を購入すると、今度は低税率国に立地している別の子会社に対して、損失覚悟で、つまり市場価格より低い価格で原材料を売却してしまう。すると、高税率国に立地するこの資材調達子会社は当然のことながら大きな利潤を生み出せず、時にその決算は赤字になる。他方、低税率国に立地する生産子会社は資材を市場価格より安く調達できるから通常より大きな利潤を獲得できる。さて、納めるべき税金はどうなるか。この多国籍企業は、高税率国の子会社の利潤を圧縮し、それを低税率国の子会社にいわば転嫁することによって、たしかに低税率国での納税額は増えるものの、しかし高税率国での納税額を可能な限り低減し、回避できる。こうした操作をさまざまな国に立地する子会社を通して積み重ねていけば、この企業は世界納税総額を極小化できるのだ。

専門家の間で「移転価格」と呼ばれているのは、右の例でいえば資材調達子会社と生産子会社の間で売買された原材料の（市場価格よりも安い）価格のことである。だが、この場合、本来なら高税率国で獲得されるはずの利潤が、人為的に低税率国に「移転」されたと見ることもできるだろう。もちろん各国政府も黙ってはいない。多くの先進諸国は対抗措置として「移転価格税制」を適用している。これは簡単にいうと、各子会社をあたかも相互に独立した企業とみなし、その場合に採用されるだろう市場取引価格を子会社間の取引に適用することで、各子会社の真の利潤を把握する方法である。これにより、上述の例における調達子会社は人為的に引き下げられていた利潤が増加するので納税すべき法人税額が増え、逆に源泉地国の生産子会社は利潤が減少して納税額も減少する。結果として、多国籍企業は高税率国でより多額の、低税率国でより少額の法人税を納めることになり、ひいては世界納税額が増大する。

しかしながら、この「移転価格」の手法は、タックス・プランニングとしてはきわめて単純で古典的なものである。今や多国籍企業は、低税率国だけでなく、バハマやパナマやチャンネル諸島やケイマン諸島といった世界中に点在する「租税回避地」に、子会社や孫会社、さらには表面上の業態においては多岐にわたる中継会社やほとんど実体のないいわゆるトンネル会社を立地し、有能な公認会計士や各国の税制に精通した法律家を雇い、最新の金融工学や高性能コンピューターを駆使しつつ、じつに功妙かつ複雑な租税回避行動を展開している（志賀二〇一三、Picciotto 2011）。国際的な租税回避行動は、多国籍企業にとってもはや中核的な業務の一つになりつつあると言われているほどだ。いとも軽々と、そして課税当局には目につきにくい形で国境を超えて展開される回避行動に対して、はたして打つ手はあるのだろうか。

たしかに各国はさまざまな対処を試みてはいる。たとえばイギリスの課税当局は自国の銀行に対して、イギリスに居住する個人または企業が海外に持っている口座情報の詳細を開示するよう義務づけ、四十万人もの潜在的な脱税者と疑われる個人・企業を特定できたという。またオーストラリアの課税当局は、支店や海外口座を通じて行われているあらゆるオーストラリア・ドル取引に関するデータベースに、直接的にアクセスする権限をもっている。さらにアメリカ内国歳入庁は、「非伝統的な形で」入手した情報（タレコミのことだろう）にもとづく調査によって、スイス発祥の国際的な名門投資銀行ＵＢＳのスタッフが、大規模な形で合衆国の顧客に脱税指南を行っていた証拠をつかみ、告訴した。この事例は最終的に、アメリカとスイスの租税条約改正にまで至ったという（Picciotto 2011, pp. 253-254）。

もっとも、これら情報開示へ向けた各国課税当局の執念は、あくまで自国居住の個人・企業に関するものに限られている。グローバルに展開する経済活動にともなう国際的な資金の流れを突かなければ全貌はつかめないのだから、本来なら各国政府が協力して、自動的な情報交換が二国間ではなく多国間で常時行われるようにデータベースが整備されるべきだろう。しかし、各国政府は自国の税収確保には精力的だけれども、このような公共財となるプラットフォームを築くことには熱心ではない。残念ながら、個々の課税当局の熱心な努力は行われているものの、それは自国税収の最大化という動機づけからなされており、その意味で主権国家としての課税権力行使という枠組みから一歩も出ていないのである。企業は多国籍化し、金融は国境を超えてグローバルに動き回っているのに、課税側は真に国際的な情報交換の仕組みすら築くことができないでいる。これでは、多国籍企業による高度な租税回避行動に対抗するのはむずかしい。

問題解決への道はなお遠い。私はそもそも、見通せる将来において、現在の租税条約ネットワークの延長線上に解決策は出てこないと考えている。それを強化していく英雄的な取り組みはもちろん必要であるものの、現状を打破するイノベーティブな取り組みは、一国単位の税制改革や二国間の租税条約の漸進的な積み上げからは出てこないだろう。何らかの非連続的な飛躍が必要である。経済も租税回避も国境を超えているのだから、租税システムも国境を超えていくべきではないだろうか。そこで浮上するのが、「グローバルタックス」の構想である。

グローバルタックスの現在と未来

グローバルタックスとは何か

グローバルタックスの究極的な形をひと言でいえば、それは「世界共通の課税」である。こう述べると、そんなものは「非現実的な夢物語だ」と一蹴するむきもあるだろう。しかし、思い起こしていただきたい。かのジェームズ・トービンが一九七二年に初めて「トービン税」構想を掲げたとき、世の経済学者たちは当初歯牙にもかけなかったし、各国の政府・官僚もその具体化には消極的な態度を取り続けた。だが、「トービン税」はより発展・拡充された形で、EUの「金融取引税」として、いよいよ実施されようとしている。時代は変わるのだ。いや、変えていかなければならないのだ。グローバルタックス構想を非現実的として端《はな》から却下してしまうのではなく、その可能性を追求し、実現への方途を粘り強く探っていく戦略性は、今後ますます求められていくにちがいない。

ここで、グローバルタックスを簡単に定義しておこう。この税は次の三つの要件からなっている。

一、国境を超えた経済活動を課税対象とすること。

二、税収の一部または全部が、国際公共財供給のための財源調達としての側面をもっていること。
三、課税主体が単一の国家ではなく、複数の国家から構成される共同組織や超国家機関であること。

現在のところ、この三要件のすべてを満たす、真の意味でのグローバルタックスは世界のどこにも存在していない。二〇一四年に導入予定のEU金融取引税が、おそらくその嚆矢となるだろう。

グローバルタックスにいち早く注目してきたのは、国際連合である。国連が財政危機に陥った一九九六年、当時のガリ事務総長は、国連独自財源の可能性についてすでに言及していた。二〇〇〇年には、アナン事務総長が指名した十一人の委員からなる「開発資金に関する専門委員会」が立ち上げられている。ちなみに委員長はエルネスト・セディージョ元メキシコ大統領で、この委員会には元EC委員長のジャック・ドロール、クリントン政権第一期の財務長官だったロバート・ルービンも参加している。

国連ではそれまで大気、海洋・海底、宇宙空間など「グローバル・コモンズ」の利用に対する課税を検討していたが、二〇〇一年に提出された右の「開発資金に関する専門委員会」による報告書は、開発のための「革新的な財源」の候補として、グローバルな炭素税とともにトービン税導入の検討を開始するよう提言した（High-Level Panel on Financing for Development 2001）。この報告書はさらに、グローバルタックスを実施するための制度的基盤についても「国際租税機構（International Tax Organization）」の創設を提言している。この提言は、IMF財政局長ヴィト・タンジによる「世界租税機構（World Tax Organization）」の創設提案にさかのぼるが（Tanzi 1999）、国際租税機構に期待されている役割は、世界租税機構よりもラディカルである。なぜなら、国際租税機構には単にグローバル課税を実施するための情報収集と分析、統計の整備、グローバルタックスに参画する各国への助言だけでなく、多国籍企業に対して全世界で統一的な課税を行うための課税方式を開発するとともに、それに関する国際的な合意形成を図ることが期待されているからである。

地球温暖化への「適応」資金

このような流れのなか、一貫して反グローバルタックスの急先鋒に立ち、今後も立ち続けるだろう大国がある。アメリカである。一九九九年、アメリカが国連の一般予算およびPKO特別勘定に未納金を拠出することを承認する「国連改革法」を成立させるに際して、米議会は次のような前提条件を設けた。国連は合衆国の国民や企業に対していかなる独自課税も、そして独自課税提案すらも行なってはならない、と（Browne 2002）。これ以降、国連は「グローバルタックス」をはじめ、「租税（Tax）」という言葉を、すくなくとも報告書等の表題には一切用いなくなっている。もしも国連がタックスという言葉を表に出して行動に出るときは、米議会は国連に対する拠出金を停止し、国連は財政危機に陥る可能性が高くなるからである。国連の運営が各国政府からの拠出金によって賄われている現状では、結局のところ、超大国の利害による制約を受けずに新たな国際課税システムを構築することはできない。

とはいえ、途上国の貧困問題や衛生・健康問題、また気候変動など国境を超えるグローバルな課題を解決するために、国際的な資金調達メカニズムの必要性は近年ますます強く認識されるようになってきている。なかでも気候変動問題に関しては、グローバルタックスの具体案がいくつも提示されている。地球温暖化の進展に対して脆弱な備えしか持たない貧困国では、旱魃や洪水、暴風雨等が頻発することで多大な被害がもたらされ、それがさらに貧困問題を悪化させる可能性がある。そこで、気候変動の影響に強いインフラを途上国に構築するとともに、人的資本への投資やネットワーク形成を行わなければならない。そのためには、先進諸国による資金移転や低利融資が必要となる。

これら一連の活動は気候変動への「適応（adaptation）」と呼ばれているが、この「適応」資金の財源調達手段として、グローバルタックスに注目が集まっているのである。これまで先進国が排出してきた温室効果ガスによって地球温暖化が引き起こされ、途上国がその被害を受けているのだから、いわゆる「原因者負担原則」にもとづいて先進国が問題解決のための資金を負担するとして、それをグローバルな形で賄おうというわけだ。

適応資金の財源をめぐっては、これまでにさまざまな提案が行なわれているが、それは大別して次の四つの類型に分類できる。①二国間のCO_2排出枠取引オークションによる収入を財源にあてる。②炭素市場に関連した課税の拡充。③CO_2排出や特定の経済活動に対する課税。④各国政府の一般予算からの拠出。だが、①と④は「国際的な資金調達メカニズム」ではあるけれども、「租税」とは見なしがたい。グローバルタックスの要件を満たしうるのは、②と③である。

そのうち、③の「課税」のひとつとして、「国際航空適応税」というあまり聞きなれない税目が提案されている。これは何だろうか。実をいうと、国際航空適応税は、「国際連帯税」という名称ですでに実施されている。グローバルタックスの萌芽を、そこに見ることができるのだ。

フランス「国際連帯税」の先駆性

国際連帯税は、二〇〇五年十二月にフランス議会で承認され、二〇〇六年七月から実施されている。乗り換え客を除き、フランスの空港から離陸する全ての乗客が課税対象となる。乗客が負担する税額は――エコノミークラスの場合は国内便と欧州便が一ユーロ（約一二〇円）で欧州域外便は四ユーロ、ファーストクラスとビジネスクラスの場合は国内便と欧州便が十ユーロで欧州域外便は四十ユーロとなっている。この税は、先に述べたグローバルタックスの三要件を完璧に満たしているわけではない。だが、「国境を超えた経済活動」（フランスを基点とした国際航空）を課税対象としていること、そしてその税収がＵＮＩＴＡＩＤ（国際医薬品購入ファシリティ）という国際機関を通じて途上国の感染症対策（エイズ、マラリア、結核などの薬剤購入）に用いられること、この二点において、グローバルタックスの第一要件と第二要件を、部分的には満たしていると言えるだろう。この税はその後、フランスに続いて韓国やチリなど計十二カ国で導入されたが、いずれも、共通の制度設計の下で共同課税されているわけではなく、また超国家機関によって課税されているわけでもないから、グローバルタックスの第三要件はまったく満たされていない。

ところで、国際連帯税はなぜ航空便に対する課税として、具体的には航空券課税の形式をとって導入されたのだろうか。国境を超える経済活動は他にいくらでもあるだろう、なぜ航空便だけを狙い撃ちにするのか。こうした疑問に答えて、フランス政府は、航空便がCO_2の排出など環境に対して負の影響を与えているにもかかわらず、相対的に低水準の課税しかなされていないからだと述べている。なるほど、国際航空に対してはこれまで国家の課税権が及んでおらず、また北欧諸国の定めた炭素税の課税対象外とされてきた。航空産業はグローバル化の恩恵に最も浴して成長している産業の一つでもある。フランス政府はこのような事情を勘案したうえで、国際的な新税導入に踏み切ったと思われる。

この新税にはいくつかの利点がある。たとえば、課税が航空交通に限定されているので、税負担の逆進性を回避できる。というのも一般に、飛行機を頻繁に利用する人々、とりわけ海外旅行を常時楽しんでいるような人々は、それなりに、あるいは大いに経済的な余裕がある所得者層だからである。また、エコノミークラスの利用者に軽課し、ファーストクラスやビジネスクラスの利用者に重課することによって、利用者の所得の多寡により即した、いわゆる応能的な課税にもなっている。あるいはまた、航空券の発券業務に則って課税できるため、課税技術上も実施が容易である。さらにフランス政府によれば、税が少額のため、この新税によって航空客は減少しないという。そして最後に、その税収が、先進国よりも途上国において深刻な感染症対策のための財源となる。「国際連帯」税という名称からも窺われるように、フランス政府はこの税を、経済のグローバル化によって拡大した南北間格差に対処するための、所得の再分配政策手段の一つとして、言い換えれば「国際的な政策課税」として位置づけているのだ。たしかに薬剤購入は、現物支給という形をとった「所得の再分配」と捉えることができる。

フランス政府が「国際連帯」を掲げてこの税をいち早く導入したことを、私は高く評価すべきだと考えている。それには三つの理由がある。

第一に、従来ODAは、各国の一般予算から拠出されるために毎年議会で承認されなければならず、財政状況や自国中心主義の高まりといった折々の政治状況によって予算削減の恐れがあり、財源の不安定性に悩まされてきた。これに対して国際連帯税は、継続的かつ安定的に財源を確保でき、財源規模の予見可能性が大幅に高まる。第二に、国際公共財の供給のために、その財源としてODAや国際機関への国別拠出金ではなく、租税を用いることができることを世界で初めて示した点が挙げられる。そして第三に、この税が、受益と負担の関係を国民国家という狭い枠組みのなかで完結的に考える近代的な慣習から人々を解き放ち、グローバルな規模で受益と負担を考え直す必要性に気づかせてくれたことである。EUの金融取引税が「世界税制史の一里塚」だとすれば、国際連帯税はその一里塚へ向かうための、現実的で着実な第一歩だった。

グローバルタックスはなぜ必要なのか

グローバルタックスの現在をざっと見てきたが、なぜこのような税制構想が浮上し、その必要性や実施の具体案をめぐる議論が活発化してきているのか、その背景をあらためて整理しておこう。

まず、気候変動問題に典型的にみられるように、国境を超えるグローバルな課題が出現し、それを解決するために国際社会が共同で資金拠出を行なう必要性が高まってきたことがある。つまり、「国際公共財」の供給とその財源調達の仕組みを構想することが、二十一世紀の世界には欠かせないという認識の高まりである。

次に、経済のグローバル化の進展にともなう南北間格差の拡大である。この問題は一国単位ではとうてい解決できず、グローバルな形で所得の再分配機能を強化していかねばならない。先述の「適応」資金提案がいずれも先進国から途上国への資金移転メカニズムという色彩を濃厚に帯びていたこと、またフランスの「国際連帯税」の税収が途上国への薬剤現物支給に回されていることは、このような方向性をよく物語っているだろう。

さらに、さまざまな形で展開されるグローバルな経済活動のうち、負の影響を与える活動をいかに制御するかという政策手段上の問題がある。近年、軽々と国境を超えていく投機資金が原油や不動産や貴金属等に投じられて価格高騰が次々と引き起こされてきたが、とりわけ二〇〇八年のリーマン・ショック以降、資産価格の下落や金融機関の貸し渋りによって実物経済は多大の悪影響を被っている。国際的な投機的資金によるこのような負の影響をいかに制御するか。その有力な解答案が、EUの金融取引税導入決定だったことはすでに述べた通りである。

そしてもう一つ、経済のグローバル化を象徴する多国籍企業への対応という大問題もあった。自国企業を国内にとどめ置き、海外企業を誘致するために、世界各国の税制のトレンドは累進所得税のフラット化、法人税率の引き下げへと向かう一方、多国籍企業の高度な租税回避行動に対しては二国間の租税条約ネットワークでは太刀打ちできなくなっており、ここでもグローバルタックスへの期待が高まっている。

グローバルタックスはどこへ向かうのか

国際連帯税はフランスや韓国など各国政府が個別に課税し、航空便のみを課税対象としているのだから、たしかにグローバルタックスと呼ぶには、いかにも未熟な税制かもしれない。しかし租税の歴史を振り返ればわかるように、そもそも租税システムの構築は、比較的課税しやすい税目、取引税や流通税といった間接税から出発するケースが多いのだ。

ドイツの所得税成立史がその好例である。一八七一年に統一・創設されたドイツ帝国は当初、関税と共同消費税（塩税、たばこ税、砂糖税、手形印紙税、酒税など）からなる間接税を、主たる財源にせざるをえなかった。所得税のような直接税は、プロイセンをはじめとする各邦国の大事な財源だったからである。しかし、ドイツ資本主義の発展にともなって経済活動が狭い邦国の範囲を超え、全ドイツに広がるようになると、所得税制が邦国ごとに異なっていることから財政力格差の問題が顕在化していった。経済の進展と越境化に税制が遅れをとっていたのだ。そして、この「遅れ」を解消するには、やはりそれなりの時間がかかる。実際、所得税の請求権が「エルツベルガー改革」によって各邦国から統一ドイツ帝国へと委譲されたのは、第一次世界大戦後の一九二〇年のことだった（諸富二〇〇一、二一三〜二二〇頁）。

二十一世紀の今、ＥＵの財政事情は、かつてのドイツ帝国の苦境と酷似している。ＥＵの固有財源は農業課徴金、欧州共通関税、付加価値税のうちの一％分、そしていわゆる「第四財源（国民総所得に比例して決定される各国からの拠出金）」からなっている。最初の三つの財源はどれも間接税である。所得税や法人税のような直接税はEU加盟各国が徴税している。

ドイツ帝国の先例にもEUの現状にも共通して指摘できるのは、たとえ経済活動が旧来の課税主権の及ぶ範囲を超えて大きく広がるようになっても、課税権力が、経済の変貌に見合ったより広範な地域を支配する上位政府・上位機関にすぐさま移譲されることはないということである。そしてそれまでの移行期には、より上位の課税権力は直接税ではなく、取引や流通に依拠した間接税にその財源を頼らざるをえない。したがって、経済のグローバル化が今後ますます進行して国民国家の課税権力の限界がさらに表面化してきたとしても、所得税や法人税は、まだ当分の間は国民国家の固有財源として残り続けるだろうことが予測される。逆にいえば、いつの日か世界各国が協力してグローバルタックスを導入するとしても、当面は間接税という形を取らざるをえないだろう。これまで紹介してきたEU金融取引税、「適応」資金提案（の第二、第三類型）、フランスの国際連帯税が、いずれも取引や流通を課税対象にしていることは、その意味で理にかなっているのだ。

今後、グローバルタックスが間接税の領域で逐次導入されていくにしても、しかし当面は、金融取引税のように何カ国かによる先行導入という形を取ることになるだろう。租税システムの構築の順序としては、まずは比較的単純な、たとえば収入と支出が直結した「目的税」的なものから始まり、それが徐々に整理統合されながら、一般財源化された租税へと発展していくことになるだろう。もちろん将来的には、二国間の租税条約ネットワークに頼らずに多国籍企業に対して世界共通の法人税を課す「単一法人課税（unitary tax）」の導入といった、直接税へのシフトが生じることも考えられないわけではない。また、グローバルタックスの現実的導入にあたっては、かつてトービンが強調した国際通貨取引税構想のような「政策手段としての国際租税」という側面よりも、むしろ「適応」資金提案に見られるような「財源調達手段としての国際租税」という側面が、より重視されることになるかもしれない。

二〇一三年現在、グローバルタックスに向けた動きの中心地はヨーロッパである。経済統合にともなって国境を超える経済活動が増大し、単一国家の枠内で課税権を完結させることが徐々に困難になっていった時、ヨーロッパ諸国は国境関税を撤廃し、EUの境界関税に切り替え、その税収をヨーロッパ共同体の財源とした。また彼らは付加価値税の最低税率を共通化し、その税収の一部を同様に共同体の独自財源とした。そんなEU諸国にとって目下大きな課題となっているのは、金融所得課税や法人税などの直接税に関しても「税制の調和」をいかに推し進められるかということである。

フランス革命以来、課税権力は国家主権の中核要素であり続けてきたが、単一国家を超える欧州レベルでの課税システムの構築がたしかに始まっている。しかし、グローバルタックスの向かう先には、さらに大きな課題がある。これまではもっぱら「いかに課税するか」が議論され、また実際に課税システムが構築されつつあるわけだけれども、「誰が使うのか」という問題はさほど突き詰められていない。グローバルタックスが今後一定の税収を生んでいき、超国家機関や国際機関の独自財源となるなら、その税収管理と使途の決定権はいったい誰が握るのか？

国際連合、ＷＴＯ（世界貿易機関）、ＩＭＦなど多くの国際機関では通常、国家代表からなる協議体で意思決定を行っている。これは、その財源が各国政府からの拠出金から成り立っていることとも対応している。しかし、その意思決定過程は往々にして不透明であり、強力なチェック機能は存在せず、ましてや私たち市民によるコントロールはまったく効かないと言ってよい。仮に国際公共財供給のための財源が必要だとしても、現在の国際機関のような意思決定機構を温存したままグローバルタックスを導入すれば、その税収の管理・使途に関する意思決定過程の不透明さはさらに増幅されることになるだろう。グローバルタックスを導入し、市民や企業や金融機関などを直接的な税負担者とするのであれば、既存の意思決定機構についても根本的な変革を行うべきだろう。既存の機構には納税者の意思をすくい上げ、反映させるような回路がないからである。先にも紹介した国連の「開発資金に関する専門委員会」報告書は、グローバルな観点から政策目標を設定し、国際的な共同行動について合意形成を図る機能を持った「グローバル評議会」の創設を提言してはいるが、これはあくまで政府代表からなる協議体にしかすぎない。

グローバルタックスの使途に関しては、国家代表だけでなく、さまざまな民間主体が意思決定過程に参加できるようなシステムを構築していく必要がある。たとえか細いパイプであれ、納税者の意思が伝達されうる仕組みが必要である。ここでも、一つのモデルを提供してくれているのは、やはりＥＵである。ＥＵの意思決定システムは、加盟各国の利害を代表し、内閣に相当する決定機関である「閣僚理事会」と、行政府である「欧州委員会」と、直接選挙によって各国から選出された欧州議員によって構成される「欧州議会」とから構成されている。なかでも欧州議会は創設以来、一貫してその権限を強めてきており、単なる諮問機関から現在では理事会との共同決定機関にまで変貌している。

　これと同様に、グローバルタックスの税収管理とその使途の決定に正当性を付与するためには、国家代表からなる協議体だけでなく、欧州議会のように各国ごとに選挙で直接選出された代表による議会を創出することが必要になるだろう。言い換えれば、「グローバルタックス」を構想することは、このような意味での「グローバル・ガバナンス」のあり方を問うことにつながっていくにちがいない。このことは、かつてトービンが想定していたように、単にトービン税をＩＭＦの管理下に置くことを意味しない。むしろそれは、税収の管理を担当する国際機関の意思決定機構を変革し、国際機関における意思決定過程のより一層の透明化と民主化につながるという意味で、トービンの想定よりもはるかに革命的な出来事になるだろう。国際的な租税システムが経済のグローバル化に追いつき、即応することは、国際的な政治機構のあり方をも根底から変えていくかもしれないのである。

終　章　国境を超えて

租税、国家、資本主義

本書の冒頭でも述べたように、租税を論じることは、国家のあり方を論じることにほかならない。しかし、国家のあり方をどう捉えるかは、資本主義的な経済システムをどう捉えるかによって、大きく異なってくる。資本主義は放っておいても自律的にうまく行くと考えるか。それとも、放っておくと問題が生じるから、国家が介入しなければならないと考えるのか。これは、経済学にとっては古典的な悩みの種でもある。

前者の考え方に立つなら、国家は市場に対して控えめに存在するだけでいいし、市場ができない仕事を最小限果たせばそれで充分である。この場合、租税負担はなるべく低い水準に留め、課税の仕組みは資本蓄積を阻害しないように設計されるべきだ、ということになるだろう。要するに「国家は市場を邪魔する存在であってはならない」。これは、フランス重農学派からイギリス古典派経済学に至るまで共有されていた格率である。国家が経済に対して中立的でなければならないという点だけを強調するのは、現代的な感覚からすると、いささか保守的な響きをともなう。しかし歴史的には、本書第一章の舞台となった絶対王政から近代的な国民国家への過渡期においては、この格率は資本主義を担うブルジョアジーの興隆を促す一方で、絶対王政による恣意的な課税を抑止し、国家に対して経済合理性の枠をはめようとした点で、むしろ進歩的な役割を担っていた。

これに対して、自由放任の下では市場が必ずしもうまく機能せず、資本主義経済がもたらす負の影響を除去するためにも、国家の積極的な介入は必要だと考える経済学者、財政学者も少なからずいた。租税に新しい役割を与え、実際に新機軸を打ち出してきたのは、むしろこの系統の学者たちだったと言えるだろう。彼らは、資本主義経済システムに対して批判的な意識をもって臨み、鋭い分析を行った。たとえば第二章で紹介した十九世紀ドイツのアドルフ・ワーグナーは、資本主義経済がその発展とともに階級の分化、格差の拡大、貧困問題を激化させていくのをみて、租税が経済に対して中立的に「財源調達手段」としての役割を果たしているだけでは不充分であることを、先駆的に見抜いていた。

経済学者たちが立ち向かう問題は、二十世紀に入ると、それまでの主要課題だった富の再分配問題（第三章）から、民主主義にとって脅威と受け止められるほど巨大な経済権力を打ち立てた独占・寡占問題（第四章）へ、さらには第二次世界大戦をへて一九七〇年代以降になると、国境を超える投機的な資本移動の問題（第五章）へと拡大していった。十九世紀と二十世紀で経済問題の捉え方が異なるのは、資本主義経済システムの運行そのものについて抜本的な軌道修正が必要ではないのか、と二十世紀の経済学者たちが感じ始めた点にある。十九世紀なら、基本的には経済成長を促し、その過程で生じてくる貧困問題や格差の問題に対しては、いわば別途対処していればよかった。マルクス主義者をのぞいて、資本主義の発展そのものは疑われておらず、たしかに多少の問題はあれ、この経済システム自体は正常な発展過程にあると捉えられていた。ところが二十世紀には、企業合同・合併を繰り返して巨大な独占・寡占体の形成に突き進む資本主義の軌道そのものが憂慮すべき誤った方向に向かっているのではないか、という強い疑念を多くの人々が抱くようになった。十九世紀には十年周期で済んでいた「周期的恐慌」の山と谷は、時代とともに振幅が激しくなり、ついに一九二九年のクラッシュ、あの世界大恐慌へと至る。

一九七一年のブレトンウッズ体制の終焉後、資本主義的な経済活動は続々と国境を超え始めた。景気の浮き沈みの振幅はいっそう激しいものとなり、実物経済を離れて自立し始めた金融経済が、八〇年代に進行した金融自由化の波にのって国際的に膨張していく。九〇年代には短周期的に通貨危機やバブルの生成と崩壊が繰り返され、その規模をますます拡大し、二〇〇〇年代に入るとほとんど誰も制御できなくなってしまった。その現実的かつ象徴的な帰結の最たるものが、二〇〇八年のリーマン・ショックを契機とする世界的な金融危機だったことは指摘するまでもない。

咽喉もと過ぎれば……と言うと意味合いが異なるけれども、資本主義経済システムが呆れるほど強靱だと思わせられるのは、これらの危機に見舞われながらも、それを次々と擦り抜けて、さらなる進展をとりあえず実現してしまうからである。にもかかわらず、これほど頻繁に繰り返される危機の発生は、資本主義経済そのもののどこかに、やはり内在的な欠陥が備わっているのではないかという疑いを呼び起こす。そして、そのような内在的欠陥を制御する手立てを私たちがもたない限り、危機は再び繰り返されると考えるほうが賢明であり、またそう考えざるをえないのではないだろうか。これは、「資本主義経済システムそのものには何も問題はなく、ただ、その発展過程でどうしても格差などの副作用が生じるので、それに対してだけはそのつど別途対処していかねばならない」という認識とは、大いに異なるものである。

世界大恐慌を受けて、アメリカのローズヴェルト政権は、法人税を活用して独占・寡占体をコントロールし、それを通じて経済復興を図るという野心的な課題に果敢に挑戦した。それは全面的に成功したとは言い難いが、彼らは累進的な所得税を中心として、法人税と資産課税からなる直接税中心の税体系を、戦後世界における税制のスタンダードとして確立することに寄与した。これらの税体系は、豊かな税収を生み出すとともに、資本主義経済システムの中に深く埋め込まれることになった。この「埋め込まれた」税制は第二次世界大戦後、個人と企業の意思決定に常時影響を与え、所得と資産保有に法外な格差拡大が生じるのを防ぎつつ、経済の安定的な運営に貢献してきたと評価してよい。二〇一四年からは、EUがリーマン・ショック後の金融危機を受けて金融取引税を導入し、国境を超える投機的金融取引を、超国家的な税制で制御するという歴史的実験に世界で初めて本格的に挑む。この金融取引税は、EUというリージョナルレベルの経済にうまく「埋め込まれ」、実物経済の発展を支えるという本来の役割に金融を引き戻すことができるだろうか。私たちはその成否を、そしてグローバルタックスの可能性（第六章）のゆくえを注意深く見守らなければならない。

「政策課税」思想の伝統

EU金融取引税のアイデアの源はトービン税にあり、またトービン自身そもそもケインジアンであって、トービン税構想の源はケインズの「証券取引税」提案にまで遡ることができる。晩年のケインズは病いに冒されながらも、国際的な資本移動をコントロールするブレトンウッズ体制の構築に文字通り命がけで尽力した。この偉大な二人の経済学者は、自由放任下の資本主義はそのままでは経済的に最適な状態を達成することはできず、最適状態を作り出すためには理性にもとづく「人為」の力によって資本主義を制御しなければならないという認識を共有していた。租税思想的にいえば、二人とも政策課税の推進を主張したのである。

このような政策課税思想の流れは、ケインズ以前に形作られていた。その水源はおそらくワーグナーだろうが、本書では残念ながら詳しく触れられなかったアーサー・ピグーの租税思想も、この知的伝統のなかで見逃すことができない。というのも、ピグーは第一次世界大戦直後の一九一九年から二〇年にかけて、「所得税に関する王立委員会」委員としてイギリスの税制論議にも加わったが、代表的な著作『厚生経済学』（一九二〇）において、累進所得税の導入が所得再分配を通じて経済厚生最大化を達成することを説き明かし、政策課税の必要性を理論的に根拠づけてみせたからである。また、ピグーの画期的な功績としては、「環境税」の提唱と理論化も忘れてはならないだろう。

政策課税思想に通底するのは、次のような資本主義観である。所得と富の格差が小さく、完全雇用が実現し、独占・寡占はコントロールされて適切な競争環境が維持され、金融は実物経済を翻弄するのではなく、むしろその僕《しもべ》や黒衣となって支える側に回り、そしてきれいな空気や水が享受できる環境の下で、実物経済の適度な成長が実現する経済社会こそが望ましい。そのためにはアダム・スミス流の「レッセ・フェール（自由放任）」ではなく、市場と国家が適切な形で組み合わされた混合経済へと移行する必要がある。そして経済学は、十九世紀に全盛をきわめた「自然の体系」から「人為の体系」へと移行すべきである……。

これは資本主義否定論ではない。それどころかむしろ、資本主義をより高次の段階へとバージョンアップさせるためのプロジェクトと言ってよい。税制は、そのための中心的な役割を担う。たとえば環境税の導入された経済社会は、それ以前に比べて環境負荷が少なく、エネルギー生産性が高く、また新税によって課された制約を乗り越えるためにより活発なイノベーションが行われるようになり、「低炭素経済」あるいは「グリーン経済」へと自らの質を高めていく。あるいは、金融取引税が「埋め込まれた」ヨーロッパ経済は、過度の投機を無意味にすることで、それまで投機に振り向けられていた資金を実物経済に引き戻すとともに、投機的金融商品の開発に従事させられ浪費されてきた人的資源を、実物経済をより高質なものに引き上げるための生産的な仕事に振り向けることによって、経済の発展軌道を転換させることにつながるだろう。さらには、収益率が低いという理由で等閑視されてきた環境・福祉・文化など、資本主義社会のあり方をもっと豊かなものにしてくれる分野が、経済的にも健全な発達をとげることができるような資金調達メカニズムを構築していくことも重要だ。資本主義経済システムは決して万全とは言えないけれども、このような過程を経ることで今まで螺旋的に発展してきたのだし、これからも発展していくだろう。

国境を超える課税権力

しかしながら、従来の政策課税思想には限界もある。「租税を通じた経済のコントロール」という考え方が、往々にして国民国家の枠組みを前提にしている点である。市民社会が「下から」国家を道具として使いこなし、たとえば独占・寡占へと突き進んでいく法人に対して、租税を通じてコントロールするという構想は、国家・法人・市民の三者が国民国家という同じ土俵の上で活動している（一九一頁の概念図参照）からこそ可能であり、現実的にも有効だった。しかしブレトンウッズ体制崩壊以降、法人が国境を超えて飛躍的に活動領域を広げたため、この枠組みの中に囚われている限り、グローバル化した経済を租税によってコントロールすることはできない。下手にコントロールしようとすれば、多国籍化した法人はその制御を嫌って他国に活動の拠点を次々と移していくだろう。現状は二国間の租税条約の積み重ねによる国際課税ネットワークで対処しているわけだが、第六章で述べたように、結局この問題に対する根本的な解法は「課税権力のグローバル化」しかないのだ。つまり、二国間で結ばれた三〇〇〇本の糸からなる「課税権力のネットワーク」から、「世界各国の課税権力の集約化」ないしは「共同課税権力の樹立」へと、いずれは向かわなければならない。

「そんなことが課税技術上、そもそも可能だろうか。たしかに正論だが、それはやはり遠い将来の夢物語ではないか」と思われる懐疑的な現実主義者は少なくないことだろう。しかし、可能性は現にあるのだ。ＥＵが国境を超える金融取引に課税することを決定した背景に、そのための情報的基盤が整ってきたという事情があることを見落としてはならない。金融がこれほどまでに国境を超えて移動し、日々決済されているのは、情報コミュニケーション技術（Information and Communication Technology: ICT）のおかげである。課税当局もこれを利用しうる。当局は金融機関を「特別徴収義務者」として指定した上で、実際の徴収業務を彼らに任せることになるが、その際に彼らが依拠するのは金融取引に関する電子情報である。課税当局はこれらのデータへのアクセス権を求め、金融機関が適切に金融取引を把握して課税しているか、事後的にデータと照合することができる。天文学的な数字に上る金融取引を的確に把握し、きわめて高度な処理能力をもつデータセンターと計算機を活用すれば、課税は次々と短時間で実行できるのである。かつてはまったくの夢物語と考えられていた金融取引税導入にEUが踏み切ったことには、こんな一種の裏事情もあるのだ。

十八世紀を生きたアダム・スミスは、所得税を理論的には支持していたものの、現実的な税制改革提案はあえてしなかった。当時の課税技術水準では所得を正確に把握することはとうてい困難で、個人所得への課税などそれこそ夢物語だと一般に見なされており、スミス自身そう考えていたからである。一方、十九世紀末のアドルフ・ワーグナーが自信をもって社会政策課税構想を打ち出せたのは、当時のプロイセン政府がさまざまな所得源から得られる個人所得をかなり正確に把握し、個々の納税者の支払い能力を計算し、総所得の多寡に即した累進税率を適用する情報的基盤を確立しつつあることを、彼が知っていたからにほかならない。

ＥＵ金融取引税の導入は、意外な副産物を私たちにもたらしてくれるかもしれない。この新税の導入をきっかけとして、国境を超える資金の流れについて政府が正確な情報を入手できるようになると、それらを分析することである程度、多国籍企業をめぐる資金の流出入についても情報把握が可能になるからである。たしかに現時点では、多国籍企業の利潤に対して直接課税することはむずかしい。しかし、まずは金融取引税導入によって彼らの資金フローをつかむことができれば、それは将来的に、多国籍企業にグローバルタックスをかけるにあたって、情報的基盤の構築へ向けた重要な布石になりうる。

私たちは国境を超えられるか

資本主義社会において、まず経済が国境を超えた。そのあとを追って、近代国民国家の中核的要素であり続けてきた課税権力も、国境を超えようとしている。誰かが乗り遅れてはいないだろうか。乗り遅れそうだな、という心配すらしていない。それは、私たち自身である。

法人・国家・市民社会の三者関係でいえば、市民社会だけが最後まで旧来の国民国家の枠組みに取り残される恐れがあるのだ。国際的な「課税権力のネットワーク化」がますます進展し、さらにグローバルな「共通課税権力の樹立」が可能になれば、課税権力の所在の中心軸は国民国家ではなく、市民からははるかに遠い超国家機関や国際機関に移されてしまう。市民の日々の生活に直結するような個々の税制をめぐる議論は、たしかに各国民国家の枠組みで行われ続けるだろうが、国家単位ですべてを決定することは徐々にできなくなっていく。イギリスの市民革命を通じて獲得された、市民の（議会を介した）「租税協賛権」は次第に侵食され、形骸化もしくは空洞化の危機にさらされる。遠い将来の話だろうか。いや、これはEUで実際に起きた問題である。

EUでは、執行機関にあたる「欧州委員会」と、実際に政策を決定する「閣僚理事会」とに対して、「欧州議会」の力が弱かった。当初は装飾的な諮問機関とすら見なされていたくらいである。国民国家における法律に相当する「EU指令」は、もっぱら欧州委員会によって立法化されてきた。この「指令」の拘束力は強大で、これが可決されれば、各加盟国は自動的にこれを自国内でも立法化しなければならない。近年、このようなEU指令の数が増加し、各国民国家の行動の自由をますます縛るようになってきている。EUが域内市場統合を進めた結果として、資本や労働や財・サービスの国境を超える移動が自由になり、その空間的広がりに対応するガバナンス能力の創出が急務となったことも、この傾向に拍車をかけた。加盟国は、自国だけで物事をすべて決定できなくなり、各国議会は国権最高の意思決定機関であるにもかかわらず、その決定権が制約されて中途半端な状態に置かれている。端的にいえば、ヨーロッパにおいて真に重要な決定は今や単一国家レベルではなく、EUレベルで行われているのだ。

このような流れのなかで、欧州議会の権限は徐々に強化されていった。まず一九八〇年代初頭に、EU立法の成立過程における議会への諮問手続きが強化された。八七年の単一欧州議定書では、同じく議会の同意・承認が求められるようになった。九三年のマーストリヒト条約では共同決定手続きが導入され、議会は事実上の立法拒否権を手にした。この権利は、九九年のアムステルダム条約でその適用領域を拡げた。こうして現在では、欧州議会はEU立法全体の三分の一に対して何らかの形で決定権限をもち、三分の一に対して諮問権限を有するまでになった。あとの三分の一はまだ、欧州議会が何の参与もできない政策領域として残されているけれども。

　なぜ欧州議会の権限強化にこだわるかというと、前章で触れたように、この議会を構成する議員が欧州市民による直接選挙で選出されているからである。つまり、ヨーロッパの市民たちは、欧州議会議員選挙への投票という形で、ＥＵという超国家機関に対して、まだヨーロッパ的な規模ではあるけれども「共通課税権力」に対して、民意を反映させる回路を持っているのだ。これは、彼らが一種グローバルな「租税協賛権」を手にしていることを意味している。さらにいえば、超国家機関を通して多国籍企業を間接的にコントロールし得るルートも手にしている。ここまで来るのに、単一欧州議定書が発効した一九八七年から数えても、それなりの時間はかかったけれども、ともあれヨーロッパ市民は国民国家の枠組みのなかに取り残されてはいない。法人・国家・市民社会という三者関係は、多国籍企業・超国家機関・ヨーロッパ市民社会という三者関係の新たなステージへと、すくなくとも部分的には進みつつある。

　もちろん、多国籍企業とは異なり、ヨーロッパの市民たちはそれぞれの「国民性」を脱ぎ捨てることは容易にはできないだろうし、脱ぎ捨てる必要がまったくない場面も無数にあるにちがいない。しかし、真に重要な社会・経済的決定がヨーロッパ次元でなされるようになった今、同次元での議会権限の強化はぜひとも必要であったし、またその議会をとおして市民たちが、ＥＵの租税システム構築を民主主義的に「下から」コントロールし得るルートを確保していることは銘記しておくべきだろう。ヨーロッパでは、市民社会も否応なく、国境を超え始めているのだ。たしかにグローバルタックスの拡大・整備への途、ましてやグローバル・ガバナンスの確立へと至る途は、まだはるかに遠いことだろう。しかし、欧州議会の権限強化に要した時間を思い起こすなら、日本の市民社会が長期的な展望を持つことに、早すぎるということはない。

私たちは上手に国境を超えられるだろうか。

参考文献

第一章

アダム・スミス（一七六三）『グラスゴウ大学講義』高島善哉・水田洋訳、日本評論社、一九四七。

アダム・スミス（一七七六）『諸国民の富』大内兵衛・松川七郎訳、岩波文庫（一）～（五）、一九五九～一九六六。

池田浩太郎・大川政三（一九八二）『近世財政思想の生成――重商主義と官房学』、千倉書房。

大淵利男（一九六三）『イギリス財政思想史研究序説――イギリス重商主義財政経済論の解明』、評論社。

大淵利男（一九六八）『近代自然法思想と租税の理論』、評論社。

佐藤進（一九六五）『近代税制の成立過程』、東京大学出版会。

島恭彦（一九三八）『近世租税思想史』（『島恭彦著作集　第一巻　財政思想史』一九八二、有斐閣）。

菅原修（一九五五）「ジョン・ロックにおける租税理論の研究（一）～（三）」（『富山大学紀要　経済学部論集』第六号七十一～八十四頁、第七号七十五～八十二頁、第八号六十三～七十二頁）。

高山新（二〇〇一）「シェハーブ『累進課税論』―累進原理の解明―」（宮本憲一・鶴田廣巳編『所得税の理論と思想』、税務経理協会、六十七～一三〇頁）。

デカルト（一六三七）『方法序説』野田又夫訳（野田又夫編『中公バックス　世界の名著　第二十七巻　デカルト』、一六一～二二二頁）。

デカルト（一六四一）『省察』井上庄七・森啓訳（同前、二二三～三〇七頁）。

デカルト（一六四四）『哲学の原理』井上庄七・水野和久訳（同前、三〇九～四〇八頁）。

ホッブズ（一六四二）『市民論』本田裕志訳、京都大学学術出版会、二〇〇八。

ホッブズ（一六五一）『リヴァイアサン』水田洋訳（改訳版）、岩波文庫（一）～（二）、一九九二。

松下圭一（一九五九）『市民政治理論の形成』、岩波書店。

水田洋（一九五四）『近代人の形成――近代社会観成立史』、東京大学出版会。

宮本憲一（一九五三）「イギリス自由主義財政学の成立―W・ペティを中心に―」名古屋大学経済学部卒業論文（「ペティ財政学の位置―財政学の生成過程に関する一研究」『金沢大学法文学部論集・法経篇』第一号、一九五四、一一九～一三八頁の底本）。

横田茂・山崎圭一（二〇〇一）「ケネディ『イギリスにおける課税』―社会史的租税思想史の古典―」（宮本憲一・鶴田廣巳編『所得税の理論と思想』、税務経理協会、十一～六十五頁）。

吉田克己（一九八四）「ジョン・ロックの国家論―ロック財政経済思想解明の手がかりとして」（『日本大学文理学部（三島）研究年報』第三十二号、一九七～二〇七頁）。

吉田克己（一九八六）「ジョン・ロックの租税論」（『日本大学文理学部（三島）研究年報』第三十四号、一〇九～一二二頁）。

ロック（一六九〇）『市民政府論』鵜飼信成訳、岩波文庫、一九六八。

Borkenau, F. (1934), *Der Übergang vom feudalen zum bürgerlichen Weltbild: Studien zur Geschichte der Philosophie der Manufakturperiode*, Félix Alcan（水田洋ほか訳『封建的世界像から市民的世界像へ』みすず書房、一九六五）

Dowell, S.（1884）, *A History of Taxation and Taxes in England from the Earliest Times to the Present Day, Vol. II, Taxation, from the Civil War to the Present Day*, Longmans, Green.
Kennedy, W.（1913）, *English Taxation, 1640-1799: an Essay on Policy and Opinion*, G. Bell.
Schumpeter, J. A.（1918）, *Die Krise des Steuerstaates*, Leuschner & Lubensky（木村元一・小谷義次訳『租税国家の危機』岩波文庫、一九八三）
Shehab, F.（1953）, *Progressive Taxation: a Study in the Development of the Progressive Principle in the British Income Tax*, Clarendon Press.

第二章

瀧井一博（一九九九）『ドイツ国家学と明治国制―シュタイン国家学の軌跡―』、ミネルヴァ書房。

フッサール『間主観性の現象学　その方法』浜渦辰二、山口一郎監訳、ちくま学芸文庫、二〇一二。

マルクス（一八四四）「ヘーゲル法哲学批判序説」（城塚登訳『ユダヤ人問題によせて　ヘーゲル法哲学批判序説』岩波文庫、一九七四、六十九～九十六頁）。

諸富徹（二〇〇一）「ドイツにおける近代所得税の発展」（宮本憲一・鶴田廣巳編『所得税の理論と思想』、税務経理協会、一九三～二三四頁）。

諸富徹（二〇〇九）『ヒューマニティーズ　経済学』、岩波書店。

Grüske, K.-D. und R. K. von Weizsäcker（1991）, "Wagners «Grundlegung» im Spannungsfeld zwischen Liberalismus und Sozialismus", *Vademecum zu einem Klassiker der Finanzwissenschaft*, Verlag Wirtschaft und Finanzen, S. 57-95.

Hegel, von G. W. F.（1821）, *Grundlinien der Philosophie des Rechts*, In der Nicolaischen Buchhandlung（「法の哲学」、藤野渉・赤沢正敏訳『世界の名著44　ヘーゲル』、中央公論社、一四九～六〇四頁）.

Heilmann, M.（1980）, *Adolph Wagner – ein deutscher Nationalökonom im Urteil der Zeit: Probleme seiner biographischen und theoriegeschichtlichen Würdigung im Lichte neuer Quellen*, Campus Verlag.

Heilmann, M.（1984）, *Lorenz von Stein und die Grundprobleme der Steuerlehre: ein Beitrag zur Geschichte der Finanzwissenschaft*, R. v. Decker's Verlag, G. Schenck.

Musgrave, R. A.（1969）, "Provision for Social Goods", Margolis J. and H. Guitton eds. *Public Economics*, Palgrave Macmillan,（in: Musgrave R. A.（1986）, *Public Finance in a Democratic Society, Vol. I: Social Goods, Taxation and Fiscal Policy*, Harvester Press, pp. 41-58）.

Musgrave, R. A.（1996）, "Public Finance and Finanzwissenschaft Traditions Compared", *Finanzarchiv New Series*, 53（2）, pp. 145-193（in: Musgrave R. A.（2000）, *Public Finance in a Democratic Society, Vol. III: The Foundations of Taxation and Expenditure*, Edward Elgar, pp. 33-80）.

Neumark, F.（1961）, "National Typen der Finanzwissenschaft", *Wirtschafts- und Finanzprobleme des Interventionsstaates*, J. C. B. Mohr.

Pigou, A. C.（1920）, *The Economics of Welfare*, Macmillan（気賀健三ほか訳『ピグウ厚生経済学』第一巻～第四巻、東洋経済新報社、一九五三）.

Pigou, A. C.（1928）, *A Study in Public Finance*, Macmillan.

Sen, A.（1982）, *Choice, Welfare and Measurement*, Basil Blackwell（大庭健・川本隆史訳『合理的な愚か者』、勁草書房、一九八九）.

Stein, von L.（1842）, *Der Socialismus und Communismus des heutigen Frankreichs: ein Beitrag zur Zeitgeschichte*, Otto Wigand（石川三義ほか訳『平等原理と社会主義——今日のフランスにおける社会主義と共産主義』、法政大学出版局、一九九〇）.

Stein, von L.（1850）, "Der Begriff der Gesellschaft und die Gesetze ihrer Bewegung: Einleitung zur Geschichte der socialen Bewegung Frankreichs seit 1789", *Der Begriff der Gesellschaft und die soziale Geschichte der französischen Revolution bis zum Jahre 1830*, Georg Olms, 1959, S. 1-149（森田勉訳『社会の概念と運動法則』、ミネルヴァ書房、一九九一）.

Stein, von L.（1885）, *Lehrbuch der Finanzwissenschaft*, F. A. Brockhaus (in "On Taxation by Lorenz vo Stein, translated from German by Jacque Kahne", Musgrave, R. A. and A. T. Peacock eds.（1958）, *Classics in the Theory of Public Finance*, St. Martin's Press, pp. 28-36（神戸正一訳『財政學序説』、有斐閣、一九三七）.

Wagner, A.（1876）, *Allgemeine oder theoretische Volkswirtschaftslehre*, Erster Theil, *Grundlegung, Lehrbuch der politischen Ökonomie von Karl Heinrich Rau*. Neu bearb. v. A. Wagner und E. Nasse, 1er Bd, C. F. Winter.

Wagner, A.（1890）, *Finanzwissenschaft, Zweiter Theil, Theorie der Besteuerung, Gebührenlehre und allgemeine Steuerlehre*. 2 Aufl, C. F. Winter (in "Three Extracts on Public Finance by Adolph Wagner, translated from German by Nancy Cooke", Musgrave, R. A. and A. T. Peacock eds.（1958）, *Classics in the Theory of Public Finance*, St. Martin's Press, pp. 1-15).

Wagner, A.（1891）, "Über sociale Finanz- und Steuerpolitik", *Archiv für Soziale Gesetzgebung und Statistik*, Jg. 4, S. 1-81（池田浩太郎・池田浩史訳「社会的財政政策および租税政策について」、『成城大學經濟研究』第一三六号二七三〜二九七頁、第一三七号八十五〜一一五頁、第一三八号八十四〜五十九頁、第一四〇号七十六〜五十六頁、一九八七〜八九）.

第三章
渋谷博史（一九九五）『現代アメリカ連邦税制史──審議過程と議会資料：U. S. tax history, 1913-1986』、丸善。

Adams, T. S.（1917）, "The Income and Excess Profits Taxes", Seligman E. R. A. et al., *Financial Mobilization for War*, The University of Chicago Press.

Blakey, R. G. and G. C. Blakey（1940）, *The Federal Income Tax*, Longmans.

Brownlee, W. E.（1990）, "Economics and the Formation of the Modern Tax System in the United States: the World War I crisis", Furner, M. O. and B. Supple eds., *The State and Economic Knowledge: the American and British Experiences*, Cambridge University Press, pp. 401-435.

Brownlee, W. E.（2004）, *Federal Taxation in America: A Short History –New Edition*, Woodrow Wilson Center Press.

Galbraith, J. K.（1952）, *American Capitalism: the Concept of Countervailing Power*, New American Library（藤瀬五郎訳『アメリカの資本主義』、時事通信社、一九五五）.

George, H.（1879）, *Progress and Poverty: an Inquiry into the Cause of Industrial Depressions and of Increase of Want with Increase of Wealth: the Remedy*, Appleton（山嵜義三郎訳『進歩と貧困』、日本経済評論社、一九九一）.

Ratner, S.（1967）, *Taxation and Democracy in America*, J. Wiley & Sons.

US Department of Treasury（1981）, *Statistical Appendix to Annual Report of the Secretary of the Treasury on the State of the Finances*, Fiscal Year 1980.

第四章

遠藤宏一（一九七二）「ニューディール期アメリカの法人所得課税の構造―『社会統制』課税形成の意義―」（『経営研究』第一一三号、十七〜五十四頁）。

遠藤宏一（一九七五）「『社会統制』の租税構造―現代租税政策形成の一断面―」（『経営研究』第二十六巻第四号、六十五〜八十七頁）。

加藤栄一（一九七六）「ニューディール財政の成果と限界（二）」（『社会科学研究』第二十七巻第三号、七十二〜一三五頁）。

渋谷博史（一九九五）『現代アメリカ連邦税制史』、丸善。

都留重人編（一九五九）『現代資本主義の再検討』、岩波書店。

宮島洋（一九七二）「現代租税政策の形成過程―アメリカ連邦法人税について―」（『証券研究』第三十三巻、二〇三〜三一〇頁）。

諸富徹（二〇〇八ａ）「租税による経済システムの制御（上）」（『思想』一〇〇五号、六〜二十七頁）。

諸富徹（二〇〇八ｂ）「租税による経済システムの制御（下）」（『思想』一〇〇六号、一二九〜一四七頁）。

吉田徹（二〇〇八）『ミッテラン社会党の転換――社会主義から欧州統合へ』、法政大学出版局。

Berle, A. A. and G. C. Means（1932）, *The Modern Corporation and Private Property*, Macmillan（北島忠男訳『近代株式会社と私有財産』、文雅堂書店、一九五八）.

Blakey, R. G. and G. C. Blakey（1940）, *The Federal Income Tax*, Longmans.

Blum, J. M.（1959）, *From the Morgenthau Diaries: Years of Crisis, 1928-1938*, Houghton Mifflin.

Brownlee, W. E., (1986), "Taxation as an X-Ray", *Reviews in American History*, 14 (1), pp. 121-126.

Brownlee, W. E. (2004), *Federal Taxation in America: A Short History New Edition*, Woodrow Wilson Center Press.

Committee on Taxation of the Twentieth Century Fund (1937), *Facing the Tax Problem: A Survey of Taxation in the United States and a Program for Future*, Twentieth Century Fund.

Edsforth, R. (2000), *The New Deal: America's Response to the Great Depression*, Blackwell Publishers.

Hawley, E. W. (1995), *The New Deal and the Problem of Monopoly: A Study in Economic Ambivalence*, Fordham University Press.

Keynes, J. M. (1936), *The General Theory of Employment, Interest and Money*, Macmillan（塩野谷祐一訳『雇用・利子および貨幣の一般理論』〔ケインズ全集第七巻〕東洋経済新報社、一九八三）.

Leven, M., Moulton, H. G. and C. Warburton (1934), *America's Capacity to Consume*, Brookings Institution.

Lynch, D. (1946), *The Concentration of Economic Power*, Columbia University Press.

Namorato, M. V. (1988), *Rexford G. Tugwell: A Biography*, Praeger Publishers.

Nourse E. G. and F. G. Tryon et al. (1934), *America's Capacity to Produce*, Brookings Institution.

Ratner, S. (1967), *Taxation and Democracy in America*, Wiley & Sons.

74th Congress (1936), "Revenue Act, 1936", *Hearings before the Committee on Ways and Means, House of the Representatives, Seventy-Fourth Congress, Second Session*, United States Government Printing Office.

Sternsher, B. (1964), *Rexford Tugwell and the New Deal*, Rutgers University Press.

Tugwell, R. G. (1933), *The Industrial Discipline and the Governmental Art*, Columbia University Press.

US Department of Treasury (1981), *Statistical Appendix to Annual Report of the Secretary of the Treasury on the State of the*

Finances, Fiscal Year 1980.

第五章

上村雄彦（二〇〇九）『グローバル・タックスの可能性――持続可能な福祉社会のガヴァナンスをめざして』、ミネルヴァ書房。

金子文夫（二〇〇九）「新しい可能性　金融危機と国際連帯税」、『世界』七八八号、二五一〜二五九頁。

金子文夫（二〇一一）「金融取引税から国際連帯税へ」（『世界』八二四号、二〇八〜二一五頁）。

宮崎義一（一九九二）『複合不況』、中公新書。

望月爾（二〇〇九）「グローバル化と税制――グローバル・タックス構想を中心に」（中島茂樹・中谷義和編『グローバル化と国家の変容』「グローバル化の現代――現状と課題」第一巻、御茶の水書房、一五五〜一八三頁）。

諸富徹（二〇〇〇）『環境税の理論と実際』、有斐閣。

和仁道郎（二〇〇八）「為替取引税の安定化効果をめぐる問題点――トービン税は有効か、有害か?」（『横浜市立大学論叢、人文科学系列』第五十九巻三号、二一七〜二六五頁）。

Aliber, R. Z., Chowdhry, B. and S. Yan（2003）, "Some evidence that a Tobin tax on foreign exchange transactions may increase volatility", *European Finance Review*, 7（3）, pp. 481-510.

Bank for International Setlements（2002）, *Triennial Central Bank Survey of Foreign Exchange and Derivatives Market Activity 2001 – Final Results*.

Bank for International Settlements（2007）, *Triennial Central Bank Survey of Foreign Exchange and Derivatives Market Activity 2007 – Final Results.*

Bank for International Settlements（2010）, *Triennial Central Bank Survey of Foreign Exchange and Derivatives Market Activity 2010 – Final Results.*

Berle, A. A. and G. C. Means（1932）, *The Modern Corporation and Private Property*, Macmillan（北島忠男訳『近代株式会社と私有財産』文雅堂書店、一九五八）.

Clark, C.（2010）, "Controlling Risk in a Lightning-Speed Trading Environment", *Chicago Fed Letter*, No. 272.

European Commission（2010）, *Communication from the Commission to the European Parliament, the Council, the European Economic and Social Committee and the Committee of the Regions: Taxation of the Financial Sector*, COM（2010）549 final.

European Commission（2011a）, *Proposal for a Council Directive on a Common System of Financial Transaction Tax and Amending Directive 2008/7/EC*, COM（2011）594 final.

European Commission（2011b）, *Impact Assessment: Accompanying the Document: Proposal for a Council Directive on a Common System of Financial Transaction Tax and Amending Directive 2008/7/EC*, Commission Staff Working Paper, SEC（2011）1102 final.

European Commission（2012）, *Proposal for a Council Decision Authorizing Enhanced Cooperation in the Area of Financial Transaction Tax*, COM（2012）631 final/2.

European Parliament（2012）, *Crisis and Economic Governance V, European Parliament Eurobarometer（EB77.2）: Summary*, Directorate General for Communication, Directorate C - Relations with Citizens, Public Opinion Monitoring Unit.

Friedman, M.（1953）, "The Case for Flexible Exchange Rate", Friedman, M., *Essays in Positive Economics*, Chicago Univer-

sity Press, pp. 157-203.
Haq, M. ul, Kaul, I. and I. Grunberg eds.（1996）, *The Tobin Tax: Coping with Financial Volatility*, Oxford University Press.
Hayward, H.（2002）, *Costing the Casino: The Real Impact of Currency Speculation in the 1990s*, War on Want.
House of Lords European Union Committee（2012）, *Towards a Financial Transaction Tax?*, 29th Report of Session 2010-12.
International Monetary Fund（1999）, *World Economic Outlook*, October 1999.
International Monetary Fund（2007）, *World Economic Outlook*, October 2007.
International Monetary Fund（2010）, *A Fair and Substantial Contribution by the Financial Sector: Final Report for the G-20, Prepared by the Staff of the International Monetary Fund*.
Kaul, I. and J. Langmore（1996）, "Potential Uses of the Revenue from a Tobin Tax", Haq, ul M., Kaul, I. and I. Grunberg eds., *The Tobin Tax: Coping with Financial Volatility*, Oxford University Press, pp. 255-271.
Kaul, I., Grunberg, I. and M. Stern（1999）, *Global Public Goods: International Cooperation in the 21st Century*, Oxford University Press（ＦＡＳＩＤ国際開発研究センター訳『地球公共財』、日本経済新聞社、一九九九）.
Kenen, P. B.（1996）, "The Feasibility of Taxing Foreign Exchange Transactions", Haq, ul M., Kaul, I. and I. Grunberg eds., *The Tobin Tax: Coping with Financial Volatility*, Oxford University Press, pp. 109-128.
Keynes, J. M.（1936）, *The General Theory of Employment, Interest and Money*, Macmillan（塩野谷祐一訳『雇用・利子および貨幣の一般理論』〔ケインズ全集第7巻〕東洋経済新報社、一九八三）.
Minsky, H.（1982）, *Can "It" Happen Again?: Essays on Instability and Finance*, M. E. Sharpe（岩佐代市訳『投資と金融――資本主義経済の不安定性』、日本経済評論社、一九八八）.
Minsky, H.（1986）, *Stabilizing an Unstable Economy*, Yale University Press（吉野紀・内田和男・浅田統一郎訳『金融

不安定性の経済学——歴史・理論・政策』、多賀出版、一九八九）.
Tobin, J.（1974）, *The Economics One Decade Older*, Princeton University Press（矢島鈞次・篠塚慎吾訳『インフレと失業の選択——ニュー・エコノミストの反証と提言』、ダイヤモンド社、一九七六）.
Tobin, J.（1978）, "A Proposal for International Monetary Reform", *Eastern Economic Journal*, 4（3-4）, 153-159.
Tobin, J.（1996）, "Prologue", Haq, ul M., Kaul, I. and I. Grunberg eds., *The Tobin Tax: Coping with Financial Volatility*, Oxford University Press, pp. ix-xviii.

第六章

志賀櫻（二〇一三）『タックス・ヘイブン——逃げていく税金』、岩波新書。

鶴田廣巳（二〇一三）「グローバル時代の法人課税と資本所得課税—マーリーズ・レビューを中心に—」（『政経研究』第四十九巻第三号、六十五～一〇六頁）。

中村雅秀（二〇一〇）『多国籍企業とアメリカ租税政策』、岩波書店。

野口剛（二〇一〇）『グローバル化と法人税——欧州連合における法人税調和を素材として』（京都大学博士号〔経済学〕請求論文）。

諸富徹（二〇〇一）「ドイツにおける近代所得税の発展」（宮本憲一・鶴田廣巳編『所得税の理論と思想』、税務経理協会、一九三～二三四頁）。

諸富徹編（二〇〇九）『グローバル時代の税制改革』、ミネルヴァ書房。

Brown, J., Vigneri, M. and K. Sosis（2008）, "Innovative Carbon-Based Funding for Adaptation", OECD, *Carbon Finance*

in Africa, 11th Meeting of the Africa Partnership Forum, pp. 7-13.
Browne, M. A.（2002）, *Global Taxation and the United Nations: A Review of Proposals*, Report for Congress.
Harmeling, S.（2008）, *Adaptation under the UNFCCC—The Road from Bonn to Poznan 2008*, Version 1. 0., GERMAN-WATCH.
High-Level Panel on Financing for Development（2001）, *Report of the High-Level Panel on Financing for Development*, the United Nations.
Müller, B.（2008）, *International Adaptation Finance: The Need for an Innovative and Strategic Approach*, Oxford Institute for Energy Studies, EV 42.
OECD（1989）, *Harmful Tax Competition: An Emerging Global Issue.*
Picciotto, S.（2011）, *Regulating Global Corporate Capitalism*, Cambridge University Press.
Shaxson, N.（2011）, *Treasure Islands: Tax Havens and the Men Who Stole the World*, Bodley Head（藤井清美訳『タックスヘイブンの闇――世界の富は盗まれている!』、朝日新聞出版、二〇一二）.
Tanzi, V.（1999）, "Is There a Need for a World Tax Organization?", Razin, A. and E. Sadka ed., *The Economics of Globalization: Policy Perspectives from Public Economics*, Cambridge University Press, pp. 173-186.

終　章

Pigou, A. C.（1920）, *The Economics of Welfare*, Macmillan（気賀健三ほか訳『ピグウ厚生経済学』第一巻〜第四巻、東洋経済新報社、一九五三）.

あとがき

本書では、過去四〇〇年にわたる世界の税制とそれを支えた租税思想の歴史をたどりながら、税とは何か、国家とは何か、資本主義とは何かを考え、またこの二十一世紀においてどのような税制が必要となるかを展望してきた。もちろん租税の負担は誰にとっても、できれば軽く済ませたい、あるいは避けたいものだろう。しかし、国家は必要だし、国家が租税収入なしには立ち行かないものである限り、私たちは税の負担から逃れられない。だとしたら、私たちは一体、どんな税制なら受け入れることができるのだろうか。国家の財政危機がほとんど日常化したといってもよい現代社会において、この問題に納税者のひとりひとりが向き合い、考えを深めていく必要があるのではないだろうか。

人々の税に対する向き合い方は時代によって、また国によってさまざまである。近現代の税制と租税思想の移り変わりを通覧して興味深いのは、現代の日本人が抱きがちな「税金とはいやいやながら納めるもの」というイメージとはずいぶん異なった、積極的な租税観に出会うことだ。たとえば十七世紀イギリスで形づくられていった「自主的納税倫理」であり、あるいは一九三〇年代のニューディール期においてラディカルに現実化された「政策課税としての租税」という考え方である。「税金の面白さ」というと語弊があるけれども、実際「租税」という視点に立つと、国家や資本主義経済や市民社会のあり方が、くっきりと見えてくるようなところがある。というのも、税金とは、国と市場経済と私たち自身をつなぐ紐帯でもあるからだ。

そんな「面白さ」の一端をお伝えできたらと、本書ではもっぱらヨーロッパとアメリカに焦点をあてて、現実の税制やそれを支えてきた租税思想の流れを見てきたわけだが、では近現代日本の税制にはどんな特徴があったのか。この場をかりて、ごく簡単に振り返っておきたい。

日本で所得税が導入されたのは、一八八七年（明治二十年）のことだった。アメリカが恒久的な所得税導入をなし遂げたのが一九一三年だったことを思えば、意外に早いのだ。近代国家の象徴ともいうべき所得税の導入を、当時の後進国日本はなぜそんなに急いだのだろうか。その背景には軍備拡張、とりわけ海軍費の膨張があった。一八八七年といえば日清戦争の七年前。急速に膨張しつつあった軍事費を賄うために新税の創設が求められた。本書でいくつもの事例を挙げたように、戦争は所得税のいわば「生みの親」なのである。この所得税創設に際し、一貫してイニシアティブを取ったのは伊藤博文だった。伊藤は、イギリスに範をとった大蔵省案を排して、プロイセンの「階級税および階層別所得税」をモデルとした所得税案を後押ししたのである。

明治政府は他の政策領域と同様に租税システムの構築においても、ヨーロッパが市民革命以降かなり長い時間をかけて試行錯誤の末ようやくたどりついた道を、きわめて短期間のうちに駆け抜けた。すでに先進諸国で実施され、その機能がテストされた所得税モデルがあり、それを「輸入」できたからにほかならない。しかし、第三章で紹介したアメリカのような「下から」の運動の結実としてではなく、明治政府による「上から」の制度輸入として所得税が導入されたことは、現代にまで続くいくつかの副作用をもたらした。

「税金とはいやいやながら納めるもの」という納税感覚も、その一つに数えてよいだろう。そもそも「市民革命」を経験せず、市民自らの手で国家を創出したという観念が育たなかったわが国において、その国家のために必要な財源を、自ら進んで担おうという「自発的納税倫理」は発達しようがなかったともいえるのだが、明治期の税制にはさらに特殊な一面もあった。納税が「義務」どころか、一種の「特権」あるいは「恩恵」とすら理解されるという歪みが生じたのである。なぜなら、地租と所得税を合わせた直接国税を一定額以上支払う納税者に対して、選挙権が与えられたから。所得税の納税は、いわば「名士」への途でもあったのだ。こうして日本では、所得税が納税者の激しい抵抗にあうこともなく、すんなり導入された。アメリカにおいて民主党と共和党が所得税導入をめぐって繰り広げたような、熾烈な政争とは無縁だった。選挙権の付与という恩典によって、納税者はすっかり明治政府に飼いならされてしまったかのようである。

総じて日本における税制の形は、明治期の所得税導入にせよ、第二次世界大戦後のシャウプ勧告にせよ、「上から」来たり「外から」来たりするものだったと言ってよい。市民が「下から」要求し、税制改革案を政党のアジェンダにのぼせ、議会で多数派をとることによってそれを獲得していくという経験を、ついに私たちは持つことがなかった。たとえば、公平課税を求める長い運動を経て一九一三年に所得税を合憲とする憲法改正が実現したとき、それをアメリカでは、

「所得税を望むすべての人々にとっての、決定的な勝利の瞬間となった」という表現をする。しかし私たちは、すくなくとも税制に関して何かを「勝ち取った」ことがあっただろうか。

戦後日本の税制改革の特徴は、自民党の長期政権下で党税制調査会が絶大な権限をもち、インナーと呼ばれる数名の税制に精通した長老議員の主導下に行われてきた点にある。しかし、その内実はといえば、自民党に毎年上がってくる各利害集団からの細かい減税要求を精査し、何をどれくらいの規模でばら撒き、実現するかを決めていく利害調整にほかならなかった。税制全体のデザインや方向性をほとんど議論せずにすんだのは、高度成長期の右肩上がりの時代で、放っておいても税収が増えていく幸福な時代だったからである。

しかし、人口構成の高齢化や、経済のグローバル化は日本の税制にも転換をもたらさずにはいられない。消費税導入にともなって行われた一九八八年の抜本的税制改革は、シャウプ勧告以来の大きな税制改革だった。これは現時点から振り返れば、低成長時代に対応できる税制に転換するための第一歩だったとみなすことができる。というのも、福祉国家化にともなう社会保障支出の増大に対応して消費税をその財源にあて、グローバル化に対応して所得税をフラット化し、法人税を引き下げるという改革がセットで行われたからである。二〇一二年に進められた民主党、自民党、公明党の三党合意にもとづく「社会保障・税一体改革法案」の成立は、この文脈に位置づけて評価する必要がある。

このような税制改革は、税制全体の所得再分配効果を縮小させてしまうという批判は、たしかにまったくその通りである。しかし、経済のグローバル化への一国単位での対応を考える場合には、日本が直面する制約条件を念頭に置き、高度成長期と異なる租税観に立脚して、現実の税制を公平課税に近づけていく努力をしなければならない。具体的には、所得税のフラット化や法人税率の引き下げを行う一方で、両税において課税ベースを拡大することである。所得税では、さまざまな控除制度を廃止・縮減して課税ベースを広げ、金融所得に対して適切な課税を行えば、最高限界税率を引き上げなくても実質的に税負担の累進性を増すことができる。また、法人税では、さまざまな租税特別措置を廃止して生み出された財源で法人税率を引き下げる税収中立的な改革を行えば、重厚長大産業に偏した優遇措置を排して公平性を高められるだけでなく、今後、日本経済の成長を牽引する新しい産業の税負担を実質的に引き下げることができる。さらに、消費税はたしかにそれ自体として逆進的だが、それで社会保障支出を賄えば、社会保障支出がもつ所得再分配効果を下支えすることができる。ヨーロッパ諸国の市民が高い付加価値税負担を受容しているのも、社会保障支出による受益とセットだと理解しているからである。

こうした税制改革の方向性は、中途半端に終わったけれども、実は民主党政権下で着手されていた。しかし、政権復帰した自民党の安倍政権が先ごろ発表した二〇一三年度税制改正は、経済活性化のための減税措置の羅列となり、往年の利害調整的税制改正の復活を彷彿とさせる内容となった。税制決定の過程も、政府税制調査会を決定の場としていた民主党政権と異なり、自民党税制調査会で少数のインナーが実権をもって利害調整を行い、決定する方式に先祖返りさせた。

租税特別措置の多用は、狙ったところに政策効果を確実におよぼすという点では、租税政策の効果を高めるが、他方でそれは政府による恣意的な産業統制を強めることにつながる。なによりもそれは、恩恵を受ける産業分野への利益供与と紙一重である。公共事業や農業補助金だけでなく、租税政策の面でも、集票と利益供与の交換が行われていると見ることができるのだ。しかし、利害調整や当面の景気浮揚にいそしんで税制の構造的な改革を先送りすれば、日本経済の発展と公平な負担の両面で、現行税制がますます障害として立ち現われてくることになるだろう。私たちには、さしたる時間的余裕はないはずだ。経済のグローバル化と少子高齢化の傾向は、今後ますます加速していくのだから。各政党には、この趨勢に対応できる税制のグランドデザインを国民に示し、その実現に向けて切磋琢磨していく責任が問われる。

本書は、新潮社出版部の長井和博さんから、拙著『ヒューマニティーズ　経済学』（岩波書店、二〇〇九）の続編ともいうべき経済思想史を書くつもりはありませんか、という打診を受けたことがきっかけとなった。「広い意味での経済思想史、つまり租税思想史なら色々と考えていることもあるので」と喜んで引き受けたのだが、実際に取り組んでみての感想は「大変だった」の一言に尽きる。しかし、長井さんがさまざまな面で支援してくれたおかげで、なんとか完成まで持ち込むことができた。まずは何よりも長井さんに心より感謝したい。

この租税思想史を執筆する上で念頭にあったのは、京都大学経済学部における財政学講座のはるか先輩である島恭彦先生の『近世租税思想史』（有斐閣、一九三八）だった。これは日本の租税思想史研究における金字塔ともいえる作品であり、この領域で常に目標としなければならない書物である。同じく財政学講座の先輩である池上惇先生も『財政思想史』（有斐閣、一九九九）を世に問われており、この講座を引き継ぐ者として租税思想史の執筆はかねてから挑戦したいテーマだった。今回は本当によい機会を頂いた。

しかし、研究は一人ではできない。多くの先輩、友人から教えを受け、議論し、刺激を受けることで何とか進んでいくものである。その意味で、国家経済研究会、財政学研究会、租税論研究会という三つの研究会とそこに集う財政学研究者の方々には、いくら感謝してもしきれないほどの学恩を負っている。すべての方々のお名前を挙げることはできないが、宮本憲一先生、鶴田廣巳先生、植田和弘先生、そして最後に筆者の大学院時代以来、その租税研究から一貫して刺激を頂いている神野直彦先生のお名前を挙げさせて頂きたい。

租税は、消費税を持ち出すまでもなく、納税者ひとりひとりにかかわる重要な問題である。にもかかわらず、それは複雑で理解しにくいので、専門家に議論を任せようということになりがちである。しかし市場と国家の結節点に位置し、すべての人々に影響をおよぼす租税の問題を専門家だけに任せるわけにはいかない。本文でも強調したように、税制のあり方を考えることは、国家のあり方を考えることにほかならない。本書によって租税をより身近に感じてもらい、それが、自分たちの社会の行く末を左右する問題なのだと認識してもらうことができれば、筆者としては望外の幸せである。

二〇一三年四月

諸富　徹

新潮選書

私《わたし》たちはなぜ税金《ぜいきん》を納《おさ》めるのか——租税《そぜい》の経済《けいざい》思想史《しそうし》

著　者………………諸富《もろとみ》 徹《とおる》

発　行………………2013 年 5 月 25 日
4　刷………………2016 年 2 月 15 日

発行者………………佐藤隆信
発行所………………株式会社新潮社
〒162-8711 東京都新宿区矢来町 71
電話　編集部 03-3266-5411
　　　読者係 03-3266-5111
http://www.shinchosha.co.jp
印刷所………………株式会社三秀舎
製本所………………加藤製本株式会社

乱丁・落丁本は、ご面倒ですが小社読者係宛お送り下さい。送料小社負担にてお取替えいたします。
価格はカバーに表示してあります。

ISBN978-4-10-603727-6 C0333

明治神宮
「伝統」を創った大プロジェクト

今泉宜子

近代日本を象徴する全く新たな神社を創ること――西洋的近代知と伝統のせめぎあいの中、独自の答えを見出そうと悩み迷いぬいた果ての造営者たちの挑戦。《新潮選書》

皮膚感覚と人間のこころ

傳田光洋

意識を作り出しているのは脳だけではない――。単なる感覚器ではなく、自己と他者を区別する重要な役割を担う皮膚を通して、こころの本質に迫る最新研究！《新潮選書》

資本主義の「終わりの始まり」
ギリシャ、イタリアで起きていること

藤原章生

EU金融危機の本質とは、単なる財政破綻問題ではなく、現代資本主義が変容する前兆だ――。ローマを基点に、資本主義の「次の形」を模索する行動的論考。《新潮選書》

神を哲学した中世
ヨーロッパ精神の源流

八木雄二

なぜ中世ヨーロッパで「神についての学問」が興隆したのか。信仰と哲学の対決――神学者たちの心情と論理を解き明かし、ヨーロッパ精神の根源に迫る。《新潮選書》

未完のファシズム
―「持たざる国」日本の運命―

片山杜秀

天皇陛下万歳！　大正から昭和の敗戦へと、日本人はなぜ神がかっていったのか。軍人たちの戦争哲学を読み解き、「持たざる国」日本の運命を描き切る。《新潮選書》

日露戦争、資金調達の戦い
高橋是清と欧米バンカーたち

板谷敏彦

二〇三高地でも日本海海戦でもなく、国際金融市場にこそ本当の戦場はあった！　国家予算を超える戦費調達に奔走した日本人たちの、もう一つの「坂の上の雲」。《新潮選書》